法律の世界地図

21世紀研究会編

文春新書

589

法律の世界地図　目次

はじめに　6

【地図】世界の国々

第1章　古代文明と法　15

法典のはじまりのころ　古代エジプト時代は神が裁く
血で書かれたドラコンの法　賢人ソロンの改革　法に従って死刑を受け入れたソクラテス
ローマ法の礎……十二表法　法廷弁論で出世したキケロ
法典に名を残す東ローマ帝国皇帝ユスティニアヌス　法三章……古代中国の法感覚

第2章　近代法以前　61

ヴァイキングと議会
イギリス不文憲法のルーツ1……ジョン王とマグナ・カルタ
イギリス不文憲法のルーツ2……「国王といえど神と法の下にある」
イギリス不文憲法のルーツ3……イングランドのユスティニアヌス

イギリス不文憲法のルーツ4……エドワード・コークによる権利請願
アイルランド・カトリックを弾圧した「刑罰法」
国際法の父グロティウスとマリア夫人の脱獄物語
マリア・テレジアの内政改革　「啓蒙君主」ヨーゼフ二世の挑戦
法律マニア、エカチェリーナ二世の理想と現実　今に生きるナポレオン法典
憲法という言葉

第3章　イスラーム世界の罪と罰の考え方　117

【地図】イスラーム諸国会議機構加盟国
脅威のイスラーム　イスラームの起源　解釈の違い　律法の宗教イスラーム
臨機応変に発せられるファトワー　偶像崇拝禁止の影響　両手を切り落としてしまえ
目には目を　合法的な聖戦と戦争のルール　正当な理由もなしに得たお金は合法か違法か
一夫多妻制は合法だが　義務である女性のヴェールを禁じる
艶めかしいベリーダンスは合法？　イスラーム法＝憲法？

第4章　現代社会と各国の法律　171

【地図】たばこ規制枠組条約（FCTC）批准状況

同性カップルに関する制度の現状
カジノを禁止している国、地域
弁護士多ければ訴訟多し……いきすぎたPL法
弁護士多ければ産科医が減る？　悪法の代名詞となった禁酒法
アルコールに関する法律の各国事情　禁煙法続々　アメリカ、銃規制法の迷走
性犯罪被害者の名が冠せられた三つの法律　同性婚が認められたカトリックの国スペイン
上に政策あれば下に対策あり　マリファナ五〇〇グラムで死刑のシンガポール
不思議の国ブータンに初の成文憲法　賭け事と法規制のいたちごっこは続く

第5章　いろいろある世界の法、規則、警告　243
【地図】死刑制度の現状
タイ　シンガポール　フィリピン　中国　イギリス　フランス　ドイツ
オランダ　スウェーデン　スイス　ギリシア　イスラエル　カナダ
アメリカ合衆国　今や世界で
アメリカ向け製品に見られる神経質な警告文　279

参考文献・HP　284

はじめに

周知のとおり近年、日本では司法制度改革に向けて、さまざまな法整備がおこなわれてきた。内閣に設置された司法制度改革推進本部は司法制度改革の三本柱として、

一、国民の期待に応える司法制度の構築
二、司法制度を支える法曹の在り方の改革
三、国民的基盤の確立（国民の司法参加）

を基本理念にあげている。

一の司法制度改革に関しては、民事・刑事裁判の充実・迅速化や裁判外における紛争解決手続（ＡＤＲ）の拡充・活性化がうたわれ、とくに民事においては国民の権利の確実な実現をめざしたとされている。

二の法曹の在り方についての改革では、何よりもまず法曹人口の拡大を図り、法科大学院（いわゆるロー・スクール）の開設を初めとする諸制度がスタートしている。

三の国民の司法参加については、マスコミ等でも頻繁に取り上げられているとおり裁判員制度

が二〇〇九年までに実施されることとなっており、大きく注目を浴びている。

日本の司法制度は明治維新後と第二次世界大戦後の二度にわたり、西洋の法体系を手本にドラスティックな改革を経験した。そして今、グローバリゼーションが進み、欧米の価値観が世界規模で事実上のスタンダードとされる時代にあって、日本の司法制度は三たび大きな転換期を迎えているのである。

このたびの司法改革は、行政による事前の規制や調整を縮小するという一連の構造改革に対応するものである。行政の役割の縮小にともない、個人の責任による自由な行動を認め、トラブルに対しては司法が救済するという司法拡大の方向性が明確に打ち出されている。

司法制度改革に関するパンフレットには、「国民に身近で、速くて、頼りがいのある司法」というキャッチフレーズもうたわれている。けれども私たち一般市民の意識はと問えば、「万が一裁判員に選ばれてしまったらどうしよう」くらいのレベルにとどまっているのではないか。法の世界は近寄りがたい。近い将来に、身近で、速くて、頼りがいのある司法を私たちが実感する日がくるのだろうか。

さて、この「世界地図」シリーズの執筆グループ「21世紀研究会」に、実は法の研究者はいない。法にまつわるトピックを門外漢が扱うことの難しさは十二分に承知しながら、それでも企画を一冊の形にすることができたのは、素人ならではの発想を逆手にとって法の世界の摩訶不思議を拾い集めたからである。

たとえば、法を意味するラテン語の ius、ドイツ語の Recht、フランス語の droit などの語は、個人の権利の意味も併せもつというが、これはどういうことなのか。イギリスに成文憲法がないのはなぜなのか。イスラーム法とはどのようなものなのか。なぜアメリカではあれほど訴訟が多いのか。どれも専門家には疑問にも思われないような事柄に違いないが、素人にとっては驚きに満ちた世界であり、法をめぐる文化の違いを思い知らされる。

日本は西洋の近代法を受け入れたが、その精神まで咀嚼《そしゃく》してきたとはいえない。西洋でつちかわれた法制度を裏打ちする精神と、私たち日本人が法に抱く思いとのあいだには、簡単には埋められないギャップがあるようだ。

現在進行中の司法制度改革は、先に記した通り目的の一つとして「国民の権利の確実な実現」を挙げている。個人の権利を守るものとして司法が効果的・効率的に作用するのはたいへん好ましいことだが、同時に私たちは、「個人主義」や「自己責任」といった西洋的な価値観にも直面することになる。どのような改革にも副作用はつきものだとして、この司法制度改革が全体として望まれる方向に作用したとき、私たち日本人の法感覚と欧米人のそれとのあいだの隔たりはいくらか狭まっているかもしれない。あるいは逆の言い方もできる。一人一人が西洋的な意味での法と、日本人がイメージする法の隔たりを意識するにつれ、司法制度改革は望ましい方向に作用するかもしれない。その意味で、古今東西の法について知ることは、今まさに時宜にかなったことといえよう。

本書は法がより身近に感じられるようなトピックを中心に編集しており、世界の法律や制度を体系的、網羅的に扱ったものではない。テーマの偏向は充分に自覚しているが、それも法の世界に少しでも親しみをもっていただきたいという編集方針によるものである。また、世界の法律は日々改正されており、本書の内容が現状に追いつかない部分は当然出てくるだろう。そのあたりをご理解いただいた上で、本書が法になじみをもつきっかけにでもなれば幸いである。

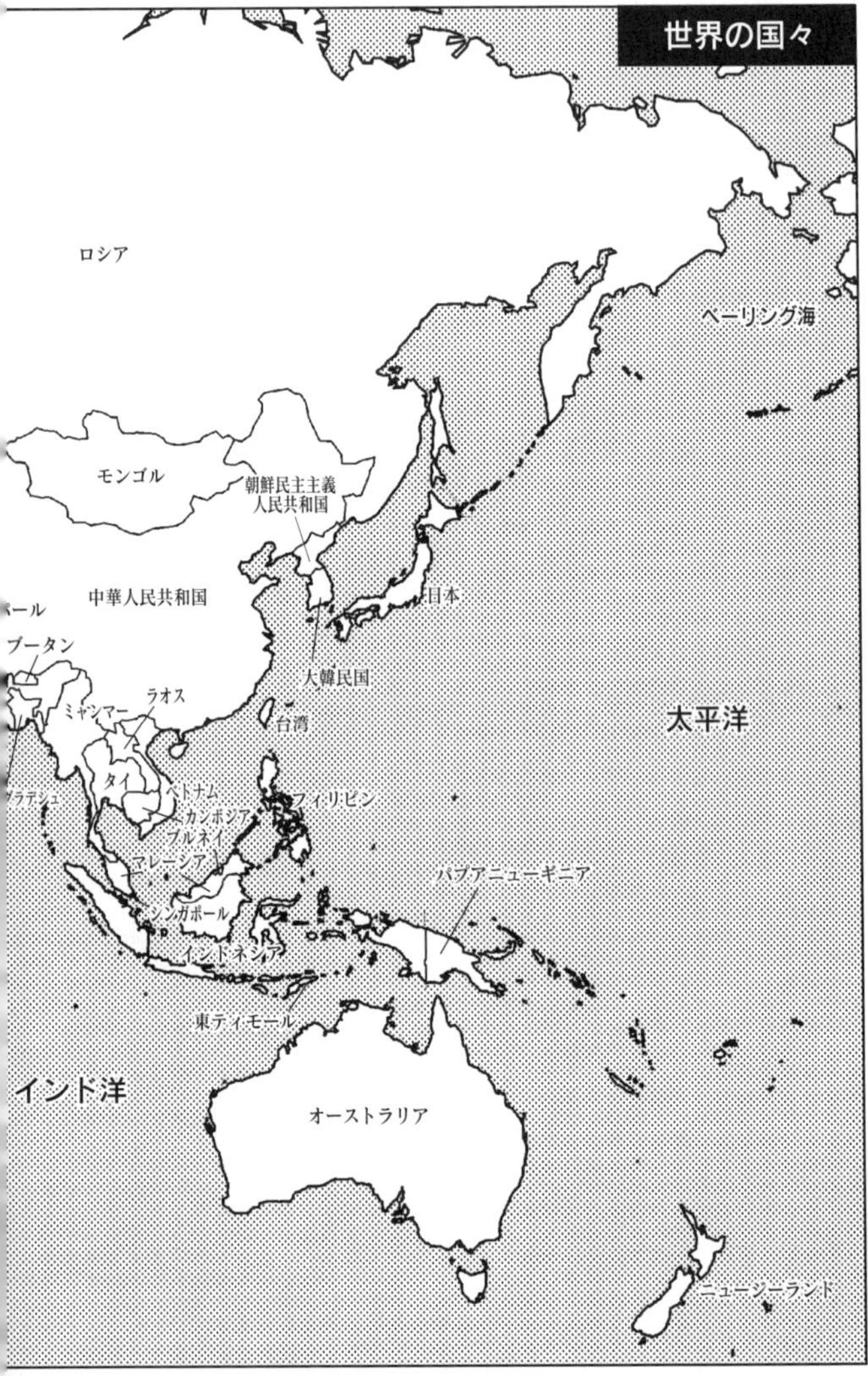
世界の国々
ロシア
ベーリング海
モンゴル
朝鮮民主主義
人民共和国
中華人民共和国
ブータン
日本
大韓民国
太平洋
ラオス
ミャンマー
台湾
タイ
ベトナム
フィリピン
カンボジア
ブルネイ
マレーシア
パプアニューギニア
シンガポール
インドネシア
東ティモール
インド洋
オーストラリア
ニュージーランド

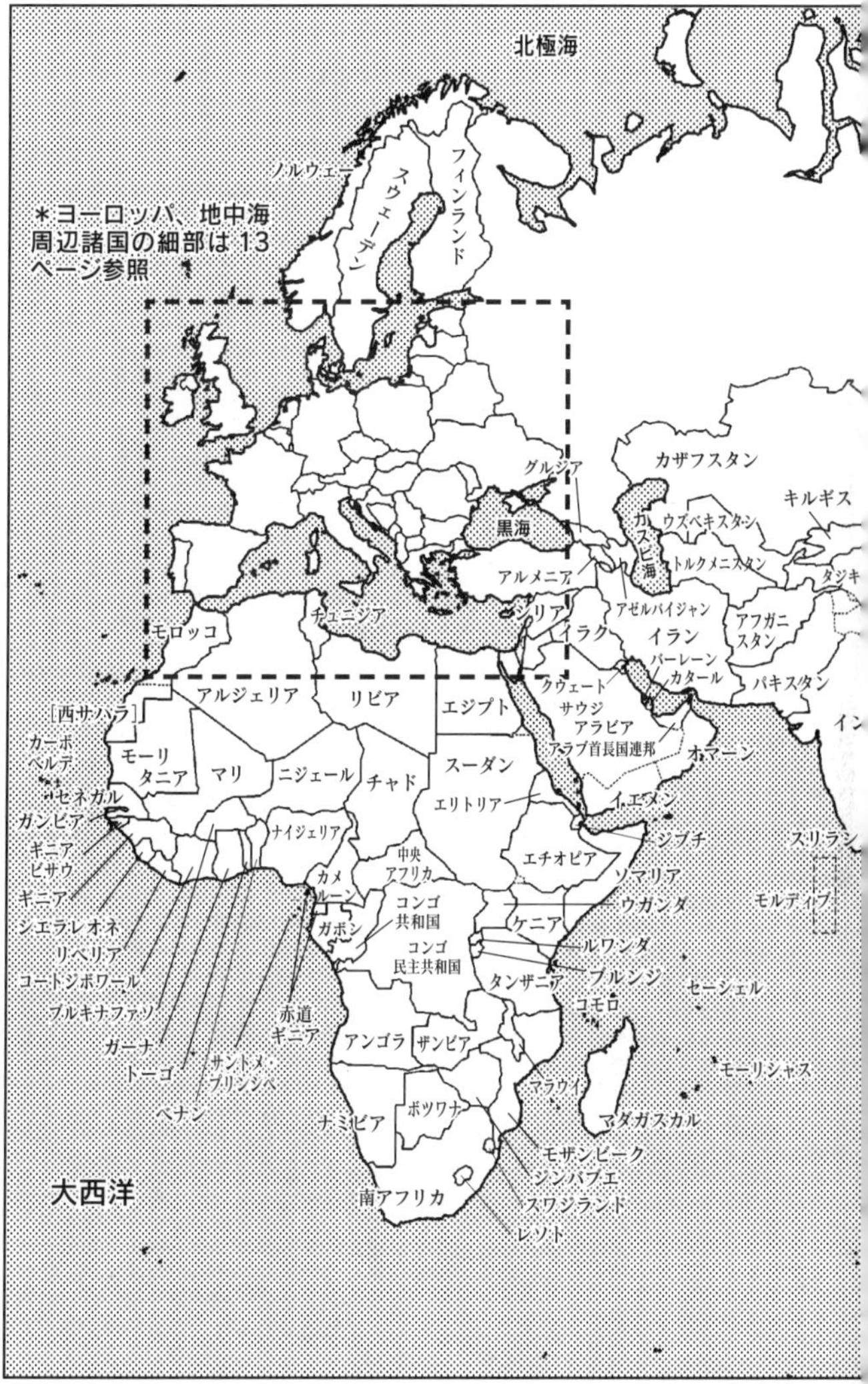
北極海
ノルウェー
スウェーデン
フィンランド
＊ヨーロッパ、地中海
周辺諸国の細部は 13
ページ参照
カザフスタン
キルギス
グルジア
黒海
カスピ海
ウズベキスタン
トルクメニスタン
タジキ
アルメニア
アゼルバイジャン
シリア
チュニジア
モロッコ
イラク
イラン
アフガニスタン
パーレーン
クウェート
カタール
パキスタン
アルジェリア
リビア
エジプト
サウジアラビア
[西サハラ]
カーボベルデ
モーリタニア
マリ
ニジェール
チャド
スーダン
アラブ首長国連邦
オマーン
イン
セネガル
ガンビア
エリトリア
イエメン
ナイジェリア
ジブチ
スリラン
ギニアビサウ
中央アフリカ
エチオピア
ソマリア
ギニア
カメルーン
コンゴ共和国
ウガンダ
モルディブ
シエラレオネ
ガボン
ケニア
リベリア
コンゴ民主共和国
ルワンダ
コートジボワール
タンザニア
ブルンジ
セーシェル
ブルキナファソ
赤道ギニア
コモロ
ガーナ
アンゴラ
ザンビア
トーゴ
サントメ・プリンシペ
モーリシャス
マラウイ
ベナン
ボツワナ
ナミビア
マダガスカル
モザンビーク
ジンバブエ
大西洋
南アフリカ
スワジランド
レソト

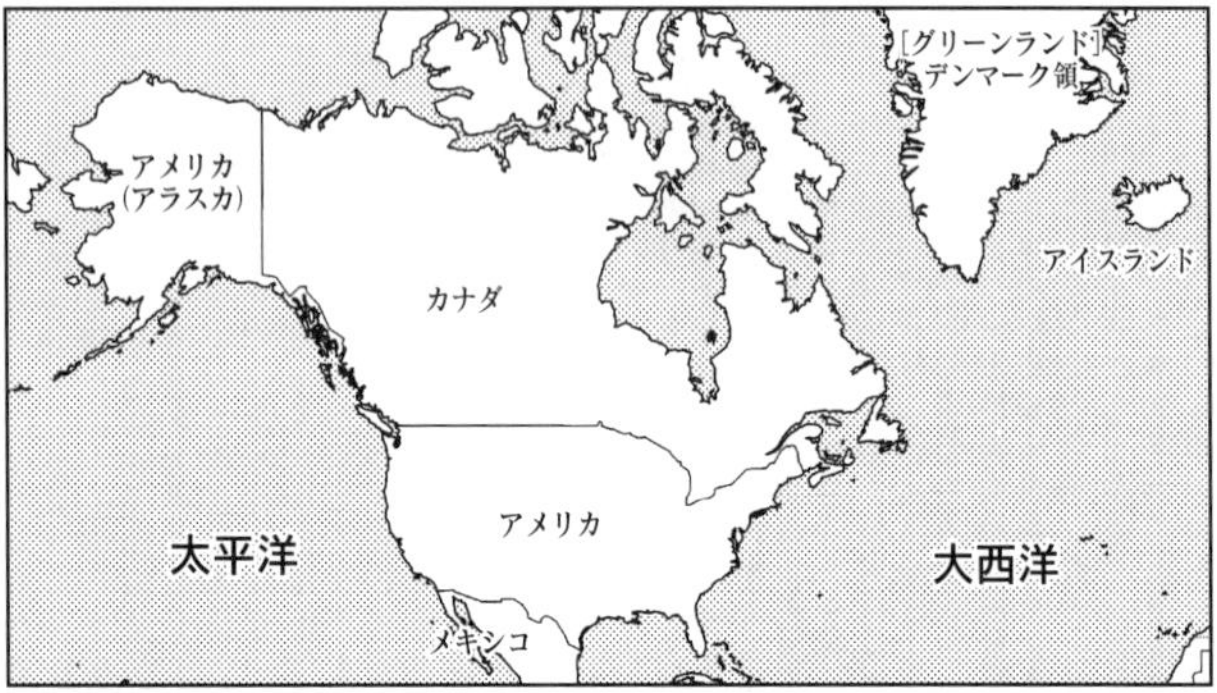
[グリーンランド]
デンマーク領
アメリカ
(アラスカ)
カナダ
アイスランド
アメリカ
太平洋
大西洋
メキシコ

アメリカ
ハイチ
ドミニカ共和国
キューバ
バハマ
セントクリストファー・ネービス
メキシコ
ベリーズ
アンティグア・バーブーダ
ドミニカ国
セントルシア
セントビンセント・グレナディーン諸島
グアテマラ
ジャマイカ
グレナダ
バルバドス
エルサルバドル
トリニダード・トバゴ
ホンジュラス
ベネズエラ
ガイアナ
ニカラグア
コロンビア
[ギアナ] 仏領
コスタリカ
パナマ
エクアドル
スリナム
ブラジル
ペルー
ボリビア
太平洋
パラグアイ
チリ
ウルグアイ
アルゼンチン
大西洋

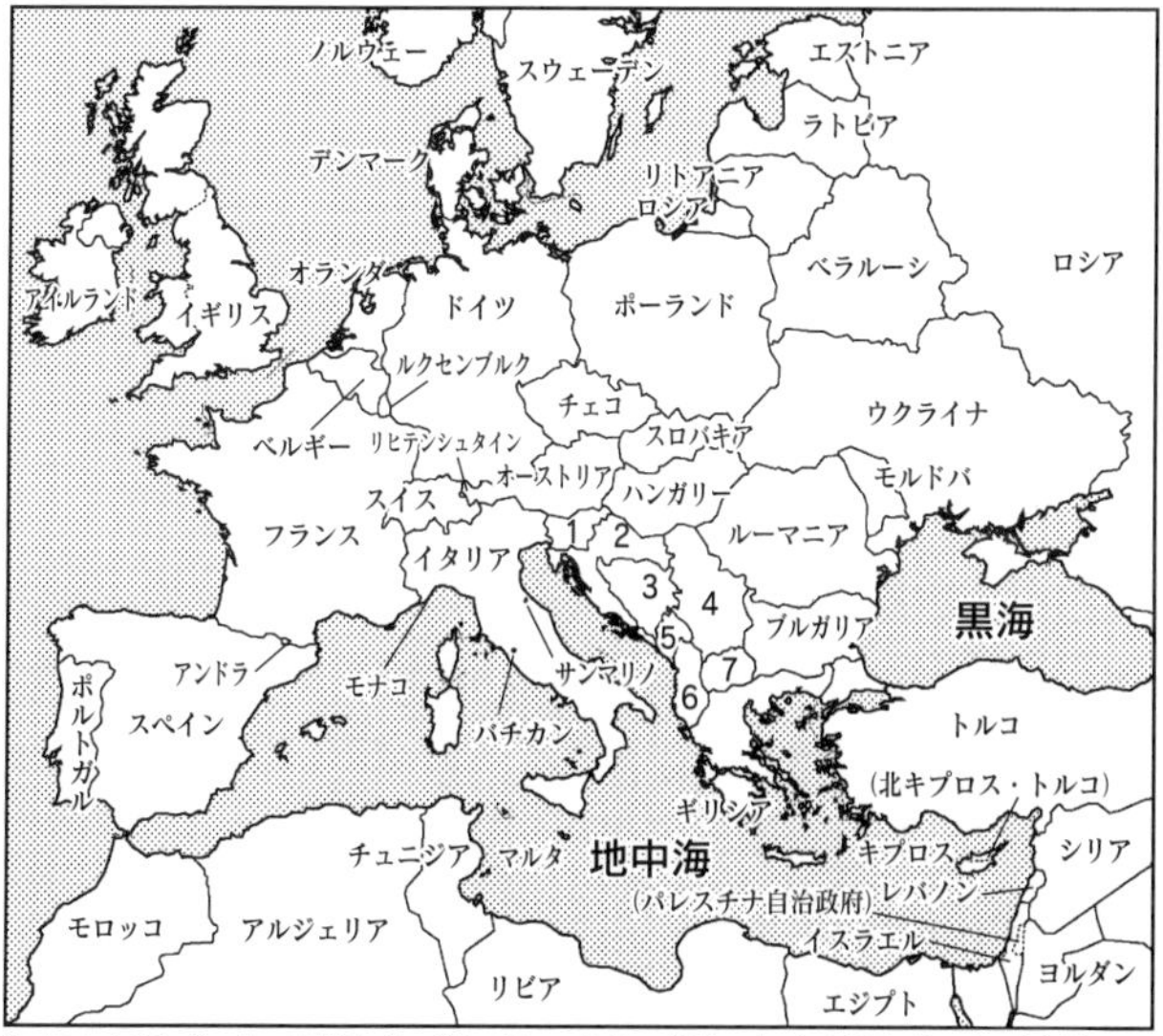

1. スロベニア　2. クロアチア　3. ボスニア・ヘルツェゴビナ　4. セルビア　5. モンテネグロ
6. アルバニア　7. マケドニア

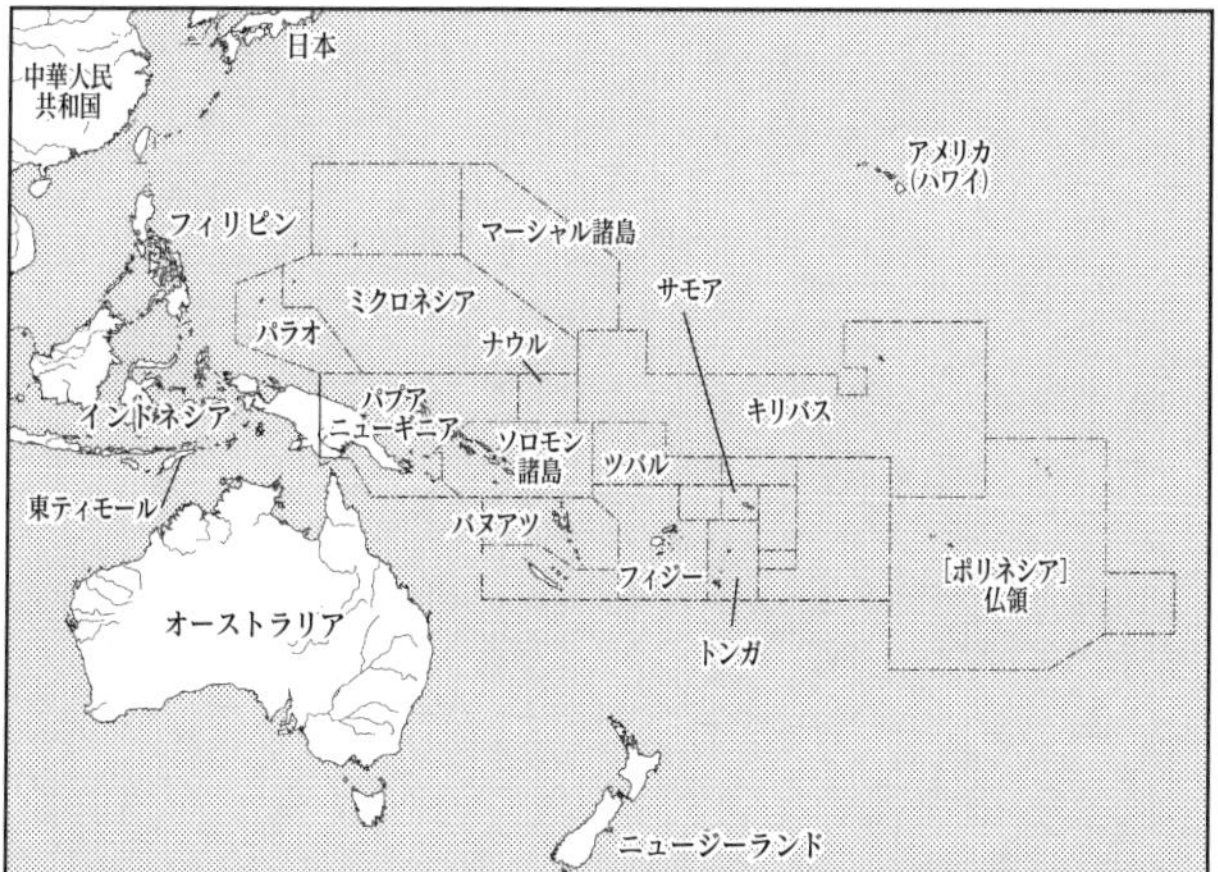

第1章　古代文明と法

聖カテリーナ修道院とシナイ山　モーセが神から十戒を授かったとされるシナイ山のふもとには、旧約聖書にあらわされている「燃える柴」など、モーセの足跡が残るギリシア正教会の聖カテリーナ修道院がある。6世紀の建造とされる。［エジプト］

法典のはじまりのころ

いつの時代も人間の社会には争いが絶えない。毎日のように事件、トラブルが起こっている。残虐な犯罪がおこなわれた場合は、心情として、犯人の命を奪いたくなるほどのこともある。おそらく古くは、他人から納得のできない危害を加えられた場合、復讐することで解決をはかった。しかし互いに納得できる何かがない場合は、「やられたらやり返す」復讐の応酬に発展し、収拾がつかなくなってしまうものだ。パレスチナ問題をめぐって報復が続いているのは、国際関係には大国の思惑だけがあって、適正な国際法がないということの証左である。

国家を統一し、社会秩序を保たねばならない為政者にとって、終わりのない復讐合戦に発展することを防ぐために、社会全体が認め、規制する形で犯罪者を罰し、被害者を納得させる必要があったといえよう。この動きが少なくとも今から約四〇〇〇年前、古代メソポタミア地方で起こったことがわかっている。

そこには古来の解決策のひとつとしてあった同害報復が盛り込まれ、冷静に賠償金の支払いで解決をはかるなどのことが考えられてはいたが、まだ犯罪者を罰する刑法の考え方と、被害者に償いをする民法の考え方が分けられてはいなかった。

それが当時、最高権力者である王が定めた「法」ということだ。ただし当然のことながら、王の威信が薄れたときや、反感をもつ者があらわれた場合は、王による「法」は何の効力も持たなくなってしまう。そこで王は、自身の決定に威厳を持たせるため、神々から人間世界の統治を委任されているということを主張した。そして「法典」とされているものも、王が社会秩序を維持するために規範を宣言するという形、国を治めるにあたっての所信表明のような形で発せられたのではなかったかと考えられるのだ。それは私たちがイメージするような裁判に役立てるための法律の集大成とは違うものだ。

古代の「法典」としてもっとも有名なハンムラビ法典は、一九〇一～一九〇二年にかけてフランスによっておこなわれた、イランのスーサの発掘で発見された。そのとき解読された文書が出版されるにあたって、その一部からだけ判断して『ハンムラビ法典』と題したことから「法典」の名称が一般的になってしまったといわれている。研究者のなかには、この「法典」の呼び名が一般の人に誤解を与えていることを懸念している者もいる。

ハンムラビ法典（部分）　石碑の大半に楔形文字の文書が刻まれている。上部には王が太陽神シャムシュから王権を授かる場面があらわされている。玄武岩製、高さ225cm、幅65cm［ルーヴル美術館］

そしてこのハンムラビ法典

が、古代の法典として最初に発見されたということから、これが最古の法典との印象をもたれている方も多いかもしれないが、そうではない。

紀元前二一一三年頃、ユーフラテス川の下流にあったウルが、メソポタミア地方を支配下においた。一般的にウル第三王朝といい、シュメール人のウル・ナンムが興した統一王朝で、紀元前二〇〇四年頃まで続いた。現在のところ、この初代のウル・ナンム王の時代に編まれたウル・ナンム法典が最古のものとされている。発見されたのは一九五二年のことだ（一九五三年説もある）。

このほか、紀元前一九三四年頃、イシン王朝の五番目の王リピト・イシュタルの命令によって作成されたシュメール語によるリピト・イシュタル法典、またエシュヌンナ王国で編まれたアッカド語によるエシュヌンナ法典がある。エシュヌンナ王国はウル第三王朝末期に独立した王朝で、イピク・アダド二世の時代に繁栄し、ダドゥシャ王（在位紀元前一八一五頃〜前一七八二頃）のときに法典の制定もおこなわれた。

そしてハンムラビ法典は、年代順に並べるとこの次に置かれる。

ウル第三王朝が滅び、混乱期にあったメソポタミア地方を次に統一したのが、紀元前一八九四年頃に興ったバビロン第一王朝であり、そのなかで強力な中央集権国家を建設したのが第六代のハンムラビ王（在位紀元前一七九二頃〜前一七五〇頃）だ。彼がその法典を石碑に刻んだのである。石碑はルーヴル美術館に展示されているものが有名だが、古代にはこれ一つではなく、ほかにも主要な場所に立てられていたので、それらの断片が発見されており、その石碑の内容を写した粘土板も出土している。それらを合わせて研究が進められているのだ。

この法典は「目には目を」「歯に歯を」の同害報復が記されていることであまりにも有名である。

もし、人が他の人の目を潰したなら、人びとは彼の目を潰さなくてはならない。（一九六条）
もし、人が他の人の骨を折ったなら、人びとは彼の骨を折らなくてはならない。（一九七条）
もし、人が同じ階級の人の歯を落としたなら、人びとは彼の歯を落とさなくてはならない。（二〇〇条）

このように、同害報復については同じ階級どうしでなくてはならないとされている。この場合の「人」とはアウィルム（アヴィールムとも）とよばれたエリートの市民階級のことであり、そのアウィルムが奴隷など、他の階級の人に対しておこなった場合は損害賠償を支払って済ませることになっている。適用が限定されたものだったことがわかる。

全体は前書き、本文、後書きからなっている。これはハンムラビ法典以前のものの構成を受け継いでいる。前書きには、ハンムラビ王が国を治め、人びとに豊かさ、平安をもたらしたなどの業績が記されている。

本文はおそらくそれまでの慣習としてあった法を成文化したものと思われ、わかっている範囲で二八二条あったとされているが、一部に欠損があるので全体で何条あったのかは説が分かれている。有名な同害報復の記述は右記のようにごく一部だ。

人を告発する場合や偽証など裁判について、農作業上のトラブル、遠隔地への行商人に対する融資において利益をあげられなかった場合の理由と責任の所在、謀議の場に利用された居酒屋の責任、委託運送業者の横領、債権取り立て、名誉毀損や侮辱、結婚、離婚、相続問題、暴行傷害、傷害致死、医療ミス、理髪店のミス、大工の料金と手抜き工事、船頭や船大工の料金と事故、家畜の貸し借り、奴隷の売買や貸し借りなどの対処法が記されている。結婚や離婚、相続問題、農作業上のトラブルのように、もめ事が起こりやすいものについては、かなり細かな状況を想定している。居酒屋で謀議を練るなどということは、事の大小はあれ、古今東西あることで興味深い。のちにこのオリエントの地で興るイスラームで飲酒が禁止されている理由には、このような不穏分子の活動を抑えるためということもあったのかもしれない。

またイスラーム以前に、古代オリエントの歴史、文化に影響を受けた旧約聖書が編まれるのだが、なかでもモーセ五書（「創世記」「出エジプト記」「レビ記」「民数記」「申命記」の総称）に記されている奴隷問題、性犯罪、暴行傷害、家畜を貸し借りする際に起こりやすいトラブルなどについての法にハンムラビ法典の影響が見られる。ちなみに旧約聖書の律法はトーラーともよばれるが、これは「指針」という意味に近く、法律のことではない。

そして後書きには、この碑文が削り取られることなく、変更されることなく、代々守られて国が繁栄するようにと神々への願いが記されて終わっている。

しかし、ハンムラビ王が碑文の後書きで願ったようには、バビロン第一王朝が長く続くことはなかった。後継者となったサムス・イルナ王の時代には、バビロン第一王朝は大きく領土を失い、小さな一地方の国でしかなくなってしまう。その後、紀元前一五九五年頃には現在のトルコのアナトリア高原に拠点を置いていたヒッタイトに滅ぼされてしまうことになる。

古代オリエント地方ではメソポタミアとエジプトの二つの古代文明が興った。古くから交流のあった両地域は互いに影響し合って発展してきたのだが、エジプトでは「法典」が編まれることはなかった。その理由は、文明を育《はぐく》んだ環境にあったのだろう。

エジプトはナイル川を中心にした箱庭のような地域の中で、異民族、外敵が侵入しにくい状態にあった。また、多くの外国がエジプトのあり方に憧れ、同化したいと考えても破壊したいと思わない傾向が強かった。そして住民の多くが共通した人生観、価値観、道徳観を持っていたと考えられる。信仰する神も共通しており、その神が人の所業を見ているということで人々の行為を制御することができ、実際には王や神官がそのときどきで法判断を下して紛争を解決できた。

これに対して、メソポタミア地方は開けた大地であり、シュメール、アッカドなど、早くから言葉も習慣も異なる民族どうしで征し合うことをしなくてはならなかった。広域を制圧した王は、共通語を決め、暦、度量衡を制定し、何が犯罪行為にあたり、その行為にどんな刑罰が加えられるかという社会のあり方を示して従わせることが求められたのだろう。ハンムラビ法典をはじめとする、いわゆる「法典」として示されたものは、異民族を含めて広域を治める王の統一事業のはじめのひとつとしてあったといえよう。

古代エジプト時代は神が裁く

古代エジプト時代には明文化された法はなかった。人を裁くのは各地につくられた神殿の神官であり、トラブル、事件が起こったときに、その場に応じて判断を下していた。

古代エジプト文明では、ピラミッド、ミイラに代表されるように、人びとは来世での再生、生活を強く意識していた。思想は異なるものの、極楽浄土、「あの世」のことは私たち日本人もときどき口にすることだ。上方の古典落語でも「地獄八景亡者の戯れ《じごくばっけいもうじゃのたわむれ》」のような題目があるように、「あの世」で「先に行って待っている」というような感覚で話をすることもよくある。

仏教思想では、この「あの世」に行くには閻魔様の裁きを受けなければならない、ということがある。閻魔帳には人が現世でおこなったことが記され、さらに浄頗梨《じょうはり》の鏡には犯した罪業が映像で映し出されるという念の入りようである。ありえない想像の世界であるが、こうした話が古くは人の行動の戒め《いまし》になっていた。かつては閻魔であるとか、天の神が見ているという感覚、あるいはあらゆるものに神、聖なるものが宿り、それを粗末に扱うと「お天道様が見ている」「バチが当たる」という迷信を、ある面、素直に信じる環境にあった。罪を犯すことのブレーキになっていたことがたくさんあったのである。今の日本ではそれがなくなり、社会の乱れが大きな問題に発展してしまっている。

古代エジプトでも、来世で永遠に、幸福に暮らすためには、人は神の裁きを受けなければならないという思想があった。現世には明文化された法はなかったが、来世に行くために、現世で「してはならない」ことがミイラとともに墓に収める経文に記されており、それを冥界の神の前で、現世で「しなかった」と主張しなければならないと考えられていたのである。

こんにゃく閻魔　源覚寺閻魔堂に安置されている閻魔像。目を患った信心深い老婆に閻魔が自分の右目を与えたため、右目が黄色く濁っているという。老婆は感謝のしるしとして、こんにゃくを供え続けたという言い伝えから、眼病に御利益のある「こんにゃく閻魔」として庶民の信仰を集めた。鎌倉時代の作とされている。［東京都文京区］〈写真：松本史子〉

人は亡くなると、永遠に幸福な生活を送ることができる来世へと向かう。しかし誰もがそこに行けるわけではなかった。来世にいたるまでの苦難を乗り越え、最後には現世での自分のおこないが神に認められなくてはならない。来世の入口で死者を裁くのはオシリスという冥界を支配する神である。

死者はオシリス神の前に進む

フウネフェルの死者の書（部分） ハヤブサ頭の神に導かれてオシリス神の前に進むフウネフェル。冥界の支配者オシリスはぴったりとした衣装を身につけたミイラの姿であらわされている。パピルス製。［大英博物館］

と、「あなた様のことと、悪業を監視する四二柱の神々の名前を知っております。私は神様たちが嫌悪する悪行はしておりません」と訴え、裁判を受ける覚悟を述べる。それが済むと死者は四二柱の陪審の神々が居並ぶ広間へと進み、「罪の否定告白」をおこなうのである。

そこで死者は一柱の神ごとに向かって、その神の名を呼び、「私は〜をしておりません」と述べるのだが、それがつまり古代エジプトにおいて、社会生活を送る際に重要な道徳律にあたるということになろう。

「私は他人に暴力をふるうこと

ヤマイヌ頭の神に導かれて秤の間に進むフウネフェル。前世でのおこないは、死者の心臓と真理のシンボルを天秤にかけて調べる。それをクロトキ頭の神が記録する。

はしておりません」
「私は盗みを犯しておりません」
「私は人殺しをしておりません」
「私は荷物から荷を抜き取って軽くしたことはありません」
「私は他人を欺いてはおりません」
「私は他人に罵声を浴びせてはおりません」
「私は耕された土地を故意に荒廃させてはおりません」
「私は他人の妻と通じることはしておりません」
「私は不潔なおこない、男色を犯すことはしておりません」

「私は王を呪ったりしておりません」
「私は神を罵倒したことはありません」
「私は立身出世ばかりを求めたりしておりません」
「私は自分が必要とする所有物以外に、不当に私腹を肥やすようなことはしておりません」

主なものをあげると以上のようだ。旧約聖書では、モーセがエジプトを出るにあたって、シナイ山で十戒を神から授かるわけだが、「姦淫することなかれ」「人を殺すことなかれ」「盗むことなかれ」「偽りを言うことなかれ」「他人のものを欲しがることなかれ」などは共通している。興味深いのは「立身出世ばかりを求めたりしておりません」ということだろうか。この頃から高級官僚になるためには、他人を蹴落としてでもという風潮が起こっていたということである。

さて、死者はこの「否定告白」をしたあと、いよいよ裁定を下される。

人格は心臓に宿ると信じられていたことから、その人の心臓と、真理、正義をつかさどる女神マアト、あるいはそのシンボルであるダチョウの羽とが、オシリス神、陪審の神々の前で天秤にかけられる。真理、正義と心臓が釣り合えば、死者はマア・ケルウ「声正しき者」(女性はマアト・ケルウ)の号を得て、来世で再生することができるが、釣り合わなければ、死者がそれまで述べたことは嘘だったと神々に判断され、再生はかなわない。裁定の場の隅にいる、顔はワニ、頭部から肩、前脚にかけてがライオン、下半身がカバの怪獣アメミトが死者の心臓を食べてしまい、二度目の死、つまり存在がなかったものとして消滅してしまう。あるいは地獄の業火に焼かれてもがき苦しむことになる。

　イスラームでも神の教えに背いた者は、最後の審判の時に来世へ再生することができずに地獄の業火に焼かれて消滅してしまうことになっているが、人の発想は似ていて興味深い。

血で書かれたドラコンの法

古代ギリシアのアテナイ。ポリス（都市国家）として成立した当初は王政だったとされるが、まもなく少数の貴族による寡頭政治が敷かれる。紀元前七世紀前半のこととされる。貴族と平民、そして奴隷からなる住民のうち、国政を司るのはもっぱら貴族だった。明文化された法律もなかったので、法の裁きもまた貴族により恣意的におこなわれていた。

　そのような初期のアテナイで、紀元前六二一年、ドラコンという名の執政官（アルコンとよばれるアテナイの九人の最高職のうちのトップ）に当時の慣習法を成文化することが委託された。ドラコンによるアテナイ初の成文法は、殺人罪条項に関する一部が後世に残るだけで、全体としてどのようなものだったのかは推測の域を出ない。ただし、やたらと死刑の多い残酷な法として世に知られている。たとえば、窃盗罪では果実一つ盗んでも死刑であるとか、定職に就かない者が怠惰法に問われて有罪となるとこれも死刑であるとか、極端な刑罰主義が特徴とされるからだ。紀元前四世紀のアテナイの弁論家デマデスは、ドラコンの法を「インクでなく血で書き上げられた法である」と述べたといい、「血で書かれた法」のフレーズが一人歩きしてきたようだ。

ふしぎなことに、ドラコン自身がどのような人物だったかについてはほとんど知られていない。その実在を疑う論すらあるほどだが、いずれにしてもこれら過酷な刑罰が当時のアテナイの慣習法に照らして著しく違和感のあるものだったら法として成立はしなかっただろう。ドラコンは、「なぜ大部分の犯罪に死刑という懲罰を定めたのかと訊ねられたとき、小さな罪でもこれに当ると思うし、大きな罪にはこれより大きな罰がないから、と答えたと言われる」（『プルタルコス英雄伝』プルタルコス著　上巻「ソロン」）。

苛烈な刑罰ばかりが注目されがちだが、ドラコンの法はそれまでに横行していた私的な復讐に代わり、裁判制度をよりよく機能させようとしたものでもある。また、おそらくは国政を司る評議会と最高裁判所にあたるアレイオス・パゴス会議（アレイオス・パゴスは「軍神アレスの丘」の意味）に関する規定や選挙法なども明文化されたと考えられている。つまりアテナイ全体の歴史を考えれば、民主政治に向けて最初の一歩を踏み出したのがドラコンの法であるともいえる。

ドラコンの法が成立した背景には、キュロンという貴族階級の人物が、僭主《せんしゅ》をめざしてアクロポリスを占拠するという事件があった。僭主とは、貴族の合議制を抑えてひとり独裁的な地位にたつ支配者、指導者のことである。紀元前七世紀前半からアルゴス、コリントス、メガラなどの諸ポリスに次々と僭主が登場しはじめたが、それを支えたのは、かねてより貴族たちに

アテネのアクロポリス　左側（西）以外は断崖になっており、古くから天然の要塞であることが注目され、王宮、聖域として発展してきた。ふもとには、古代ギリシアの政治、宗教、裁判、市場など、人びとの生活の場である公共施設が整備されていた。［ギリシア］

不満をいだく平民層であった。僭主として政権を奪取しようと謀る者は、ある者は富裕な市民層の支持をとりつけ、またある者は下層民におもねる政策をもって旧態依然の貴族政を否定してみせた。

アテナイのキュロンの陰謀は、キュロンの妻の父にあたる隣国メガラの僭主テアゲネスの援助を得てのものだった。メガラの兵力すなわち外国勢に頼ってアクロポリス占領という挙に出たわけだが、これはアテナイ貴族のみならず農民を含む平民階級の憤りをも招いた。平民はキュロンらが占拠したアクロポリスのまわりに包囲網をつくり、いわゆる兵糧攻めをおこなったという。キュロン自身は脱出したが、その企ては完全に失敗した。そしてキュロンを包囲してその放逐に貢献した平民は、その頃から発言権を強めていったと考えられる。

僭主たらんと謀るキュロンの打倒に関しては平民は執政官側についたが、この時代、貴族と平民とのあいだには深刻な対立が芽生えていた。政治に参加できないことに苛立ちをつのらせる平民に対して、ドラコンの法は貴族による恣意的な裁きという旧来の悪習を絶ち、社会的正義や公正を約束して平民をなだめるという意味で、一定の役割を果たしたと考えられる。

なお、一八八〇年にエジプトの遺跡より出土したパピルス写本『アテナイ人の国制』には、ドラコンが制定した掟に関する一節として「参政権は自費で武装し得る人々に与えられていた」と記されている（『アテナイ人の国制』アリストテレス著）。

アリストテレス著とされるこの写本は紀元前七世紀以来のアテナイ国制通史ともいうべきもので、きわめて貴重な史料である。だが、アリストテレスの時代からみて数百年前の制度に関して、信憑性のある確かな史料に基づいて書かれたものかどうかは、史料の重要性とは別の問題だ。平民のなかでも自前で武装して国家の危機に駆けつけることのできる富裕層に対しては、貴族のように参政権をあたえるというのは、かなり大胆な国政改革だったろう。それをドラコンに帰するのは後の世の捏造とする説もあり、真偽のほどは定かではない。だがいずれにしてもこの時代、有力平民の地位が一歩前進したと考えるのは妥当と思われる。

それにしても依然として貴族優位の法であることには変わりなく、また「借財は身体を抵当にして行われ、また土地は少数者の手にあった」（『アテナイ人の国制』）。借財は身体を抵当にしておこなわれるということは、つまり、負債を返済できない者は奴隷身分に転落するということを意味する。このため、ドラコンの法はアテナイ社会における貴族と平民の対立や貧富の差による問題の解決にはなんら寄与しなかったばかりか、ドラコン以降も社会的不安定度は増すばかりであった。そこに、次に述べるソロンが登場するのである。

賢人ソロンの改革

古代ギリシア七賢人の一人に数えられるソロン（紀元前六四〇頃～前五六〇頃）は、前項のドラコンと異なり、さまざまな文献資料に名を残す伝説的な人物である。

ドラコンの法は先に述べたとおり、民主政への足がかりとみなすことはできるかもしれないが、アテナイの社会制度がはらむ矛盾をなおざりにしていた。なかでももっとも大きな問題だったのは、前述のとおり、身体を抵当に借財がおこなわれていた点である。借金が返せなければ共同体内で市民としての自由を失うか、国外へ売り渡されてしまうのだ。こうしてポリス内で貧富の差が拡大し、多数の市民が債務奴隷に零落して共同体の亀裂がいよいよ深まる事態となって、貴族からも平民からも改革を望む声が高まっていった。そこでアテナイの危急を救うための調停者として白羽の矢が立てられたのが、貴族出身ではあるがさして裕福ではなく、人格高潔なことで知られていたソロンだったのである。

紀元前五九四年にアルコンに就任すると、ソロンはアテナイの制度改革に大なたをふるった。

まずは「重荷おろし」とよばれた債務の帳消しと、債務奴隷の解放である。さらに債務奴隷を生む元凶である身体を抵当にしての借財を禁じることで、市民の奴隷化による共同体の崩壊を防ぐ措置とした。

また市民を財産に応じて五〇〇メディムノス級（メディムノスとは質量の単位で、近世日本の石高のように、この単位で生産物の量をあらわした）、騎士級、自作農民級、労働者級の四つの階級に分け、アルコン職は貴族であるとないとにかかわらず五〇〇メディムノス級から、またその他の官職は騎士級、農民級からも選出されることとした。

経済的に力のある者が政治や司法の場で優位に立つという現象は現代社会においてなお顕著だが、今の世の中では少なくともタテマエ上は、「地獄の沙汰も金次第」は肯定されない。財の多寡によって階級が決まるというのは現代社会からみれば身も蓋もない制度に思えるが、伝統的に貴族が独占してきた政治の場に、財産評価というわかりやすい基準をもちいて平民も参加できるようにしたソロンの改革は、民主政への確たる一歩といえる。

また、ただ裕福であれば官職に就けるというのではなく、武器を自弁しポリスという共同体のために従軍する義務が高度な参政権とセットになっていたということも重要である。古代ギリシアにおいて、諸ポリスはつねに近隣のポリスと緊張関係にあり、共同体の繁栄あるいは防衛のための戦争は日常的だった。武器やウマを自弁して共同体のために戦うことは市民として最大の名誉だったが、平民は従来その名誉にあずかることができなかった。ソロンはそのような人々に対して、戦士となれる権利と高度な参政権をともに与えたということもできる。もっとも前項で記したように、武器を自弁できる者に参政権を与える制度は、ドラコン以来という見方もある。

ソロンはさらに、労働者級にも民会への参加を通じて選挙に関わることができる道を開いた。また労働者級を含む全市民が参加できる民会は、役人を訴えたり、役人の判決に対する上訴を裁く権限ももたされた。この民衆法廷もまた、アテナイの民主化への礎《いしずえ》となった。

ソロンは貴族ではあるが貧困層に対して同情的だった。奴隷身分から解放され、また国外から買い戻されたかつての農民を助けるために手工業を奨励したり、オリーヴ油というもっとも重要な輸出品以外は農産物の輸出を禁じて国内で穀物が安く手に入るようにするほか、さまざまな新法を制定して貧富の拡大を防ぐ措置をおこなった。

しかしながら結果的には、政治・経済ともに安定がもたらされるにはいたらなかった。貸金を無効にされた富裕層はこれを恨み、土地の再分配を期待していた貧困層はそれが実現しないことに不満をふくらませたのである。詩人でもあったソロンは、自作の詩のなかでたびたび改革についてふれ、それに対する人々の無理解や攻撃を嘆いている。

ソロンは貴族でなくても要職に就くことができる制度を用意したが、じっさいに非貴族の選出を保障することまではできなかった。貴族と平民の対立は解消されず、アルコン職をめぐってさらに激しい抗争が繰り広げられることとなった。改革を成し遂げた後ソロンは、エジプトやキプロス島などを訪れる長旅に出たが、アテナイではその後、内紛のためにアルコン職を立てることができないという事態もおこっている。この事態はアナルキア anarchia（「アルコンなし」の意味）とよばれた。日本語で「無政府状態」とも訳されるアナーキー anarchy の語源である。

その後も混乱は続き、紀元前五六〇年頃、ついにソロンの親友だったペイシストラトスという貴族が僭主となった。ソロンはペイシストラトスとの対立ゆえにエジプトなどに亡命したともされる。また一説に、晩年は帰国してオリエント世界の見聞をアテナイに広めたともされるが、このあたりに関しては伝承の域を出ない。ペイシストラトスはソロンと政治信条では激しく対立したが、賢人とうたわれる旧友への尊敬の念は失わず、またソロンの敷いた国政を大きく変えることなくアテナイを安定へと導いた。

ソロンの改革については、前項でも挙げた『アテナイ人の国制』や『プルタルコス英雄伝』の「ソロン」に詳しい。またヘロドトスは『歴史』のなかで、リュディア（アナトリア半島＝現トルコに栄えた王国）のクロイソス王を賢者ソロンが訪れたという伝承を記している。自分は世界一の幸福者だと栄華に酔いしれるクロイソスに対し「人間は生きている限り、なにびとも幸福であるとはいえない」（『歴史』ヘロドトス著　松平千秋訳）と戒めたソロンの言葉を、クロイソスは後にペルシア王の前であわや火刑に処されようというときに思い出すというエピソードに彩られた物語はたいへん魅力的だが、ソロンとクロイソスの会見は年代的に矛盾があり、単なる伝説にすぎないようだ。

法に従って死刑を受け入れたソクラテス

紀元前三九九年、アテナイの哲学者ソクラテスは獄中で毒杯をあおって刑死した。享年七〇と伝えられる。ソクラテスが「不敬罪」で告訴され、法廷で有罪判決を受けて死にいたるまでの成り行きは、弟子のプラトンによる『ソクラテスの弁明』や『パイドン』、『クリトン』などの著作に詳しい。

『ソクラテスの弁明』によればソクラテスの知人は、デルフォイの神すなわちアポロンから、ソクラテス以上の知者は誰もいないという神託を受けたという。知人の報告を聞いたソクラテスは神の真意を確かめようと、知者だと思われる人のところへ赴いて対話をしたが、相手は自分を知者だと思っているだけで実はそうではないと気づく。ソクラテス自身は何も知らないことを知っており（無知の知）、まさにその些細な点において彼は自分のほうが相手より知恵があると自覚した。その後も次々と、アテナイで賢人とされる人々を訪ねて対話をしては、「知っていると言っていることを実は知らない」相手の無自覚を自覚させ、反感をかっていたという。

ソクラテスは決して相手を言い負かすために議論をふっかけていたのではない。彼は本当の知者である神からみれば人間の知恵など取るに足りないということをアテナイの人々に自覚させることが、神から与えられた使命だと信じていたらしい。だがソクラテスとの問答の末、論破され恥をかかされたと感じて彼を憎むようになった政治家や詩人たちは少なくなかった。彼

ソクラテス像　［ナポリ国立博物館］

自身がそう認めており、おそらく自分は嫌われ者であるがために無実の罪で訴えられたと考えていたようだ。

　ソクラテスの起訴には、多分に政治的な事情もからんでいたに違いない。紀元前五世紀末、ほぼ三〇年にわたりギリシア全土を巻き込んだペロポネソス戦争の最終局面にあって、アテナイは混迷をきわめていた。ギリシアの諸都市国家のうちでアテナイは、軍事的にも経済的にも、また文化的にも抜きんでて伸長していたが、アテナイ率いるデロス同盟とスパルタを中心とするペロポネソス同盟のあいだに繰り広げられた一連の戦争は、アテナイの敗北で終結した。このとき、アテナイでは一時的に民主政から寡頭政へと政体が代わった。「三十人政権」とよばれる臨時政府は民主派の市民を処刑するなどの暴政をふるったが、この三十人政権の長クリティアスはかつてソクラテスと親しい間柄だったのである。

　寡頭派クリティアスの追及を逃れるために国外へ亡命していた民主派はまもなく結集し勢いを得て、内戦の後、民主政を回復することになる。ソクラテスはかねてより一貫して政治の場からは距離をおこうとつとめていた。また、抽籤《ちゅうせん》で選ばれた市民の義務として政務に関わっていたときも、みずからの信条に従ってクリティアスの命令に背くような行為をしている。それでもクリティアスの目こぼしにあずかってか、あるいは体制が急に崩壊したためか処分を免れたソクラテスは、クリティアスを退けて民主政を復活させた新政府側からみれば、仇敵の一人と思われても仕方のない立場だったかもしれない。

民主派は内戦を制したものの、スパルタをも巻き込んで分裂したアテナイ政権を立て直すのは容易ではなかった。さまざまな立場の市民が妥協して和解協定を結んだのだが、その一つに「アムネースティア協約（大赦令）」があった。これは三十人政権の中核だった者以外は、内戦中の行為の責任は問わないというものである。余談ながら、思想・信条などによる投獄者の釈放運動を展開して一九七七年にノーベル平和賞を受けた組織「アムネスティ・インターナショナル」のアムネスティ amnesty は「大赦」を意味する一般名詞で、「忘れる」を意味するギリシア語に由来する。

さて、民主派の指導者はソクラテスのことを快く思っていなかったが、アムネースティア協約がある限り彼を過去に寡頭派に荷担したからという罪状で起訴するわけにはいかない。そこでソクラテスとは直接関わりのない一人の市民を告訴人に仕立てて「不敬罪」という濡れ衣を着せたのではないかとも考えられている。告訴人は同時に、詭弁を弄してアテナイの若者たちを堕落させているという罪もソクラテスに問うている。

「不敬罪」という罪状についてだが、告訴人はソクラテスは神を信じない、あるいは国家の認める神を信仰せずダイモーンなるうさんくさい神を信じているということをやり玉に挙げたようだ。ちなみにプラトンが書き記したところによれば、ソクラテスには幼少の頃からしばしば、何事かをなすことを禁じる「ダイモーンの合図」が訪れていたという。いわゆる神秘体験といえそうだが、医学的見地からこれは一種のてんかん発作ではなかったかという推測もある。

当時の裁判制度だが、前項で触れたソロンの改革による民衆法廷の伝統にのっとり、およそ二〇〇年を経たソクラテスの時代も市民による陪審法廷で裁きがおこなわれるのが常だった。ソクラテスの裁判は五〇〇人の陪審員からなる法廷で、はじめに告訴人が弁論をおこない、その後ろ盾と思われる人物らによる応援の弁論の後、ソクラテス本人の反対弁論がなされた。陪審は原告・被告双方の言い分を聞いて、有罪か無罪かを投票で決めるしくみとなっていた。

弁護人が存在しないので被告はみずから無罪を主張しなければならず、そのための弁論をあらかじめ用意することを職業とする者もいたが、ソクラテスの場合は本人が法廷で滔々《とうとう》と持論を展開したのはいうまでもない。プラトンによる『ソクラテスの弁明』はソクラテスの弁論をそのまま記録したものではなく、プラトンの解釈や創作も織り込まれているとみるべきだろうが、ともあれソクラテスはいささかも法に背くような事実はないことを自らの哲学活動についての説明とともにのべ、告訴人を論駁《ろんばく》している。

ソクラテス自身は前述のように、嫌われ者であるがために濡れ衣を着せられたと思っていたようで、直接の罪状とはあまり関係のない哲学活動について、なぜ人々から疎《うと》まれても知について論じることをやめないのかという弁明に時間を費やしている。五〇〇人の市民を前に、長年の偏見や中傷がいかに不当であるかをどうしても語らずにはいられなかった、というふうである。

陪審の投票結果は、三〇票ほどの差で有罪だった。あらかじめ量刑が決まっている事件ではないので、陪審はついで量刑を決めなければならない。原告は死刑を求刑している。ソクラテスは陪審員を前にまたしても弁論をおこなった。『ソクラテスの弁明』によれば、ソクラテスはなんと、自分はアテナイ人のために善いことをおこなってきたのだから、迎賓館での饗応にあずかることこそふさわしいと言ったという。その後で、プラトン、クリトンなど弟子や友人の現実的な忠告を受けて罰金刑を要求するのだが、さきの「饗応」こそふさわしいという発言がよほど反感をもたれたらしい。判決は、死刑だった。

あいまいな罪が民衆の心証一つで裁かれ、しかもただ一度の裁判で極刑となってしまうのだから、現代的な感覚からすればずいぶん乱暴な話ではある。その後、獄中のソクラテスを友人らが訪れては、救い出す手だてはあるので獄を逃れるよう説いたようだが、結局ソクラテスは心静かに死を受け入れた。プラトンは『クリトン』という対話篇に、友人の一人クリトンが最後にソクラテスを説き伏せようとして逆にソクラテスから諭される場面を書いている。そのなかでソクラテスは、国法を遵守することの正しさを諄々《じゅんじゅん》とクリトンに向かって説いている。『クリトン』はほとんどプラトンの創作といってよさそうな作品ではある。だがソクラテス自身、アテナイ人であるからにはアテナイの法律に従うのが正しいと考えていたのはまちがいないだろう。なお、ソクラテスは最期に、「悪法もまた法なり」との言葉を残したと伝えられるが、『クリトン』はそれについてなにも触れてはいない。

ローマ法の礎……十二表法

ローマ法とは直接には都市国家ローマと、それに続くローマ帝国の法を意味する。だがローマ法は実際には、ローマ帝国が滅びた後もヨーロッパの大部分で適用されてきた。たとえばドイツでは、一九〇〇年の民法典の施行までローマ法の効力がみとめられていたくらいだ。こんにちでもスカンディナビアをのぞく大陸各国の法、とくに私法の分野にローマ法の影響は色濃い。

こんにち、欧米諸国の法体系は、大きく大陸法と英米法とに分けられるが、この大陸法というのはローマ法とゲルマン法、教会法（カノン法）、封建法が融合発展してきたものである。いっぽう、イギリスでは判例法をもとにした独自の法体系が発達した。英米法とはイギリス法に由来する法体系をさすが、その英米法のなかにも少なからずローマ法の影響はうかがえる。

また大陸法も英米法も、世界各地で近代国家が成立する過程でその法整備に大きく作用してきた。共和政ローマ初期に産声を上げたローマ法は、時間的にも空間的にもとてつもない広が

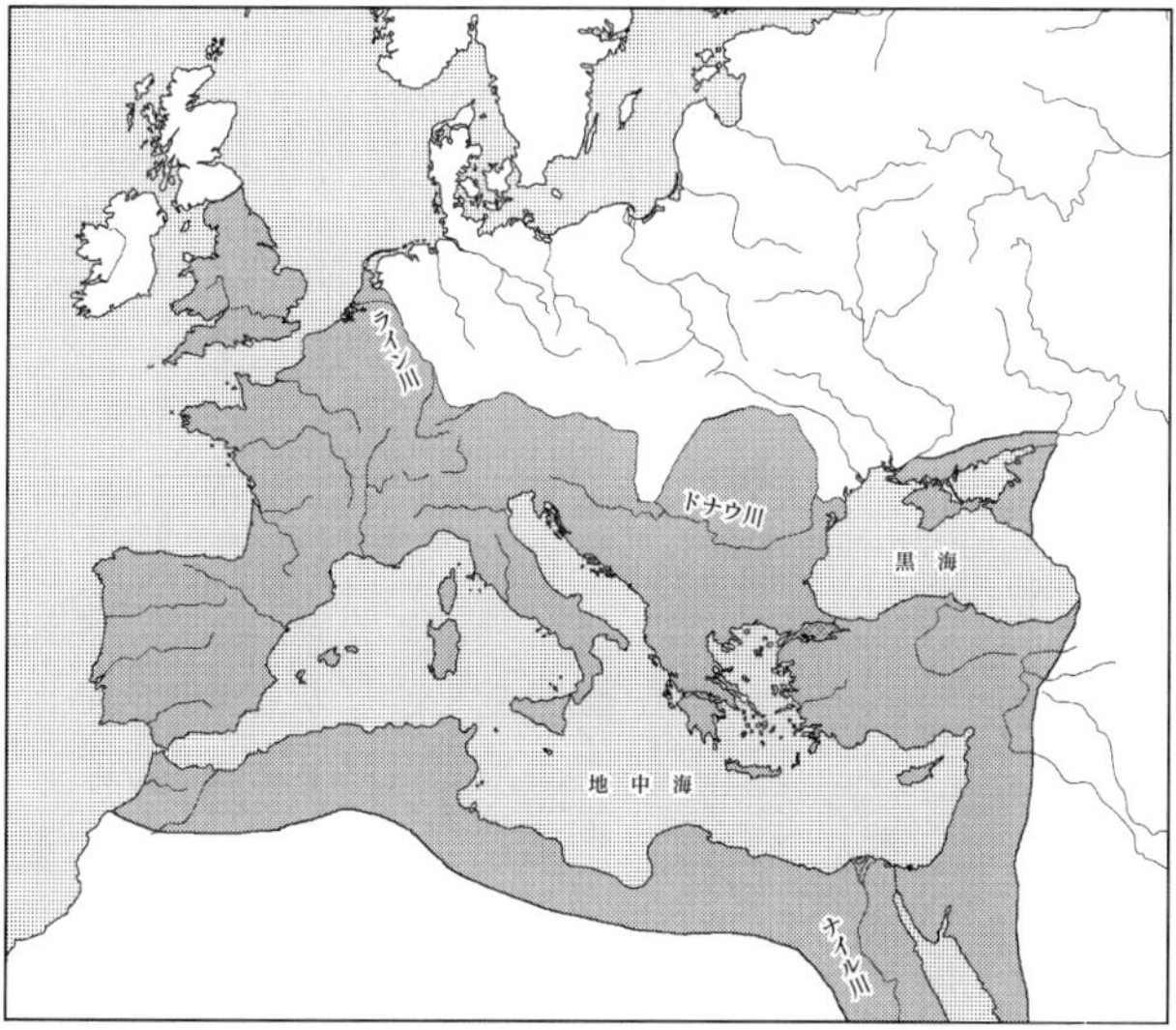

ローマ帝国の最大版図　117年、トラヤヌス帝（在位98～117）の時代。東端については諸説ある。

りをもって継受されてきたのである。

ローマ法とは何だったのか、ここで一口に述べるわけにはいかないが、ローマ法の基盤に横たわるおおもとの思想は「正義」であるということはできる。古代ローマの代表的な法学者ウルピアヌス（一七〇頃～二二八）は「誠実に生きること、他人を害さないこと、すべての人にその有すべき権利を与えること」が正しいことであるとしている。正義あるいは道徳律を守るための法を、ローマ人は一般にたいへん尊重していたと考えられる。

ローマ法ではすでに、国家と個人との関係を規定するものとしての公法と、個人間の関係を規定するものとしての私法が分けて考えられていた。私法には民法や商法にあたる規定のほか、刑法や訴訟手続きも含んでいた。

歴史的にみればローマ法は、農業を基盤とする古い時代、家長権、婚姻、相続、土地の所有権や訴訟手続きなどを中心とした規定から始まり、後に地中海一帯に勢力を拡大すると交易上の要請から商取引に関する分野が充実していった。また共和政盛期にはローマ市民のみを対象とした「市民法」が中心だったが、共和政後期より外国人にも適用される「万民法」を整備する必要性が生じてきた。国籍を問わずすべての自由人に適用される法としての「万民法」の発展があったからこそ、ローマ法は「世界法」的な位置づけがなされるようになったのである。


さて、古代ローマ史は紀元前七五三年建国と伝えられる王政をもって開始するが、王政ローマの法については確かなことはなにも知られていない。紀元前五〇九年に王政が廃止されると、ほどなく、その後五〇〇年近くにわたる共和政ローマを支えることになる基本的な制度が形をなしてくる。

当初、王の支配下にあった軍事、司法、祭司などの機能は、少数の家系出身の貴族に引き継がれた。そのために創設された役職は一年任期の法務官《プラエトル》（のちの執政官《コンスル》）で、同時に選出された二人が同僚制で国務をあずかるしくみであった（ただし危急のさいにはその一人が独裁官《ディクタトル》に任命されることになった）。その他、いくつかの政務官職がもうけられていくが、その間に有力氏族に属さない平民は官職から閉め出されていった。平民は経済的にも不利益な立場に固定されて、貴族と平民との隔たりが深まり、身分闘争へとつながっていく。

平民の不満の高まりと並行して、平民による重装歩兵の重要度が増してきたため、やがて貴族側も平民に一定の権利を保障せざるをえなくなった。平民は平民総会である民会《コミティウム》を開き、そこで護民官《トリブヌス・プレビス》というリーダーを選んで国政に送り込み、貴族支配に対する歯止めのしくみを作った。

平民側がもう一つ強く要求したのが、法の成文化である。古来、ローマの法は祭祀と深く結びついていたらしく、貴族階級の神官がおもにそれを司っていた。発言力を増した平民は貴族に対して法の知識の開放を迫り、紀元前四五一〜前四四九年にそれを実現させるのである。

ギリシアでも同様だが、もともと特権階級が独占し、恣意的に適用していた法を、被支配的立場にあった人々が自らの権利を守るために共有しようとしてきた歴史がそこにある。法といえばお上から押し付けられるものという日本人の感覚とはまったく異なり、西洋では法の概念が権利の概念と分かちがたく結びついているが、そのわけは古代の歴史からも納得されよう。

さて、平民の訴えは、「十二表法」とよばれる成文法に具現化された。これは一二枚の銅板に刻まれたと伝えられ、原本は失われてしまったが、さまざまな史料に断片的に引用されている。それらによって、訴訟にかんする手続き、家族法、相続法、財産法、不法行為法、宗教法などの内容をおおむね知ることができる。

十二表法は基本的に古来の慣習、規範を成文化したもので、今日的な感覚では十全な法体系とはとてもいいがたいが、ともあれローマ初の法典はこうして成立した。共和政から帝政への移行期を生きた歴史家ティトゥス・リウィウスが大著『ローマ建国史』のなかで「十二表法は、全ての公・私法の源である」と記したとおり、その後十二表法を補完ないし修正するかたちでローマ法はふくれあがってゆく。そしてついに本格的な法典、すなわちユスティニアヌスの「市民法大全」が成立するのだが（五〇〜五一ページ参照）、それまでのおよそ一〇〇〇年という歴史を、十二表法はローマ法の礎として支えてきたのである。

なお、十二表法制定にあたって、ソロンの法を参考にするために調査団がアテナイに派遣されたという伝承があるが、十二表法の中核はローマの慣習に由来するものとみられ伝承の信憑性は高くない。ちなみにソロンが禁じた債務奴隷は、ローマではみとめられていた。

十二表法は制定されたものの、身分闘争がただちに解決したわけではない。十二表法で当初禁じられていた貴族と平民の通婚が後の立法でみとめられたり（カヌレウス法。紀元前四四五年）、執政官の一人は平民から選出されることになる（リキニウス法。紀元前三六七年）など、貴族と平民との緊張は時代とともに緩和される方向にあったが、法の運用に関しては紀元前三〇〇年頃までは神官の管轄だった。それがあるできごとをきっかけに、法の知識が広く一般市民のものになったと伝えられている。

伝説によれば紀元前三〇四年、名門貴族出身のアッピウス・クラウディウス・カエクスの書記で平民のフラウィウスが、法律訴訟に関する資料を盗み出してこれを公開したという。後にそれは『フラウィウスの市民法書』とよばれるようになる。

アッピウス・クラウディウスは、二度にわたり執政官をつとめた著名な政治家である。彼は下層階級を優遇する政策を打ち出して投票権を与え、みずからの支持基盤とすると同時に、税収を増やして戦費に充《あ》てた。また街道や上水道を建設し、「アッピア街道」、「アッピア水道」にその名を残している。『フラウィウスの市民法書』は実は、そのアッピウス・クラウディウスが編纂を手伝ったとも、公刊を後押ししたともされている。

フラウィウスに関するエピソードの真偽のほどはともかく、同じ頃、神官職に平民も就くことができるようになり、さらに紀元前二八七年のホルテンシウス法では民会での議決が国法としてみとめられるようになるなど、制度的にも大きな変革がみられた。法知識の公開や制度改革により、法はようやく全市民のものとなったのだ。そしてその頃より、法学者とよばれる法の研究者が登場し、以後のローマ法の発展に大きく寄与していくのである。

法廷弁論で出世したキケロ

マルクス・トゥリウス・キケロ（紀元前一〇六～前四三）。五〇〇年近く続いた共和政ローマの終末期、その崩壊にいたる内乱の時代を生きた政治家で、法廷弁論家、著述家でもある。

キケロはローマ名家の生まれではなく、地方の騎士階級に属する郷士の出身でありながら、財務官、法務官をへて政治家としての頂点である執政官《コンスル》までのぼりつめた。これは当時のローマ社会にあっては、きわめて珍しいことだった。家名の後ろ盾をもたないキケロの出世を可能にしたのは、もちろん本人の努力と才覚にほかならない。この時代、立身出世の道具とはすなわち弁論術であり、法廷で訴追者あるいは弁護人として法廷弁論を繰り広げて勝訴することが社会的名声を得るための常套手段であった。

少年時代に学校教育で十二表法と修辞学を学んだキケロも、やがて法廷弁論家をめざし、二五歳のときに初めて法廷弁論をおこなった。当時ローマは、執政官スッラが独裁政を敷いていたのだが、キケロは翌年には、へたをすればスッラの不興を買いかねない難しい弁護を引き受けた。そしてみごとな弁論で勝訴し、一躍脚光をあびることとなったのである。

キケロが引き受けたのは、独裁官スッラの側近だった一人の解放奴隷が、ある殺人事件の被害者の土地財産を不当に手に入れ、その共謀者が殺人の罪を被害者の息子に着せようとはかった事件である。ちなみに死刑がまれだった当時のローマでも親殺しはとりわけ重罪とされており、おそらくは十二表法以前からの慣習により、罪人は犬、雄鶏、蛇、猿とともに革袋に封じ込めて海か川に投じると定められていた。

キケロの弁論には、独裁官のお気に入りの側近を標的に、その贅沢三昧《ざんまい》ぶりを徹底的に非難するというきわどい戦術も含まれていたが、結果的に彼は華々しい勝利をおさめ、名声を獲得した。

裁きの場で弁論を繰り広げて審判人の評決を待つ伝統はギリシアに由来する。アテナイのソクラテスは訴追されて自ら弁明したが、ローマのこの時代にはもっぱら弁護人が弁護を引き受けた。とはいっても弁護士という職業が確立していたわけではない。告訴も弁護も一私人がおこなうならわしだったが、さきにも記したとおり法廷弁論で勝利をおさめることは政治の表舞台を目指す若者にとっての登竜門であった。貴族階級ではないため出世の道がひときわ厳しい若きキケロにとって、法廷は自分が主役を演ずることのできるおそらくただ一つの劇場だったに違いない。

キケロはその後、着々と出世街道で歩を進めた。とくに紀元前七〇年に前シチリア総督を糾弾した告発弁論では、世論の予想を覆しての大勝利をおさめ、弁論家としての名声を不動のものとした。そしてその後、四〇代前半にして共和政ローマの最高職である執政官職につく。

さて、キケロが執政官職を選挙で争ったなかに、カティリーナという貴族がいた。キケロが任期一年間の執政官職にあるとき、カティリーナはクーデター未遂事件を起こす。情報通であったキケロはローマの混乱を未然に防ぎ、首謀者らの死刑を決断した。カティリーナの陰謀を阻止したキケロは「祖国の父」とよばれ、政治家として頂点を迎える。だが裁判抜きでローマ市民を死刑に処すことは、見方によっては超法規的ともいえる。ローマ社会ではおおむね時代を通じて法秩序が非常に重視されており、このときのキケロの判断は後に批判を招くことになる。

キケロは貴族出身でないがために、元老院の保守派らからは何かにつけて揶揄《やゆ》され、ついにその仲間としてはみとめられなかった。だが彼は、政治家としては一貫して、保守派がしがみつく共和政という枠のなかでの政治改革にこだわった。

歴史として振り返ればキケロの時代、旧態依然の共和政のほころびはもはやつくろいがたく、その崩壊は必然だったといえよう。カエサルが表舞台にあらわれ、権勢をほしいままにし、やがて暗殺されるという激動の歳月にあって、キケロはときに策を弄し、ときに妥協もいとわずに共和政擁護、あるいは再建につとめたが、それでも共和政の崩壊をくいとめることはできなかった。しかも保守派すなわち共和派の元老院議員らには最後まで受け入れられることがなかったのだから、時流を読み誤った不幸な政治家というほかない。

カエサル暗殺の翌年、キケロの長年の政敵マルクス・アントニウスはカエサルの養子オクタウィアヌスと結び、キケロの市民権を剥奪し、刺客を放って彼を亡きものにした。

政治家としては、共和政の限界をみとめることができなかったために、共和政から元首政へと移行する大きな潮流にもまれ、飲み込まれてしまったキケロだが、彼の真価は別のところにある。膨大な数の著述、すなわち演説論文、哲学的著作や手紙などが残されており、ラテン語散文の名手としての評価は揺るぎない。彼の文体はルネサンス期に散文の手本となり、またギリシア思想をもとにした哲学的著作の数々はヨーロッパ思想史の流れに方向性を与えた。

法律との関わりでいえば、キケロは法学者ではなかったが、数々の法廷弁論をものにし、また『法律について』という著作をあらわしている。今日、イタリア最高裁判所の正面入口の右手には、古典ローマ法学者のなかで最高権威にあげられるパピニアヌスの全身像が屹立しているのだが、それと対に左手にはキケロの立像がある。法学者と、法律の専門家ではない弁論家が同列に配されているあたりに、法廷は法律の専門家のみが司るものではないというローマ古来の感覚を読みとることもできるだろう。

ちなみにキケロと同時代の法学者アクイリウス・ガッルスは、厳正に法に照らして判断する法律家と、ときに詭弁に近い論述を繰り広げてでも勝訴にもちこもうとする弁論家を区別して、「これはまったく我々に関係せず、キケロに関係する」という皮肉な言葉を残したとされる。

キケロ自身はどうかというと、やはり真実はどうであれ、裁判に勝つことが弁護人の務めだと割り切っていたようで、自ら次のように述べている。

「裁判において常に真実を追い求めるのは判事の責務である。それに対して、弁護士の責務とは、真実に即していない場合でも、事例が法的に妥当することを証明することにある」(『キケロもうひとつのローマ史』アントニー・エヴァリット著)。

余談ながら、キケロの名は法律用語ではなく観光にかかわる一般名詞として残っている。イタリア語でチチェローネ cicerone、英語でもフランス語でもスペイン語でもドイツ語でも、発音は異なるが、どれも観光ガイドを意味する単語で、これはベテランの観光ガイドが旧所名跡の案内を立て板に水のごとく語るのを、キケロの雄弁にたとえたものである。

法典に名を残す東ローマ帝国皇帝ユスティニアヌス

俗にハンムラビ法典、ローマ法典、ナポレオン法典を世界三大法典とよぶ。そのなかのローマ法典は別名「ローマ法大全」、「市民法大全」とも「ユスティニアヌス法典」ともいわれる。ユスティニアヌスとはもちろん、バビロニア王ハンムラビや第一帝政フランス皇帝ナポレオン一世と同様、ときの統治者の名前である。

ローマでは、先に記したとおり紀元前五世紀なかばに成立した「十二表法」以来一〇〇〇年近くにわたり、まとまった法典が編纂されることがなかった。その間のローマ史の変遷を思えば、多岐にわたって多くの不都合が生じていただろうことは容易に想像される。さまざまな状況下で民会議決や元老院議決、政務官の告示、皇帝の勅法や法学者の著作などが法的効力をもつにいたったが、それらは一元的に集録されてこなかったため、時代遅れで無意味な法律が残っていたり重複や不一致も多かった。

歴代の施政者がみな、こうした事態に手をこまねいていたわけではない。勅法の増加にともなってそれを整理しようという試みは何度かなされた。とくにユスティニアヌスの「ローマ法典」のおよそ一世紀前、東ローマ帝国皇帝テオドシウス二世（在位四〇八〜四五〇）が編纂させたローマ史上初の公選法令集「テオドシウス法典」（四三八年）は重要である。だがテオドシウス法典は勅法を整理したもので、さまざまな法源を統一しようというテオドシウス二世の計画の一部でしかなかった。

これに対し五三四年に完成した「ローマ法典」は、勅法のダイジェストである新旧二つの『勅法彙纂《いさん》』と、ガイウス、ウルピアヌスなど歴史的な法学者三九名の学説をあらためて法源と定めた『学説彙纂』、そしてガイウスによる世界最古の法学入門書『法学提要』（二世紀中葉）にならった新『法学提要』からなる。さらに後年、法典の編纂後の勅法も『新勅法彙纂』にまとめられ、あわせて「ローマ法大全」、「市民法大全」あるいは「ユスティニアヌス法典」と称されるようになった。

「ユスティニアヌス法典」においてもなお、不明確な部分や矛盾は完全には解消されておらず、また内容が系統的に配列されていないなどの不備はあるが、ともあれこの法典は巨大にふくれあがった古来のローマ法の集大成といってよい。

さて、法典に名を残すユスティニアヌス一世（在位五二七頃〜五六五）については、その業績はもちろん生い立ちや私生活まで、同時代の歴史家の著作によって詳しく知られている。

西ローマ帝国最後の皇帝とされるロムルス・アウグストゥルスがゲルマン人の将軍オドアケルによって退位させられてから七年足らずのこと、現マケドニアのスコピエ近郊の貧農にのちのユスティニアヌスは生まれた。彼にはやはり農家に生まれ一兵士から高位軍人に出世した叔父がいた。その叔父ユスティヌスに呼び寄せられて、二〇代で帝都コンスタンティノポリス（現イスタンブール）に上京し、高等教育を受けてユスティヌスの養子となる。ユスティニアヌスという

アヤソフィア　4世紀に建立された大聖堂が2度焼失した後、ユスティニアヌス帝が再建。ビザンティン建設の最高傑作のひとつとされ、東方正教会第一の格式を誇っていたが、オスマン帝国時代にモスクに改修されてしまった。現アヤソフィア博物館。［イスタンブール］

名も、叔父ユスティヌスにちなんだものである。

叔父が元老院に推されて皇帝ユスティヌス一世として即位すると、ユスティニアヌスは側近として政治の実務を司るようになる。そして五二七年、ユスティヌス一世の死去にともない、皇帝ユスティニアヌス一世が誕生するのである。即位後ほどなくユスティニアヌスは法学者トリボニアヌスを中心とする編集委員会に法典編纂を命じ、一四ヶ月後には最初の成果である『勅法彙纂』が完成をみた。

野心に満ちたユスティニアヌスは外交面でも積極的な領土拡大をはかる。二度にわたるペルシアの侵入を退けて和平を結ぶ一方で、ゲルマン人の手に落ちたイタリアの地を再びローマ帝国領として東西を統一する夢を追い続けたのである。じっさい、アフリカの地中海沿岸のヴァンダル王国を平定し、西ゴート王国の支配地であったイベリア半島も地中海に面した南部を征服し、イタリアの東ゴート王国にも長年の戦いのすえ勝利をおさめた。こうして、かつて地中海を制した古代ローマ帝国の威光が、つかのま取り戻された。

しかしその代償は大きかった。相次ぐ戦争で国内は疲弊し、戦乱で荒廃したイタリア半島の復興はならず、地中海の制圧にかまけている間に東からペルシア、北からはスラヴらの侵入を受けて帝国は混乱する。

ユスティニアヌスの死後ほどなくして、イタリア半島にはゲルマン系ランゴバルド人が進出し、またバルカン半島にはスラヴ人やアジア系遊牧民のブルガール人、アヴァール人などが南下してくる。ユスティニアヌスは莫大な戦費を使って帝国領土を拡大したが、それはその後数百年にわたる東ローマ帝国衰退のはじまりでもあった。後世、ユスティニアヌスの功績として評価されるのは、統一ローマ帝国の一時的な復興より、やはり第一にローマ法典である。

ところでユスティニアヌスに関してローマ法典とは別に、法律にまつわるあるエピソードが知られている。彼にはテオドラという名の気丈で美貌の妻がいた。ユスティニアヌスが本格的な外征に乗り出す前、重税を課されて彼への反感を募らせていた市民が大規模な暴動を起こしたことがある。「ニカの乱」とよばれるこの反乱に乗じてユスティニアヌスに退位を迫る元老院議員らもあらわれ、彼は一時は逃亡を覚悟するが、妻テオドラに叱咤激励されて威信を取り戻し、難局を乗り切ったという。

その後もテオドラは共治帝として陰《かげ》に陽《ひ》に政治的影響力を及ぼし続けるのだが、ユスティニアヌスを支えたこの女傑は実は踊り子出身だった。ユスティニアヌスが叔父のもとで執政官をつとめていた頃、元老院議員と娼婦まがいの踊り子や女優との結婚は法律でみとめられていなかった。とくに叔父ユスティヌス一世の皇妃は彼らの結婚に強硬に反対していたが、皇妃が世を去るとユスティニアヌスは叔父を説き伏せ、皇帝の名において法律を改正させたのである。彼が帝位を継承する四年前のことであった。

法三章……古代中国の法感覚

中国の故事にちなみ、きわめて簡素な法をたとえて「法三章」という。松下政経塾の月刊誌『地域から日本を変える』一九九五年五月号に、松下幸之助の次のような言葉が紹介されている。
「昔、漢の高祖が法律はごく基本的な三つだけにしたという『法三章』の故事があるが、このように法律は最小限にとどめ、国民の良識によって社会を律していく姿こそが理想ではないだろうか。現実には法三章ですむものではないが、法治国家は中進国だという考え方に立って、法三章で栄える国家、徳性国家、良識国家をめざしていくことが大切であろう」(「松下幸之助の真語真髄──弁護士の多い国は中進国だ」上甲晃)
法律より国民の良識で社会を律していくというのは理想論にすぎないにしても、けっこう多くの日本人にすんなり受け入れられる考え方に違いない。

法三章のもとの話はこうである。劉邦すなわち漢の高祖（在位紀元前二〇二〜前一九五）が秦を下し、首都咸陽《かんよう》に入城したさいに、その地の長老らを集めて「人を殺せば死刑。人を傷つければ処罰、人のものを盗んだら処罰します。ほかはすべて秦の法を取り除きます」と約束したという。

後に述べるが秦代は膨大な法令で人民をがんじがらめにし、とりわけ政道批判に対しては厳罰をもって臨んだ。立ち話一つでも政道批判と言いがかりをつけられて処罰されることもあったので、そのような圧政から解放されると期待した人々のあいだで劉邦の人気は大いに高まったという。


時代は少しさかのぼって戦国時代（紀元前四〇三〜前二二一）、当時七雄の一つであった秦の王、政は次々と列国を滅ぼし、ついに中国史上初の統一国家を築いた。広大な領土を治める専制君主として政は、秦の皇帝（在位紀元前二二一〜前二一〇）を名乗る。皇帝という名称、そして自らを朕と称し、帝の命を制、令を詔《しょう》と呼ぶならわしは、この始皇帝のときにはじまる。

始皇帝は中央統制を強化するために郡県制を実施し、貨幣、度量衡、文字の書体等を統一した。また儒家に対する弾圧を厳しくするなど思想を統制し、実用書以外の焚書をおこなったとされる。始皇帝の政策に大きな影響を及ぼしたのが、統一前から秦王、政に仕えていた李斯《りし》（？〜紀元前二〇八）だった。

李斯はもと、儒者の荀子に学んだとされる。同じく荀子の弟子に、諸子百家のうちの一つ、法家の理論の完成者としてよく知られるようになる韓非《かんぴ》（?～紀元前二三三）がいた。性悪説を唱えた荀子は儒家のなかでもとくに礼の決まりにしたがうことを重んじ、この流れから治国の要は法律と刑罰にあるとする法家思想が大成したと考えられる。

韓非は自らの法家思想を、後に『韓非子』とまとめてよばれる数多くの書物に著した。その一部を読んだ秦王、政は深く感嘆し、隣国の韓非が外交折衝のために秦に派遣された折に韓非と会えたことをたいへん喜んだという。ところが韓非の兄弟弟子であった李斯は王が韓非を登用し自分を遠ざけるのではないかと恐れ、王に讒言《ざんげん》した上で韓非を自殺に追いやったと伝えられる。

さて、韓非の思想をかいつまんで述べれば、政治は客観的な法と人民を従わせる統御術によってなされるべきである、ということになろうか。社会の秩序を維持するためには、現実に即した法律が公布され、厳刑をもってそれを守らせなければならない。また法を制定するのは最高権力の唯一の所有者である君主のみであり、誰も君主と君主の定めた法を批判してはならない。さらに君主は臣下に対し、忠誠心のような道徳性を信じて権力を貸し与えるべきではない。以上のような考え方は、君主は人民の道徳性のめざめに信を置き、徳をもって治めるべきである、とする儒家の思想を真っ向から否定するものだった。

兵馬俑　始皇帝陵に副葬されていた等身大の兵士やウマの像。1974年に発掘され、大きな話題になった。『漢書』では始皇帝陵は項羽によって破壊されたことになっている。［西安］

政（始皇帝）は以上のような思想にたよって政治のよりどころを法におき、信賞必罰、とりわけ厳罰主義をもって統制したが、戦国時代とそれに続く史上初の統一国家の専政君主として、このような統治法は必然だったのかもしれない。もっとも法を統治の道具とする考え方自体は、法家にはじまるものではない。元来中国では「法」と「刑」は、きわめて密接な関係をもっていた。

すでにみてきたように、古代ギリシアやローマでは平民が貴族らに権利を要求するところから、法の普遍化がはじまっている。その後西洋では一般に、権利を主張する当事者同士の争いをおさめるものとして、誰もが納得する手続きのもと客観的な規範を発見し、適用するというプロセスが法の成立の基本となっている。そこでは法は共同体のものであって、一部の権力者のものではない。もちろん時代や地域によってさまざまに差異はあるが、基本的に西洋では、法は民の権利を保障するものとして、私法を中心に発展してきたといえる。

対照的に、日本を含め中華の文化の及ぶところでは、法といえば施政者が定める刑法がまずイメージされる。そこでは法は統治の道具として、道徳律に反する行為や、権力者にとって都合の悪い反社会的行為を規制するためにもうけられ、その権威をたもつために違反者にはしばしば厳罰が適用されてきた。

飛躍するようだが、現代中国ではいまだ司法の独立が確立されておらず、また死刑執行の数が世界で群を抜いて多い（二四四〜二四五ページ参照）。法と刑を一対とみなし、とくに社会の秩序を乱すものには極刑をもって処してきた古来の伝統を思わざるをえない。

さて、始皇帝は国家統一の後もさらに領土拡大に励み、また万里の長城などの大規模な土木事業にも人民を徴集したため、社会は疲弊していった。紀元前二一〇年、始皇帝が病死すると、次々と反秦勢力が蜂起し、国内は混乱した。そこにあらわれたのが漢の劉邦で、国家事業のための徴集に不満をつのらせても愚痴ひとつ口にできない圧政に苦しめられていた人々に「法三章」を約束して大いに歓迎されたのは、先に記したとおりである。

劉邦はその後、項羽と争って彼を下し、天下を統一すると漢朝の皇帝となる。だがじっさいに国を治めるにあたって、「法三章」でことが足りるわけはない。結局、漢代には「九章律」という基本法典のほか、律や令とよばれる数多くの法規が生み出された。「九章律」のもとは戦国時代に作られた「法経」六篇で、これは秦でも施行され、漢代に入ってから三篇が追加されたという。結局、秦から漢に移行しても、法の内容そのものは断絶することはなかったのである。

ただし、韓非が集大成した法家思想が唯一絶対とされることはもはやなかった。漢代には、かつて法家思想と鮮明に対立していた儒家思想が、法家思想と融和する。君主は人民の道徳性をめざめさせて国を治め、君主による教導をたすけるものとして法（刑）があるという考え方が成立し、これが長く中国の法のありかたとして定着するのである。

漢代四〇〇年あまりの間におびただしい数に増えた律、令などの法令は、その後興ったいくつかの中小王朝において整理、改編されていく。刑法典としての律、行政法典としての令という体系が整ったのは晋王朝が成ってまもなくの二六八年。隋・唐時代には洗練をきわめ、日本へも大化改新（六四五年）を機に律令制が本格的に継受されたのは、よく知られたところである。

冒頭の松下幸之助の言葉ではないが、日本で「法三章」につねにプラス・イメージがもたれるのは、逆にいえば「法」という言葉にはいまだ、お上から押し付けられる罰則付きの掟というマイナス・イメージがどこかにつきまとうからだろう。西洋社会で法が権利や正義の概念と分かちがたく結びついていることが、日本人の感覚ではすんなり理解しがたいのも、古代中国に由来する法感覚を受け継いできたからに違いない。

第2章　近代法以前

パリの凱旋門　1806年、ナポレオン・ボナパルトの命によって建設されたことで知られているが、完成したのは彼の死後、1836年のルイ・フィリップの時代だった。

ヴァイキングと議会

北大西洋に浮かぶ世界最北の島国、アイスランド。「氷と火山の国」とよばれるこの国の知名度は、あまり高いとはいえないかもしれない。日本と同じく、国際的には批判されるばかりの商業捕鯨を主張する国。首都レイキャビクでは、一九八六年にアメリカ大統領レーガンと旧ソ連書記長ゴルバチョフによる歴史的な和平会談がおこなわれた……一般的に知られていることといえば、この程度だろうか。だが本書のテーマ「法律」に関して、この国の歴史は重要な意味をもつ。古代ギリシアやローマの民会、元老院を別にすれば、アイスランドの議会は、世界最古の歴史を誇るというのだ。

もともと無人だったアイスランドに、ノルウェーやアイルランド、スコットランドなどからの移住がはじまったのは、八七〇年頃からとされる。移民たちはやがて地域ごとに集団をつくり、ゴーディとよばれる指導者のもと地方集会（シング）を開いて集団社会のルールをつくっていった。やがてゴーディたちは、地方ごとにまちまちな法秩序を統一するために、アルシンギ（またはアルシング）という全島集会つまり議会を組織して、島全体に適用される法体系を整えることにした。最初のアルシンギがレイキャビクで開催されたのは九三〇年。この年をもって連邦国が成立したとされる。ちなみに、近代議会政治を生み出したといわれるイングランドで王の召集する集会が「議会 parliament」とよばれるようになったのは、一三世紀後期のことである。

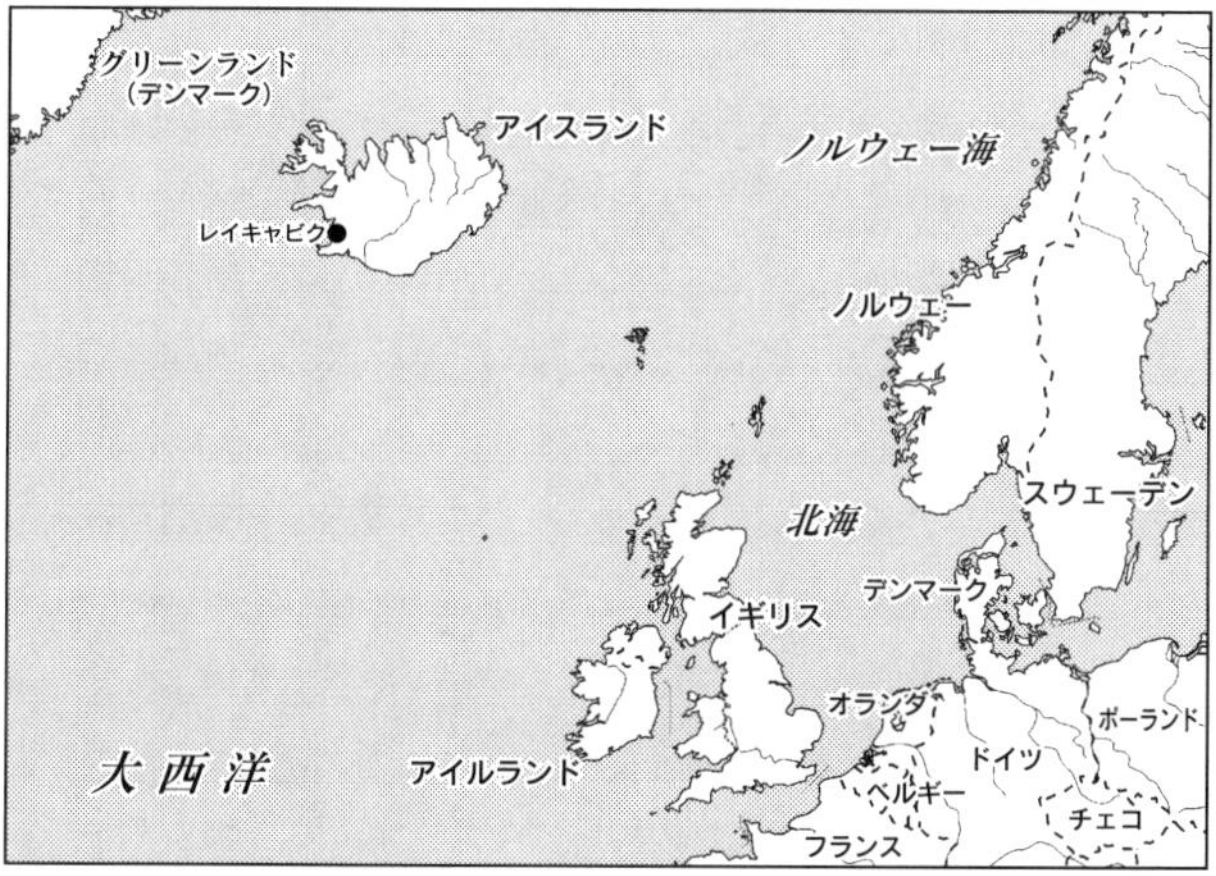

最初のアルシンギが開かれて以来、アルシンギは年に一度、夏におこなわれるならわしとなった。連邦国とはいっても各地方を統合する中央行政府のようなものはなく、行政は地方の自治に完全に任されていた。アルシンギは初期のころは、議会による立法と法廷による司法の二つの機能を備えていて、ふつうはゴーディがその支配地域で裁判を司り、一地方では解決できない問題をアルシンギにもちこむという制度だった。

また、島の住民すべてにかかわる重大な危機を、アルシンギによって回避したこともあった。たとえば多くの住民が北欧神話のオーディンやトールを信仰していたところに、一〇世紀末頃、キリスト教伝道者が渡来して混乱がもたらされたときのことである。一時は内乱寸前の状態となったが、一〇〇〇年に開かれたアルシンギで全国民がキリスト教徒となることを法律で決め、分裂を避けることができたという。

当初アイスランドには、アイルランドやスコットランド、その周辺の島々から渡ってきたケルト系の移民もいたが、住民の多くは西ヨーロッパではノルマン人とよばれた人々、いわゆるヴァイキングだった。ヴァイキングといえば野蛮な海賊というイメージが定着しているが、これはヨーロッパ各地の修道院や教会が、異教徒に金銀財宝を略奪されて恨み骨髄で綴った記録によるところが大きい。一過的な海賊行為も少なくはなかったが、海沿い、川沿いにヨーロッパ各地を侵攻したノルマン人あるいはヴァイキングの活動は、全体としてはかなり計画的な勢力拡大ともいえる。

アイスランドのシングやアルシンギは、地域内、地域間の争いごとを普遍的な法体系によって裁くために設けられた民主的な制度である。ヴァイキングと恐れられた北欧の人々が、ただ武力に頼るばかりの野蛮人ではなかったことのあかしともいえる。

とはいっても、ゴーディなど有力者同士の権力闘争も盛んにおこなわれたようで、そのような内部抗争はやがて、かねてからアイスランドの地をねらっていた隣国ノルウェーの介入を許すことになる。一二六二年、アイスランドはノルウェーの植民地の扱いとなり、以後アルシンギはほとんど機能しなくなってしまった。

アルシンギの開会・閉会の宣言や演説などは「ログベルグ」（法律の岩）とよばれる岩あるいは丘でおこなわれていたとされ、そこで起こったことは、北欧の歴史伝承物語サガのなかで、アイスランドのゴーディたちを主人公とした一群の物語に記されている。けれども一三世紀にノルウェーの、そして一四世紀からは長くデンマークの支配下にあって「ログベルグ」は忘れ去られてしまい、その位置は今日まで特定されていない。

デンマークの支配下にあった一八〇〇年、アルシンギは完全に廃止されたが、ほどなくその復活を望む声が高まった。アイスランド独立運動の指導者ヨーン・シグルズソン（一八一一～一八七九）の活躍もあって、一八四五年にアルシンギはデンマーク王の諮問議会として復活する。シグルズソンはその後もデンマーク政府と交渉を重ね、一八七四年には独自の憲法による自治を、七五年には限定的ではあるがアルシンギの立法権を認めさせた。ちなみにアイスランドの独立記念日六月一七日は、国民的英雄シグルズソンの誕生日に由来する。

アイスランドが共和国として完全な独立を果たしたのは第二次世界大戦中の一九四四年である。一九九一年の憲法改正によりアルシンギは完全一院制となり、六三名の議員で構成されている。

なお、イギリスのグレートブリテン島とアイルランドのほぼ中間に位置する淡路島ほどの小さな島、マン島も、ティンワルドとよばれる独自の議会をもち、一〇〇〇年の歴史を誇る。ティンワルドもアルシンギと同じく、北欧からの移住者、すなわちヴァイキングがもたらしたものと考えられている。

イギリス不文憲法のルーツ1……ジョン王とマグナ・カルタ

よく知られているようにイギリスには成文憲法がない。政治制度や市民の基本的権利と義務を明文化した単一の憲法典が存在しないというのは、私たち日本人の感覚からすればなにやら違和感がある。なぜ成文憲法がないのかという問いに対しては、イギリスの憲法は長い歴史のなかで発展し続けてきた大樹のようなもので、単一の憲法典としてまとめることはできないなどと説明される。不文憲法ともよばれるこの大樹を支える大地は「法の支配」と「議会主権」という基本原則であり、大樹そのものはさまざまな制定法や判例法、そして慣例から形作られている。以後、四項目にわたり、イギリスの不文憲法成立の過程を概観する。

イギリスの憲法を構成するさまざまな要素のうち、明文化されたものとしてはじめに名前が挙がるのが「マグナ・カルタ」（大憲章）だ。「マグナ・カルタ」は人権思想の源流ともみなされるが、もとはときの王ジョン（在位一一九九～一二一六）に対して貴族や教会が自らの権利を確認させたもので、封建制度という枠組みのなかで王権に一定の制限を課すための契約だった。

ジョン王はイギリス史上、もっとも不人気な王といってよい。兄王リチャード一世は十字軍に参加して、獅子心王（Lion-hearted）とよばれ英雄視されてきた。かたやジョン王は欠地王（Lackland）と称される。この名は、ヘンリー二世の末子であるジョンが生まれたときに、当時大陸にあったイングランド領地はすでに兄たちのものと決まっており、ジョンに分け与えられる大陸領がなかったためである。後にイングランド領はもとより、リチャードの後継者としてノルマンディー、ルーアンなど大陸イングランド領を継承したが、これを手中に収めようともくろむフランス王フィリップ二世と争って、結局これらの領土を失ってしまった。ジョンが「失地王」という間違った訳語でよばれることがあるのは、このできごとによる。

ジョンは父王ヘンリー二世に偏愛されていたにもかかわらず、兄リチャードがフィリップ二世と結んで父王に謀反を起こしたおりには自分も父を裏切ってリチャード側についたり、また王位継承をめぐってリチャードに反乱を起こしたりと、若い頃から謀略に明け暮れていたようだ。もっともこれは時代的背景からすればやむをえない面もある。ジョンは一方で、イングランド各地を精力的に旅して回り、地方行政を整備したり、国の司法、財政制度を整えるのに大きく寄与している。兄王リチャードがイングランドにはほとんど滞在せず国政にも関与せず、治世の大半を十字軍遠征とノルマンディー防衛に費やしたことを考えれば、ジョン王はイングランド統治者としての志をもっていたといえよう。

だが、年代記作者たちはジョン王を、ひたすら残忍な暴君として記している。ジョンへの悪評の主な理由は、ローマ教皇インノケンティウス三世との衝突にある。カンタベリー大司教位の人事をめぐって教皇にそむいたジョン王への罰として教皇は一時期イングランドに聖務停止を科し、さらにジョンを破門した。この間、ジョンは司教区や修道院の収入を横領するなどの暴挙をおこなったのである。数年後、ジョンが折れて両者は和解するが、ジョンの行為を教会への冒瀆とみた修道院の年代記作者は、以後、徹底的に悪評を書き連ねる。四〇〇年近く後、シェイクスピアの史劇『ジョン王』のなかでも、やはり彼は感情的で頑迷な人物として描かれている。

大陸領土の喪失、教皇との衝突に加え、兄リチャードの時代からふくらむ一方の戦費をまかなうために、古くからの慣習を破り封建諸侯らに新たな負担と重税を課してきたため、ジョンと貴族らとの緊張感はどんどん高まっていった。一二一五年五月、ついに内乱勃発。窮したジョンは翌月、諸侯側の示した条件を受諾して和を講じた。この条件がマグナ・カルタの母体である。余談ながら彼は、ラニーミードでマグナ・カルタへの署名を迫られたときには貴族らに機嫌よく応じたものの、自分の執務室に戻ると怒り狂って床に倒れたと伝えられる。

マグナ・カルタは前文と六三ヶ条からなる。「王は忠誠な臣民の忠言を容《い》れて（以下の条文を承諾する）」という前文に続く各条項は、王と貴族、教会、一般臣民との間の相互の権利と義務を定めている。具体的には、教会は国王から自由である、国王が勝手に税を課すことはできない、ロンドンなどの自由市は自由に交易をおこなえる、王の裁判所は万人に開かれ、慣例的な訴訟手続きに従うなどの条項がある。

さまざまな立場の人々の要求を短期間に一つにまとめて起草する作業は、当然ながら非常に困難だったことだろう。王が侵してはならない臣民の権利を列挙したこの憲章は、全体的にかなり雑然とした印象である。しかも成立直後から教皇に破棄を命じられたり、たびたび再確認されたり修正されたりするところをみると、当初、マグナ・カルタにさほど重みがあったとは思われない。

だが時間がたつにつれ、この憲章の重要性が増してくる。王権を制限するマグナ・カルタは、その一つ一つの条項はさておき、王権から人々の自由を守る障壁として意識されるようになるのである。

憲法を、「国家存立の基本的条件を定めた根本法」（『広辞苑』）の定義で考えると、中世の封建制度を温存するための文書がイギリスの憲法の構成要素としてまっさきに挙るのは奇妙な感じがするが、このことには二つの但し書きがつく。まず、マグナ・カルタがそっくり現行法として残っているのではなく、王権にさまざまな制約を課す条文を国王ジョンは承諾するという内容の前文のみが有効なのである。

また、マグナ・カルタは一七世紀の法律家エドワード・コークに引用されることによって、歴史的重要性がとくに高まった。コークは「権利請願」（一六二八年）として実を結ぶことになる自由憲章のなかで、人身の自由と裁判に関して規定したマグナ・カルタ第三九条を引き合いに出したのである（七七ページ参照）。後に近代国家成立への流れのなかで、権力分立と基本的人権の保障という二大原理が国家の基本法として意識されていくようになる。コークの「権利請願」、その後の時代の人身保護法（一六七九年）、権利章典（一六八九年）などはマグナ・カルタ同様、イギリス憲法を支えるものだが、それらの源流をさかのぼればやはりマグナ・カルタにいきつくのである。

イギリス不文憲法のルーツ2……「国王といえど神と法の下にある」

サブタイトルは、マグナ・カルタ成立の翌年に生まれたイングランドの法律家ヘンリー・ブラクトン（一二一六〜一二六八）が残した言葉とされる。ブラクトンはジョン王の後を継いだヘンリー三世（在位一二一六〜一二七二）の国王裁判所の裁判官として、イングランド各地の巡回裁判所の判事を務めながら、膨大な判例を整理して『イングランドの法と慣習法』（初版一五六九年）を著した人物だ。この書物は、ローマ法と教会法の概念を適用しながら中世イングランドの伝統的な法を集大成したものといえる。

たとえ一国の王であっても法を無視したおこないは許されないというのは、こんにちでは自明のことのように思われる。だが、ブラクトンのこの言葉はもっと深く、イギリスでの「法」の概念にかかわっている。

ブラクトンのいう法とは、人為的に成立した実定法ではなく、普遍的に存在するとされる自然法、いわゆる理性の法を意味する。もちろん中世イングランドに、自然法と、それに対置される実定法といった明確な概念があったわけではない。

イギリスでは古くから、法は人間が制定するものではなくて客観的に存在するものだと考えられてきた。このような概念に基づく法体系を英米法という。これに対して、ローマ法の流れをくむ大陸法は、法とは人間が制定するものであるという考え方が基本となっている。

時代がずっと下って一七世紀、哲学者ジョン・ロックは『自然法論』のなかで自然法を「自然の光によって見出される神の意志の命令」と述べているが、イギリスにおける法のとらえかたは一面、永遠、普遍の真理とか摂理とよびかえることもできるもので、それを「発見」し、体系づけるのが法律家の役割でもあった。

ヨーロッパ大陸の法、すなわちローマ法に由来する法が、抽象的な法理論をもとに体系的な成文法を制定してきたのに対し、イングランドではゲルマン法の伝統の延長上で独自の法体系を築き上げてきた。イングランドの法は、個々の具体的な事件を通して得られた判例を第一義的な法源とするという意味で、判例法主義といえる。こんにち、ローマ法に由来する成文法主義の法系を「大陸法」系、判例法主義のイギリス法の系統を「英米法」系と広く分けてよぶ。ともあれイングランドでは、慣例や、裁判所で蓄積されてきた判例と、さらにそれらから推論される法を、広い意味で「コモン・ロー」とよびならわしてきた。

コモン・ローという語はさまざまな意味を含んでおり、一言で定義することはできない。ここでは普通法とか共通法と訳される意味においてのコモン・ローについて、簡単にふれておこう。

時代はさかのぼる。ノルマンのウィリアム征服王によるノルマン・コンクエスト（一〇六六年）は、社会の上層部には大きな変革をもたらしたが、イングランド各地の法の伝統をくつがえすようなものではなかった。古来のアングロ・サクソンの法体系は大きく変わることなく中世に受け継がれ、ジョン王の父ヘンリー二世（在位一一五四～一一八九）の時代になってもまだ共同体ごとに異なる慣習が地域社会を支配していた。

ヘンリー二世は国王裁判所を活用し、その裁判官が地方の巡回裁判所をめぐるシステムを築いたとされる。また起訴陪審制を定めて訴訟手続きを明確にした。これらの司法改革により、地域ごとの差異はやがてならされて、全国共通（コモン）の法（ロー）が確立される素地ができてゆく。イギリスにおいて、長年にわたり積み上げられてきた判例そのものが法である、という法感覚は、このような歴史を通じて養われてきたものといえる。

さて、ヘンリー三世の時代、マグナ・カルタはたびたび法廷で引用され、また一二二五年にはヘンリー三世は拡充されたマグナ・カルタの再発布を余儀なくされた。イギリス法のうえでマグナ・カルタといえば、ジョン王が署名した「原型」ではなく、一二二五年発布のこの文書をさす。

だが前述のとおり、ブラクトンが国王の上にあるとする法は、直接にマグナ・カルタをさすのではない。そもそもマグナ・カルタは国王が個人、教会、市などに対し「自由および特権」を付与するという形をとる契約文書であり、当時の法の概念にはあてはまらないものであった。ブラクトンの言葉をかみくだけば、国王といえど神の意志である普遍的正義に従わなければならない、それを無視した暴政、苛政は許されないということだろう。

前項でも記した通り、マグナ・カルタは王権から人々の自由を守る障壁として意識されていたが、やがて時代とともに忘れ去られてしまう。そしておよそ四〇〇年の後、法律家エドワード・コークによってよみがえることは、これも前項で触れた。コークはまた、絶対王政の時代にあって、大胆にもブラクトンの「国王といえど神と法の下にある」も引用したとされる。

イギリス不文憲法のルーツ3……イングランドのユスティニアヌス

ヘンリー三世の治世、封建諸侯による評議会に対してパーラメント parliament という語が用いられはじめる。そしてヘンリー三世の後継のエドワード一世（在位一二七二〜一三〇七）の時代には、司法、立法および行政上の問題を討議する場として、議会 parliament の形がととのえられていくのである。

エドワード一世は王権を強化して政治的指導力を発揮し、また伝統的な慣習法（コモン・ロー）をもとに当時の社会情勢に見合った成文法を多く制定して、中世イングランド王国の繁栄の頂点を築いた。エドワード一世はこの改革立法に関する業績から、「ユスティニアヌス法典」に名を残す東ローマ帝国の皇帝の名にちなみ「イングランドのユスティニアヌス」、あるいは「立法者」などの異名をとる。

エドワード一世の治世下において成立した数多くの制定法のなかで、法律名や俗称からその内容が推察できるものだけをあげても、条件付贈与法、不動産譲渡法、商人法、労働者法、叛逆罪法など、こんにちでいう民法、商法、刑法を含め多岐にわたることがわかる。彼の時代にはまた、最古の判例集が刊行され、法曹が組織化されるなど司法制度もさらにととのっていった。

国内を安定させる一方でエドワード一世は、ウェールズを征服しスコットランド支配をめざし、さらにガスコーニュ地方をめぐってフランスとも争うなど、積極的に勢力拡大をはかった。これらの戦費を調達するために彼もまた、あの手この手で徴税をこころみたが、最終的にはそのことが、諸侯や教会、市民の不満を増大させることとなる。すなわち、イギリス史上、最良の王とうたわれるエドワード一世ですら、晩年にはマグナ・カルタの確認を迫られるにいたったのである。

それに先立つ一二九五年、エドワード一世は直領地以外からも幅広く徴税するために、貴族、聖職者だけでなく各地方の土地所有者や都市の市民から代表を迎え入れて租税に関する承認を得ようとしている。模範議会 Model Parliament とよばれるこの年の議会は後年の身分制議会の萌芽であり、近代国民国家への方向性を示すものだった。上院（貴族院）・下院（庶民院）からなる両院制は、それから半世紀ほど後の一四世紀中頃より形をなしていくのである。

また、イングランドの議会はもともと租税承認のための機関だったため、それを承認するかわりに国王に対して要求を提出する（請願）という関係が成り立った。このことは、やがて議会が立法機能を獲得することにつながる。ちなみにフランスでも、一三〇二年にやはり身分制議会である全国三部会が招集されたが、あくまで国王の諮問機関にすぎず、絶対王政が成立するとほとんど機能しなくなっている。

一二九七年、マグナ・カルタを含む憲章の確認を迫られたエドワード一世に代わり、これらを遵守することを宣誓したのは息子のエドワード（後のエドワード二世）だった。王自身はこの拘束から逃れようとさまざまに画策したあげく、諸侯らの信頼を損なってしまった。すぐれた統治力をもって数々の改革を先導し、中世イングランド王国にかつてない繁栄をもたらしたエドワード一世は、スコットランド遠征の途中、失意のまま世を去った。

イギリス不文憲法のルーツ4……エドワード・コークによる権利請願

既述のようにマグナ・カルタは、中世後期には忘れ去られていた。背景には、一四世紀中期から一五世紀中期にまたがって争われたイングランド、フランス間の百年戦争と、それに継ぐイングランドの王位継承をめぐる内戦、バラ戦争がある。長期にわたる争乱の時代にあって貴族、騎士らの勢力が衰え、必然的に王権の拡大を招いたため、国王と、その権力に対峙する議会との綱引きのバランスが崩れてしまったのである。

バラ戦争終結後、チューダー王朝の成立にともなってイギリスは絶対王政期に入る。内戦後の混乱期に強力な統治力が必要とされたのは当然ではあるが、議会政と司法にとってはそれは脅威でもある。ローマ教皇とたもとを分かってイングランド国教会を樹立するなど、国内に大変革をもたらしたヘンリー八世（在位一五〇九〜一五四七）の時代、彼の専制的政策に大義を与えるものとして国会制定法が重んじられる一方、イングランドの法曹を育んできた判例集の編纂は途切れてしまった。

だが一六世紀の後半にはイングランド中世法が再び日の目をみることとなる。一五六九年、前述のブラクトンが一三世紀に著した『イングランドの法と慣習法』が初めて刊行され、アングロ・サクソン法の伝統に基づくコモン・ローがあらためて考察されるようになったのだ。

そして一七世紀には、コモン・ローの擁護者である法律家エドワード・コーク（一五五二〜一六三四）によって、絶対王政を主張する国王に対しコモン・ローの優越性が主張されることとなる。

一五九四年にエリザベス一世（在位一五五八〜一六〇三）の治世下において法務長官の地位を得たコークは、エリザベス女王のもとでは国王とその大権の擁護者だった。だが続くジェームズ一世（在位一六〇三〜一六二五）の時代になって、コークは国王と激しく対立することになる。

王権神授説をもって国王主権を説くジェームズ一世はつねに議会と衝突し、またその宗教政策も外交政策も人気がなかった。コークはジェームズ一世がある事件に関して司法に介入しようとしたときに、コモン・ローは最高の法であり国王の資格は事件の裁決ができるものではないと主張してジェームズ一世を激怒させた。コークはまた、コモン・ローは議会をのぞき、すべての人とすべての制度に優越するとして、国王の勅令がコモン・ローを変更させることはできないとも述べた。

ジェームズ一世の死去にともなって即位した次男のチャールズ一世（在位一六二五〜一六四九）もまた、父王と同じく王権神授説を説いて議会と対立した。コークはマグナ・カルタを含む古来の先例をひきながら、あらたに自由憲章を起草する。この自由法案が「権利請願」として議会を通過したのは、チャールズ一世の治世下、一六二八年のことである。

国王が勝手に課税したりそれに応じない者を投獄したり、民間人に兵士の宿泊を割り当てたり軍法を適用することは古来の法に反するというその内容は、チャールズ一世がふりかざす国王大権を直接に糾弾するもので、当然のことながらチャールズ一世の猛反発を招いた。彼は特別税徴収を議会に認めさせるためにいったんは請願を受諾しながら、翌年議会を解散させ、以後、議会抜きで専制政治をおこなった。この一一年間におよぶ議会無視の専政が、ついには清教徒革命をひきおこすこととなる。

清教徒革命、共和政の成立、王政復古と名誉革命という激動の一七世紀を通じて、国王に対する議会の優位性がしだいに確立していくが、その過程でもやはり、マグナ・カルタを源流とする人民の自由の権利がつねに確認される。コークは「権利請願」で、マグナ・カルタの第三九条を引き合いに、自由人は法によらずして自由を侵害されることはないと述べたが、このことは一六七九年の人身保護法であらためて成文化される。さらに名誉革命における「権利章典」で、国王の大権が否定され、国民の古来の権利と自由を擁護する宣言が法律化された。こうして、イギリスの不文憲法を支える「法の支配」と「議会主権」という基本原則が確立するのである。

アイルランド・カトリックを弾圧した「刑罰法」

アイルランドはケルト人の国である、とよくいわれるが、ケルト民族が大陸から渡来する前からピクト人ら先住民はいたし、ケルト文化が支配的になった後も、ヴァイキングがたびたび侵入し、定住した。また、とくにイングランドによる植民地化が始まった時代は、イングランドやスコットランドから領主としてやってきたノルマン人が、やがてケルトの言語であるゲール語を話し土地の女性との子どもをもうけて、ケルト人に同化していった（ヴァイキングとノルマン人は、スカンディナビア半島からヨーロッパ各地に侵入した北方ゲルマン人という意味では同義だが、ここでいう領主としてやってきたノルマン人とは、大陸のフランク王国に定住してノルマンディー公国を興した人々の子孫で、一〇六六年にノルマンディー公ウィリアムがイングランドを征服して後にイングランドに定住したノルマン系貴族をさす）。

このようにアイルランドという島でも他地域と同様に異民族の侵入と同化が繰り返されたのだから、アイルランド人はケルト人であるという言い方は正確ではない。それでもやはり、ケルト意識はたしかにアイルランドのナショナリズムと分かちがたく結びついている。

背景にはアイルランドのケルト文化が、五世紀前半という早い時期に布教されたキリスト教と融合し、住民にこの島特有のカトリックの信仰が根付いていたという事情もある。このことは、イングランドで一五三四年に「国王至上法」が発布され、イングランド国教会がローマ・カトリック教会から独立して以来、とくに重要な意味をもつ。つまりイングランドによるアイルランドの抑圧は、ケルト系住民とケルト的なものすべてに対する抑圧であるとともに、プロテスタント（イングランド国教会）によるカトリックに対する差別・弾圧でもあったのだ。そのため両者の対立は、いっそう深刻なものとなったのである。こんにちまでケルト文化とカトリックは、アイルランド人のナショナリズムを支える精神的な支柱となっている。

さて、アイルランドがイングランドから押しつけられた数多くの法律の中で、アイルランド史上よく知られているものを二つあげておく。一つは、一三六六年に制定されたキルケニー法で、ひと言でいえばイングランド人植民者のアイルランド人化を防ごうとした法律だ。

先にふれたように、アイルランドに定住したノルマン系のイングランド人らは次第にケルト系アイルランド人に同化して、イングランドへの忠誠心を失っていった。そして一四世紀には法や慣習を含めケルト文化が復興し、アイルランド人による植民地の奪回も進んだ。こうした状況は、当時イングランドが百年戦争にかかりきりでアイルランドを顧みる余裕がなかったために生まれたものでもあったのだが、植民地からの歳入が減ったことはイングランド人統治者を激怒させた。そして彼らは、さらにケルト化が進むのを防ぐためにキルケニー法を制定したのである。

その内容は、こんにちの首都ダブリンを含む東部の特別区域をイングランドの州として残し、その他の地域は放棄して、イングランド人とアイルランド人を隔離するというものだった。そしてイングランドの勢力圏にいるイングランド人とアイルランド人とが柵（ペイル）を越えて結婚することが禁じられ、イングランド人はゲール語を話すことも、アイルランド固有の習慣や法律に従うことも禁止された。

ペイル pale は「杭、柵、境界」を意味する一般名詞だが、大文字のPで始まる the Pale は、アイルランド史ではこのとき隔離されたイングランドの勢力圏をさす。この語はアイルランド国歌の一節にも、「ゲールの子らよ、ペイルの人々よ、長く待ち望まれた日が明ける」とうたわれている。ちなみにキルケニーとは、ペイルの内に含まれた地名である。

このように有名なペイルを定めたキルケニー法だが、実質的な効果はほとんどみられなかった。その後もアイルランドの勢力は強まり、一五世紀末にはイングランドの統治の及ぶ範囲は非常に狭い範囲のペイル内だけとなったという（地図参照）。そればかりか、むしろこの時代、イングランドの支配を逃れたノルマン系アイルランド人領主が実権を握り、アイルランド人から「ガレット・モー」（大ジェラルド）と敬愛されたキルデア伯ジェラルド・フィッツジェラルドのような人物が輩出したくらいである。

キルケニー法の効果が上がらなかったのに対し、次に挙げる一七世紀末の法律は、アイルランドのカトリック教徒に大打撃を与えた。アイルランド史上悪名高い「刑罰法」ないし「異宗派刑罰法」である。

「刑罰法」制定にさかのぼること一世紀半あまり、イングランドでは「国王至上法」が発布され、ヘンリー八世がローマ・カトリック教会と訣別する（一五三四年）。一五四一年にアイルランド王として承認されたヘンリー八世は、ペイルをむりやり拡大するなどアイルランドの掌握にもはげんだ。以来、さまざまな政治的事件による紆余曲折はあったものの、イングランドはアイルランド支配を確実に強めていく。

　イングランドのプロテスタントによるアイルランドのカトリックへの弾圧は、清教徒革命の後、オリヴァー・クロムウェル（一五九九〜一六五八）の時代に凄惨を極める。そしてその後の混乱期を経て、さらにカトリックを束縛する「刑罰法」が、一六九一年以降、次々と発布されていく。手始めにカトリック教徒は公職につくこと、学校を経営すること、また許可なく武器を携行することや五ポンド以上の値打ちのあるウマを所有することが禁じられた。一八世紀に入ると、土地の購入が禁じられ、土地の相続や借地に関しても厳しい制限が設けられ、さら

1500年頃にあったアイルランドのペイルの位置
キルケニー法はキルケニー、ティペラリー、ウォーターフォード、ウェクスフォードなどを含む東部の広域からケルトの伝統を締め出そうとしたが、1500年頃にはイングランドの勢力圏は図のように縮小した。

に選挙権も剥奪された。

このため地主の家庭などは改宗して法の適用を避けることが多かったが、もともと失うものの少ない小作人ら大勢のカトリック教徒は、禁じられたミサを密かに続け、かえってその信仰を深めていった。

カトリックに対する制限は、一八世紀末から少しずつ緩められていく。だがカトリック教徒が議会の議席を得ることや公職につくことを認める「カトリック解放法」の成立は、一八二九年まで待たなければならなかった。このときに活躍したのが、アイルランド独立運動の指導者として名高いダニエル・オコンネル（一七七五〜一八四七）である。

しかしオコンネル率いる解放運動もなかなか実を結ばないうちに、アイルランド人の主食であるジャガイモが繰り返し立ち枯れ病に襲われるという異変が起きる。刑罰法から解放されたカトリック教徒を待っていたのは、死者一〇〇万人ともいわれる大飢饉だった。このような苦難の歴史を経てアイルランドが独立を達成したのは、一九二二年のことである。

国際法の父グロティウスとマリア夫人の脱獄物語

ソクラテスは「悪法もまた法なり」と言って理不尽な処刑に甘んじたと伝えられるが、ここに紹介するのは、終身刑を宣告されて幽閉されていた牢獄から、妻と友人らの助けを借りて劇的な脱獄を成功させた法学者の物語である。

「国際法の父」、フーゴ・グロティウス（一五八三〜一六四五）は、法学者にして神学者、歴史家、詩人、劇作家、政治家でもあり、「あらゆる分野の学問に精通した人物」と評されるほど多才な人物だった。

オランダのデルフトの名家に生まれ、一一歳でライデン大学に入学。一五歳のとき、フランス訪問使節団に随行してフランス国王アンリ四世に謁見し、「オランダの奇跡」と感嘆されたと伝えられる。ラテン語の詩によって当時の国際情勢を描写し、わずか一七歳で弁護士として雄弁を生かして名を馳せ、まもなく官界に身を転じながらラテン語による劇作やギリシア詩のラテン語訳や編纂をもこなしていたとされるから、早熟の天才といってよいだろう。

オランダは当時、この地を支配下におくハプスブルク家スペインからの独立をめざして戦っていた。ネーデルラント連邦共和国として独立を宣言したものの、スペインはこれを認めないという不安定な時代、グロティウスは二四歳のとき、ホラント州など三州の最高法務官の任に就く。異例の迅速な出世は大いにもてはやされたというが、グロティウスの生涯で最大の幸運は、翌年、妻マリアを得たことだったにちがいない。

一六一五年、グロティウスはロッテルダムの行政長官に就任した。政治家への転身である。そして、このあたりから彼の人生は、その意思とは無関係な方向へ引きずられてゆく。ネーデルラント連邦共和国は当時、スペインとの間では休戦協定が成立していたというのに、カルヴァン派教会の神学上の対立に端を発する内紛によって国内分裂の危機にあった。

グロティウスは一〇代のころから特定の宗派に偏向することなく深い宗教的精神を養ってきたが、宗教上の対立がこじれて政争に発展してしまったからには、もはや平和的な解決をめざす彼の努力も実ることはなかった。一六一八年、オランダ総督マウリッツは彼に反逆の罪をきせ、翌年、終身刑を宣告したのである。

グロティウスは幽閉されたルーフェスタイン城にあっても多くの書物をひもとき、また神学や法学に関する著述を続けた。だがそのまま獄内で生涯を閉じたなら、後年の大作『戦争と平和の法』を世に問うことはできなかったし、それら著作の功績が高い評価を得て「国際法の父」とたたえられることもなかった。グロティウスが獄を逃れて再び自由を得たのは、ひとえに妻マリアの智恵と勇気のおかげである。

マリアは、もしも夫とともに生涯を獄中でおくるつもりなら城に入れてやろうといわれ、ためらうことなく自らとらわれの身となったという。マリアがはじめから脱獄を企てていたのかどうかはわからない。ともかく彼女の念入りな脱獄計画は見事に成功し、グロティウスは二年近い幽閉の後、パリに亡命することになる。

その計画とは、定期的に書物や衣類などを交換するのに用いていた木箱にグロティウスを潜ませ、友人のもとへ送り届ける、という大胆なものだった。毎度決まって古本が詰まった箱の中身を監守がいちいちあらためようともしなくなったころ、マリアは好機をとらえて計画を実行にうつした。まず、夫が伝染病にかかったと偽って監守を遠ざけておいて、しばらくは本など読めそうもないので手元の本はまとめていったん送り返すということにしたのである。

こうしていつもより重たい荷の中身もあらためられることなく、呼吸のために小さな穴をあけた箱は城外へ運び出され、忠実な召使いらの助けにより運河を経て、無事、友人宅まで送られた。グロティウスはその後すぐ、パリに逃走した。かつて彼を「オランダの奇跡」とよんだアンリ四世はすでに亡かったが、息子のルイ一三世は彼を厚遇したという。もっとも余談ではあるが、ルイ一三世がグロティウスに約束した年金は、きちんと支払われることがなかった。

フーゴ・グロティウス
"Hugo Grotius"〈画：ミーレフェルト、絵画所蔵先：ステデライク美術館、オランダ〉

一方マリアは、しばらくは監守を遠ざけておくためにグロティウスが伝染病だという芝居を続けていたが、夫が国境を越えたころを見計らって、事のてんまつを明らかにした。これはさぞや世間を驚かせたことだろう。議会は結局のところ、マリアの罪をとがめずに放免し、マリアはめでたくパリで夫と再会した。

何やら作り話のような冒険談だが、このエピソードは、日本ではじめて法学博士となった穂積《ほづみ》陳《のぶ》重《しげ》（一八五五～一九二六）が著書『法窓夜話』のなかで紹介しているものだ。穂積はこの項を、次の一文で締めくくっている。

「嗚呼《ああ》、グローチゥスにして、もしこれを助くるに夫人マリアの貞操義烈をもってしなかったならば、可惜《あたら》非凡の天才も空しく獄裡の骨となりおわり、明教を垂れて万世を益することが出来なかったかも知れないのである」

さて、先にもふれたが、グロティウスの生涯はオランダ独立戦争（八十年戦争。一五六八〜一六四八）とよばれる長い混迷の時代に重なっている。この地を支配下におくハプスブルク家スペインがプロテスタントを弾圧したのに対抗して、ネーデルラント諸州が反乱を起こし、十数年の後にネーデルラント連邦共和国の樹立を宣言したのが一五八一年。グロティウスが生まれる二年前のことである。共和国樹立の後もスペインとの争いは終わらず、オランダ独立戦争はやがてヨーロッパの勢力地図を塗りかえる三十年戦争へとつながっていく。一六四八年、ウェストファリア条約によって三十年戦争が終結し、ネーデルラント連邦共和国の独立が正式に認められるが、それはグロティウスの死後三年目のことだった。

神聖ローマ帝国の解体を決定づけたこの三十年戦争によって、戦場となったドイツでは一〇〇〇万という数の住民が戦渦に巻き込まれ、各国兵士の無規律な暴行略奪にあい、餓死し、あるいは伝染病の犠牲になったという。

こうした一連の悲惨な戦争の時代を生き、人類を戦争の惨禍から救いたいという思いがあって、グロティウスはパリ亡命中に『戦争と平和の法』（一六二五年）を著したとされる。グロティウス以前にも国際法の思想を説いた神学者や法学者は少なくないが、それを集大成し、今日の国際法の基礎を築いたのが『戦争と平和の法』なのである。

『戦争と平和の法』は国際法だけでなく、私法、刑法なども含め人類の法全体を述べたものだが、戦争に関しては正当な理由なしにはおこなってはならず、やむをえずおこなうときでも、その実行については正当な方法が守られなければならない、と説いている。四〇〇年近くも前に、戦争の正当性や戦争法規について考察されていたということだ。

だが実際に国際法が大きく発展するのは、二〇世紀に入ってからのことである。そして今日、イラク戦争一つをみても、「イラクに大量破壊兵器があるらしい」という誤った「情報」が戦争の正当な理由になりえ、しかも捕虜の扱いなど戦時のルールも守られていない様子なのだから、四〇〇年経ってなお、現実はグロティウスの理想にはるかに及ばないといえそうだ。

マリア・テレジアの内政改革

オーストリアの「女帝」マリア・テレジア（一七一七〜一七八〇）は、プロイセンのフリードリヒ大王（フリードリヒ二世）の宿敵だったとされる。マリア・テレジアはフリードリヒ二世や後に述べるロシアのエカチェリーナ二世と違って、もともとは啓蒙思想とは縁がなかった。それでいて彼女は、オーストリアを封建社会から近代国家に改革するという大事業をおこなうにあたり、全国統一の法制度をめざし、全土に小学校を設けて義務教育を導入し、カトリック教会の権威を削ぐなど数々の啓蒙的な政策を推し進めた。

マリア・テレジア
"Queen Maria Theresia"〈画：マイテンス、絵画所蔵先：ウィーン美術アカデミー、オーストリア〉

マリア・テレジアの治下、おびただしい数の法律、法令が作られたが、彼女はとくに法律を好んで学んだわけでも立法活動そのものに情熱を傾けたわけでもなかった。それなのにある法学者の言を借りれば、「ほとんどすべてのオーストリアの法規の根底には、どこかにマリア・テレジアが立っている」（『女帝マリア・テレジア』アン・ティツィア・ライティヒ著）のである。

マリア・テレジアは神聖ローマ皇帝カール六世の娘として世に生を受け、その跡を継いでハプスブルク領の支配者となった。だが女子が相続人となるのは当時としてはきわめて異例なことである。もともとゲルマン法では女性の相続を認めておらず、何百年もの歴史を誇るハプスブルク家でもむろんそのような前例はなかった。

しかしカール六世が跡継ぎの男子に恵まれないまま他界すれば、ヨーロッパ中を巻き込む跡目争いが起きるのは必至である。そこでカール六世は女子の領土相続権を明記し相続順位を定めた国事勅令を発布し、同時にオーストリアだけでなくベーメン（ボヘミア）やハンガリーなどを含む世襲領が一体的に継承されることも宣言した。

当然、周辺諸国にとっては、この相続順位法はすんなり通せるものではない。そもそもハプスブルク家は政策としての婚姻を繰り返し、男子継承の原則を主張して、いわば他家を乗っ取るかたちでヨーロッパ中にその支配権を広げてきたのである。その本家の男系継承者が絶えるということは、周辺諸国からみれば、ハプスブルク家の広大な所領を分割して自国領に統合する願ってもない好機なのだ。

だからこそカール六世はあらかじめ相続順位法を制定し、それをドイツ諸侯や列強国に承認してもらうためにさまざまに手を尽くした。それは娘テレーゼ（マリア・テレジアの愛称）のためというよりも、長子がすべて相続するという原則を通じてハプスブルク家世襲領を永年にわたり残すためだった。ありていに言えばテレーゼは、統治者となることを父王から期待されていたのではない。彼女が男子を授かりさえすればよかったのである。

だがカール六世はテレーゼが三人目の女子を出産し、四人目を懐胎していた一七四〇年の秋に急逝した。テレーゼのお腹のなかの子どもこそ、カール六世があれほど待ち望んでいた男の子だったというのに、それを知ることなく逝ってしまったのである。そして彼の死去とともに、例の「相続順位法」は、ただの紙切れとなってしまった。かつて相続順位法を承認したはずのバイエルン、ザクセンなどのドイツ諸侯もフランスやスペインなどの列強も、マリア・テレジアを後継者とはみなさず、いっせいにハプスブルク家の所領を狙って牙をむいてきたのである。

テレーゼは相続人として定められてはいたが、少女時代に帝王学らしきものを授けられた形跡はない。当時のお姫様らしく、宗教と外国語のほかはダンスに音楽というのが彼女の受けた教育である。ウィーンの宮廷で一緒に育った初恋の相手、ロートリンゲン公フランツとめでたく一九歳で結ばれ、二三歳で父王の死去にあうまでは国事にかかわる機会はまったくなかった。

そのテレーゼが、突然オーストリア大公女に即位すると同時に、見回すと周囲は敵だらけという窮地に立たされたのだ。そして現実に、プロイセンのフリードリヒ二世が、オーストリアのなかでももっとも豊かな土地柄のシュレジエン地方に侵攻した。オーストリア継承戦争の始まりである。

オーストリア継承戦争はフランス、イギリスも介入するところとなり、カール六世が憂慮していたとおりヨーロッパ全域を巻き込んで七年間も続いた。結果的にオーストリアはシュレジエンの大部分をプロイセンに割譲することとなったが、その他の世襲領は概《おおむ》ね元の通りに維持することができた。即位とほぼ同時に始まったこの継承戦争を通じて、マリア・テレジアは、列強と渡り合うにはオーストリアの大改革が必要なことを悟る。

以後マリア・テレジアはその統治を通じて、オーストリアを中世的な封建社会から近代的な中央集権国家へとみごとに生まれ変わらせた。抜本的な改革は政治、経済、司法、行政、教育、医療、軍隊などあらゆる方面におよんだ。国の存亡の危機にあって彼女は、はじめは重臣たちに腰を低くして教えを乞うたが、やがて身分や家柄にこだわらず優秀な人材を大抜擢して、それぞれの得意分野を任せていく。無邪気なお姫様だったテレーゼがやがて「女帝」とよばれ、オーストリア大改革という偉業を成し遂げることができたのは、彼女自身の聡明さ、強固な意思に加えて、人材登用に非常にすぐれていたからだといわれる。

さて、本題のマリア・テレジアと法律である。後に述べるエカチェリーナ二世やナポレオンと違って、彼女は立法という仕事そのものをとくに好んだというわけではなさそうだ。「テレジア刑法典」とよばれる法典も作られたが、本人が刑法にとくに深く関わったということもない。マリア・テレジアはもっと大局的な見地から、次々と国の根幹にかかわる制度改革を断行していった。

たとえば司法と行政を分離し、全国統一の近代的裁判制度を確立したのも大改革の一つだが、このときマリア・テレジアは次のように記している。

「同一君主の統治下の各世襲地では、平等の権利がゆきわたらなくてはなりません。これほど公正かつ自然で、司法に有益な、秩序立ったことはありません」(『マリア・テレジアとその時代』江村洋著)

それまでは地方ごとに領主が、あるいはカトリックの教区内ごとに司祭が裁判の実権を握っていたのである。その司法権を国が統一的に掌握しようという。しかも表現は異なるが「法の下の平等」をめざす若き大公女の方針は、中世以来の伝統に浸りきった特権階級の人々を震え上がらせた。
「ハプスブルク帝国」とはいっても従来は各地方の領主の実権が大きかったのは、司法制度に限ったことではない。国家財政も不安定な状態だった。マリア・テレジアはこうした封建制度を改めて、全国統一の税制を導入し、領主からも教会からも同じように税を徴収することとした。税制改革は中央集権化の骨子だが、当然、貴族や教会関係者はたいへんな勢いで抵抗を試みる。だが、近代化の流れを押しとどめることはできない。

これら内政改革をじっさいに主導したのはハウクヴィッツという下級貴族だった。ほかにも新しいオーストリア軍を創設したダウン伯爵、医療制度の改革を実現させたオランダの医師ヴァン・スヴィーテンなどが、マリア・テレジアに登用され、彼女の手となり足となって旧弊を退けていった。こうした改革の一つ一つがマリア・テレジアの名のもとに出された新しい法令で実現されていくのだから、まさに、「ほとんどすべてのオーストリアの法規の根底には、どこかにマリア・テレジアが立っている」わけである。

なお、法律とは直接関係がないが、マリア・テレジアが外交分野で重用したカウニッツ伯爵にも触れておこう。ハプスブルク家とフランスのブルボン家は三〇〇年来の宿敵同士で、先のオーストリア継承戦争でもフランスはプロイセンに肩入れしていたのだが、カウニッツはそのフランスと同盟関係を結ぶことを画策し、七年越しでこの「外交革命」に成功した。

このフランス＝オーストリア同盟が成立する半年ほど前、マリア・テレジアの一五番目の子で末娘のマリア・アントーニアが生まれた。そして同盟を確たるものにする一環として、末娘は後のルイ一六世の結婚相手として運命を定められた。マリア・アントーニア、フランス語でマリー・アントワネットである。

さて、マリア・テレジアの治世、そしてそれに続く長男ヨーゼフ二世の治世におこなわれた制度改革の多くは、今にいたるまでさまざまな方面に影響を及ぼしている。一つだけ例を挙げよう。

オーストリアはベルギー、フランス、スペインなどとともに臓器提供度が高いのだが、これはあらかじめ提供者（ドナー）となることを拒否していなければ自動的に臓器提供に同意しているとみなされる法律による。これについて、先に記したオランダの医師ゲルハルト・ヴァン・スヴィーテン（一七〇〇～一七七二）の医療改革が関係しているのではないかという見方がある。

ヴァン・スヴィーテンは当時医療の先進国だったオランダのライデンから招かれ、マリア・テレジアとその一家の侍医をつとめた。女帝の信頼のあつかったこの医師はウィーンに臨床医学をもたらしたが、なかでも当時としては画期的だったのがウィーン大学に解剖学教室を開いたことである。カトリック教会は死体解剖を禁じていたのだが、ヴァン・スヴィーテンはマリア・テレジアの同意を得て、この地で初めての死体解剖を実施した。このときに遺族の同意がなくても死体の解剖ができるという法律が定められた。またマリア・テレジアの最愛の夫、神聖ローマ皇帝フランツ一世シュテファンが五六歳で世を去ったときも解剖がおこなわれ、その所見が記録された。こうした経緯から、オーストリア人は臓器提供にあまり抵抗がないのではないかというのだ。

ちなみに二〇〇五年、ウィーンに住む失業者が自分の腎臓を一五万ユーロ（約二〇〇〇万円）で売るという広告を地下鉄の駅に貼りだしてちょっとした話題になったようだが、臓器の売買はオーストリアでももちろん禁止されている。

「啓蒙君主」ヨーゼフ二世の挑戦

モーツァルト（一七五六〜一七九一）の傑作オペラ『フィガロの結婚』の第三幕に、こんな一場面がある。主人公の好青年フィガロに対して、借金のかたに結婚を迫る女中頭マルチェリーナが訴訟をおこす。フィガロたちが仕えるアルマヴィーヴァ伯爵はフィガロの婚約者スザンナに目をつけているので、フィガロを中年女のマルチェリーナに押しつけてしまおうともくろんでいる。伯爵邸の広間を急ごしらえの法廷に、伯爵のいうがままの判事が進行をつとめる裁判で、裁きをつけるのは伯爵本人である。

オペラのもととなった戯曲は、フランスの劇作家カロン・ド・ボーマルシェの手になる。スペインを舞台に封建領主を痛烈に批判した内容で、完成後三年間も上演を禁止され、パリ初演で大成功をおさめてからも各地でたびたび上演禁止になったいわく付きの作品である。その貴族批判の部分を薄めてイタリア人台本作家ロレンツォ・ダ・ポンテが書いた台本に、モーツァルトが作曲し、一七八六年にウィーンで初演された。

先の場面ではその後、マルチェリーナが実はフィガロが赤ん坊の時に生き別れになった母親だったことが判明するが、これはストーリー全体からみれば枝葉の部分だ。いったん放棄した初夜権をとりもどそうとするような身勝手なアルマヴィーヴァ伯爵が、智恵者のフィガロをはじめ伯爵夫人やスザンナたちからよってたかって仕返しされるのが本筋で、最後は伯爵も納得して大団円という風刺喜劇だが、なるほどたしかに当時の貴族階級にとってはおもしろがってばかりもいられない作品だったのだろう。オペラはウィーンの初演でいちおうの成功はおさめたものの、そこは神聖ローマ皇帝のおひざもととあって、やはり人気は長く続かなかった。

ヨーゼフ2世
"Joseph II in Dragoner uniform"〈画：ヒッケル、絵画所蔵先：美術史博物館、オーストリア〉

さて、このときハプスブルク家率いる神聖ローマ皇帝だったのが、マリア・テレジアの長男のヨーゼフ二世（在位一七六五〜一七九〇）である。マリア・テレジアは家督は継いだが、神聖ローマ皇帝という帝位にはつけず、代わりに夫フランツ一世がこの名誉職を担っていた。一七六五年、フランツがマリア・テレジアより先に五六歳で世を去ると、息子が帝位を継ぐ。ヨーゼフ二世は同時にオーストリアの若き君主ともなったが、母マリア・テレジアはその一五年後に没するまで、息子と共同統治をおこなうことで治世にかかわり続けた。

マリア・テレジアは戯曲『フィガロの結婚』が話題になる数年前に世を去ったが、もし生きていたら世間を騒がすこの風刺劇をどのように受け止めただろうか。彼女がめざした司法改革はまさに、伯爵の胸算用で裁判の成り行きが決まるような封建社会を変えることだったはずである。だが、彼女には貴族階級そのものを否定するような発想はまったくなかった。貴族を愚弄する戯曲をマリア・テレジアが好んだとは思えない。啓蒙君主を自任するヨーゼフ二世の時代だったからこそ、モーツァルトのオペラはウィーンで日の目を見たといえよう。

余談だが、モーツァルトは子ども時代に数度、マリア・テレジアに謁見している。とくに六歳で御前演奏をしたさいに、マリア・テレジアの膝に上がってキスをしたとか、転んだモーツァルトを助け起こそうとした末娘マリア・アントーニア（マリー・アントワネット）に「大きくなったらお嫁さんにしてあげる」と言ったなどのエピソードは、真偽のほどはともかく世に広く知られている。また謁見のさいにマリア・テレジアから神童へ、一式の宮廷服が送られたことは事実である。

しかし女帝自身は多忙を極める生活のなかで、音楽を楽しむ心のゆとりをもつことはなかったようだ。あるいは旅を重ねるモーツァルトとそのマネージャー役の父親の生き方を嫌ったものか、御前演奏のおよそ一〇年の後、ミラノで総督をつとめる四男のフェルディナントがモーツァルトを雇用してもよいかと尋ねてきたのに対し、無用な人間に頭を悩ませることなどないと切り捨てている。「世間を物乞いのように渡り歩く」音楽家は家臣に悪影響を与えるというわけだ。

だがマリア・テレジアが疎んじたモーツァルトを、息子のヨーゼフ二世は母の没後に重用した。モーツァルトを主人公とする映画『アマデウス』のなかではヨーゼフ二世は何やら茫洋とした人物に描かれているが、伝えられるところでは彼は、母マリア・テレジアの仇敵フリードリヒ二世に私淑し、彼にならって急進的な啓蒙専制君主をめざしていたようだ。

マリア・テレジアはいつも周りに配慮しながら改革を一歩一歩進めてきた。息子との共同統治の時代は、彼女が若いころから着実に進めてきた改革が根付き、あるいは実りをあげてきた時期でもあった。だが息子の目には、母のやり方は生ぬるく前時代的なものと映っていたようだ。

共同統治時代、皇帝にとって母はともすれば自分の行きたい方向に立ちはだかる壁のように感じられただろうし、かたや女帝は理論第一の息子の性急なやりかたには、はらはらし通しだったことだろう。親子は愛情で結びついてはいたものの、政治的な立場の上では緊張関係にあった。たとえば、農民解放の制度をめぐる問題でマリア・テレジアは、息子とは意見が異なるが最終的な決定は息子ひとりに委ねることを、次のような一文であらわしている。

「私は法律を学んだ皇帝の公正さ、洞察力、博愛精神をこれまで以上に信頼しつつ、皇帝が私の承認なしにこの件を決定してくれるようにお願いします」(前掲書『女帝マリア・テレジア』)

一七八〇年に偉大なる女帝が没すると、ヨーゼフ二世はいよいよ自分の時代が到来したとばかりにさらなる制度改革にはげむ。彼は母以上に、教会の力を削ぐため、修道院を解散させ、宗教行事を制限するなどの対カトリック政策を用いた。皇帝は同時に、プロテスタントとギリシア正教に対する寛容政策をとった。また農奴制を廃止して重商主義的な方向を打ち出し、中央集権を押し進めるために画一的な行政区画を設定し、ドイツ語を公用語と定めるなど矢継ぎ早にさまざまな改革を断行した。

しかし社会とは、そのような急激な変化についていけるものではない。皇帝の政策は保守派からはもちろんのこと、改革派の人々からも支持されなくなっていく。やがてネーデルラント(オーストリア領オランダ)やハンガリーに騒動が起こったりして、結局、ヨーゼフ二世が単独で統治したおよそ一〇年のあいだに彼の名で出された法令の多くは廃止されることになる。

もっとも、市民社会の到来を先取りするかのような改革のなかには、大衆に歓迎されたものもある。たとえばこんにち、ウィーン市民に親しまれているプラーター公園とアウガルテン公園はもともと皇帝一族や貴族など特権階級のための狩猟場だったのだが、ヨーゼフ二世はその広大な土地を一般の人々に開放した。「君主は国家第一の僕《しもべ》である」というフリードリヒ二世の言葉を信奉していた若き理想主義者は、王侯貴族の特権を廃止していくプロセスの一つとして狩猟場を開放したのだろう。これはウィーン市民に大いに喜ばれた。モーツァルトも新婚のころ妻とプラーター公園を訪れて、公園にいるととても気持ちがいいので作曲のことは今日は勘弁してくださいと、父親に手紙を書いている。

もう一つ、ヨーゼフ二世のおかげでウィーン市民が今日まで楽しんでいるものをあげておこう。ワインの新酒を飲ませる居酒屋ホイリゲである。

オーストリアのワイン作りの歴史は長いが、マリア・テレジアが女帝となったころはブドウ栽培は戦争によって荒廃していた。当時、貴族ら土地所有者が勝手に税額を定めて農民から搾り取っていたのを、マリア・テレジアは統一的な税制を導入するなどして農民への抑圧を軽減したので、ヨーゼフ二世の治世にはブドウ栽培も復興していた。ヨーゼフ二世は一七八九年、ブドウ栽培農家に対して年間三〇〇日以内に限り自家製のワインとパン、チーズなどを供したり小売りして収益を上げてもよいという法律を作った。ワインを小売りできるのは一部の販売業者に限るという規制を緩和したわけである。

ホイリゲとは「今年のワイン」の意味で、それを飲ませる居酒屋もホイリゲという。ウィーン名物のホイリゲは今日でもウィーンの条例で、ウィーン市境から一〇キロメートル以内、自家製ワインに限り、営業日は年間三〇〇日以内などと定められている。

法律マニア、エカチェリーナ二世の理想と現実

エカチェリーナ二世（在位一七六二〜一七九六）。何かと話題の多いロシアの女帝である。ドイツの貴族の娘として生まれた彼女の本名は、ゾフィー・アウグスタ・フレデリケという。第九代ロシア皇帝エリザヴェータの甥で皇位継承者の大公ピョートルと婚約し、ロシアにやってきた。結婚にあたってロシア風にエカチェリーナ・アレクセーヴナと改名し、ロシア正教に改宗し、ロシア語を習得してロシア人の信頼を得ようとつとめた。

エカチェリーナの夫ピョートルは、よく鉛の人形で兵隊ごっこをして遊んでいたと伝えられるような人物だった。知性にも品性にも欠け、プロイセンびいきで、ロシア的なものをあからさまに軽蔑してみせたピョートルは、ロシア貴族にも大衆にもまったく人気がなかった。その妻であることにエカチェリーナは、一七年間耐えた。もっとも九年目にして初めて生まれた息子パーヴェルはピョートルとよく似ているにもかかわらず、父と子の血のつながりを信じる者はほとんどいなかったという。エカチェリーナの愛人の多さは、当時からヨーロッパ中に知れ渡っていたほどだったからである。

彼女の人生における最大の出来事は、夫がピョートル三世として帝位を継いだ一七六二年に起きた。ピョートルが即位してわずか半年の後、エカチェリーナの側近がクーデターを起こす。さして抵抗もせずに退位したピョートルはその一〇日後に、護送された別荘で食事中におこった喧嘩のせいで「たまたま」殺された。夫に代わり帝位についたエカチェリーナはロシアの擁護

者として歓迎されたが、同時に彼女には終生、陰謀・暗殺の噂もつきまとうこととなったのだ。

　さて、以後、三四年間にわたるエカチェリーナの治世においてその「偉業」がたたえられるのは、まずは外交分野だろう。彼女はプロイセンとオーストリアの不和に乗じてポーランドを手中に収め、トルコとの二度の戦争でクリミアを獲得するなど、ピョートル大帝以来の領土拡張主義を大きく進展させた。

　またボリショイ劇場やエルミタージュ宮殿（現在のエルミタージュ美術館）を建設するなど、文化・芸術の擁護者としてもエカチェリーナの名は高い。非常な読書家で芸術も愛した彼女は、自らロシア史や戯曲をあらわし、絵画、彫刻もよくしたという。

エカチェリーナ2世
"Portrait"〈画：レヴィツキー、絵画所蔵先：エルミタージュ美術館、ロシア〉

　だが帝位についてすぐに、彼女がもっとも積極的に働きかけたのは内政だった。若い頃はフランスの啓蒙思想家ヴォルテール（一六九四〜一七七八）の弟子を自任し、啓蒙君主たらんという理想に燃えていたくらいだから、内政改革に並々ならぬ熱意を注いだのも当然だろう。彼女は一七世紀に制定された法典の近代化をめざし、即位から数年の後、立法委員会を組織させ、自ら作成した『訓令《ナカース》』を委員会に披瀝《ひれき》する。

それはモンテスキュー（一六八九〜一七五五）の『法の精神』とイタリアの法学者ベッカリーア（一七三八〜一七九四）の著作に大きな影響を受けたもので、人道主義、万人の法の下での平等、宗教に対する寛容や表現の自由などをうたっている。だが当時のロシア社会、いやヨーロッパのどの国の現実に照らしてみても、エカチェリーナが信奉する啓蒙主義の理念は時代のはるか先をゆくものだった。その急進性が警戒されて、フランスでは『訓令』の公刊が禁止されたほどである。


エカチェリーナは『訓令』において、当時のロシアにとって革命的な理念をもとに法的、政治的なシステムを近代化することを提唱したのだが、これを彼女のたんなる偽善であるとする評価も少なくはない。なぜならエカチェリーナは啓蒙思想の信奉者ではあったが、同時に独裁政治を主張し、権力の集中に腐心する絶対君主でもあったからだ。啓蒙主義が後にフランス革命のよりどころとなったことからも明らかなように、人間本来の理性を尊重する啓蒙主義は、ある時点で絶対主義とは相容れなくなる。

エカチェリーナの『訓令』が偽善の産物だったかどうかはさておき、まず『訓令』はロシアの現実とあまりにもかけはなれていることから、実際にそれに基づく立法にはほとんど至らなかった。そしてロシアの農奴制に心を痛めた若きエカチェリーナの上っ面な人道主義は、現実に土地と農民を所有する権力者たちの要求を前に、あっけなく引っ込められてしまった。
一七七三年、エメリアン・プガチョーフ（一七四四頃〜一七七五）という一人のカザーク（コサック）が反乱を起こす。プーシキンの散文『プガチョーフ叛乱史』や小説『大尉の娘』でも知られるこの伝説的な事件の首謀者は、「余はピョートル三世なり」と名乗る奇人だった。だが、エカチェリーナの時代になってから農奴解放という夢を断たれたと思いこんだ農民らが大勢、プガチョーフの後に続いた。「ピョートル三世」という彼の詐称は農民らに、「帝位を奪い取った者」というエカチェリーナにまつわる暗い疑惑を思い起こさせたに違いない。反乱は翌年に鎮圧され、首謀者プガチョーフは、死刑と拷問を嫌っていたはずのエカチェリーナの目の前で、斬首の後、四つ裂きの刑に処された。

このようにエカチェリーナの啓蒙主義や人道主義は、現実のロシア社会において混乱と矛盾を露呈し、年とともにその精神は後退していった。そして一七八九年にフランス革命が起こると、彼女は自由主義的な思想をすっかり捨て去ってしまったのである。

さて、若き知性と情熱の産物だった『訓令』が大きな実を結ぶことはなかったが、立法に対する熱意は即位後一〇年以上経っても衰えることはなかった。ただし現実との折り合いをつけることを学んだ彼女はもはやモンテスキューを後ろ盾にはせず、イギリスの法学者ウィリアム・ブラックストン（一七二三〜一七八〇）などの著作を参考にしていたようだ。

「プガチョーフの反乱」の幕が下りた一七七五年、エカチェリーナは地方行政法を発布する。

地方の行政、司法と自治に関するこの法令は、およそ一世紀後、アレクサンドル二世の治世におこなわれた行政改革まで見直されることがなかった。地方行政法と、その一〇年後に発布された市政に関する法令は、エカチェリーナの人生をいろどるさまざまなエピソードのなかでは目立たないながら、近代的な法制度を整えることに心を砕いた彼女のたしかな功績といえる。

今に生きるナポレオン法典

「私の真の栄誉は四〇回の戦勝にではなく、永遠に滅びることのない私の民法典にある」

英雄、天才的軍人として、あるいは皇帝の冠を自分で自分の頭に載せた独裁者として無数の伝説に彩られ、「超人」、「怪物」、「コルシカの食人鬼」などさまざまに評されるナポレオン一世(在位一八〇四〜一八一四、一八一五)は、実は最後の啓蒙専制君主でもあった。

一九世紀初めの一連のナポレオン戦争が数百万人の犠牲者を出したことをフランス人は忘れないが、それでもなおナポレオンに関しては、法典やフランス銀行などの近代的な制度を残した功績の方がより強くフランス人の心に記憶されているようだ。とくにナポレオンの名を冠した民法典は世界中の民法に大きな影響を与え、冒頭のことばどおり、ナポレオン最大の栄光となっている。

だがコルシカ生まれの士官上がりで、法律家でもないナポレオンが、フランス革命の果実を最後にもぎ取って権力を手にしてからわずか数年のうちに、近代的法典の模範といわれる傑作

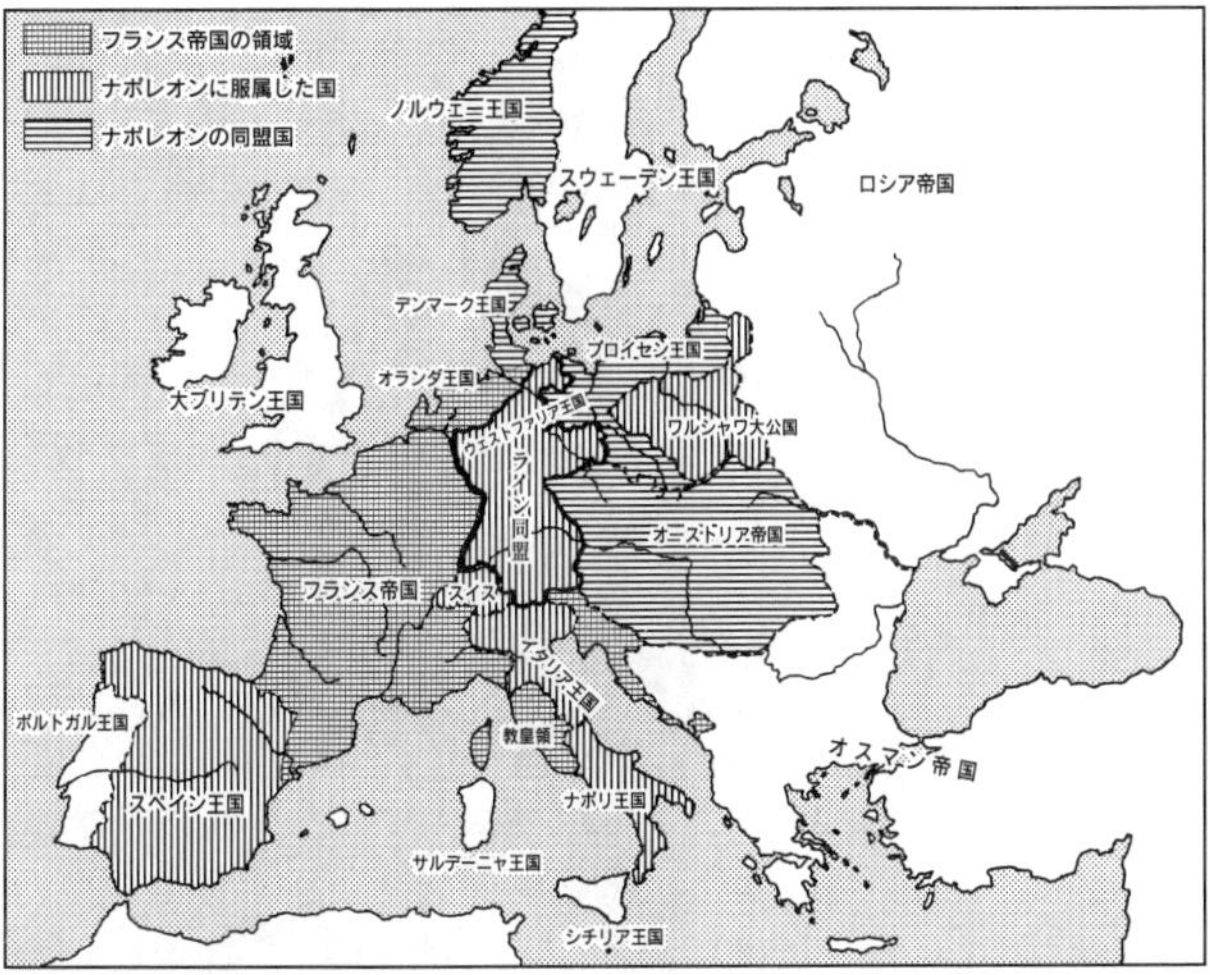

ナポレオン全盛時代のヨーロッパ

を自ら手がけたとは、にわかには信じがたい。オーストリアの啓蒙専制君主フリードリヒ二世の名を戴くフリードリヒ法典が、フリードリヒの死後に公布されたものであるように、ナポレオン法典もまた単にナポレオンの名を借用したにすぎないのだろうか。

そもそも、古くはガリアとよばれローマ帝国の属州だったところに、ゲルマン系のフランク族が侵入してできたのがフランスである。人々の暮らしを左右する法律は、中世を通じて基本的には教会法の影響下にありながらも、ローマ法の色が濃く残るところ、ゲルマン法の影響が大きいところと、地域によってさまざまだった。一五世紀から一六世紀にかけて、地域をまたいだ商取引などが一般的になるにつれ、統一法を成文化する動きも活発になり、「太陽王」ルイ一四世（在位一六四三～一七一

戴冠式の衣装をまとったナポレオン
"Napoléon Ier en Grand costume"〈画：トリオゾン、絵画所蔵先：ジロデ美術館、フランス〉

五）の絶大な権力のもと民事訴訟法、刑事訴訟法、陸上商事法などの統一がなされたが、それでも統一民法典の制定までには至らなかった。

やがて「自由と平等」を旗印にした革命期がやってくる。封建社会から近代資本主義社会へと世界史上、劇的な変化がもたらされるこの時代、立法活動も飛躍的に増大する。封建的特権を廃止し、経済自由主義へと動き出したために、国として統一された法律をまとめて成文化することはまさしく急務だった。かくして革命期、いくつかの民法典の草案がつくられたのだが、どれも成立までには及ばなかった。

そういう時期にナポレオンは、ブリュメール（革命暦「霧月」）のクーデターにより第一執政、つまり事実上の支配者の地位を得たのである。ただちに彼は、四名の委員による民法典起草委員会を組織した。一八〇〇年、ナポレオン三〇歳のときである。委員会はナポレオンの期待に見事にこたえた。それまでの蓄積があったとはいえ、なんと数ヶ月のうちに第一草案をまとめあげたのである。その草案が一つずつ審議を経て立法機関で採択され、まとまって「フランス人の民法典」として公布されたのは一八〇四年三月二一日で、同じ年の一二月にはノートルダム寺院でナポレオンの戴冠式がおこなわれた。ナポレオン絶頂のときである。

「フランス人の民法典」は一八〇七年、法律によって「ナポレオン法典 Code Napoléon」と名称が改められた。その後、公式の名称は何度か変わり、もちろん内容も時代にあわせて改正されてきたが、形式は制定後二〇〇年を経た今も同一である。俗称「ナポレオン法典」は現行民法典として、ナポレオンの自負したとおりの不滅の法典となっているのだ。なお、「ナポレオン法典」はこの民法典を意味するほかに、民法典に続いて制定された民事訴訟法典、商法典、刑事訴訟法典、刑法典もあわせた五つの法典をまとめて意味することもある（codes napoleoniens）。

さて、右に記したとおり「ナポレオン法典」はナポレオンが自ら編纂したわけではないのだから、自分の名を冠してそれを誇るというのは、いかにも独裁者らしい虚栄心のあらわれとみられても仕方のないところだが、じっさいには当人の関与も並々ならぬものだったらしい。

ナポレオンは新しい時代のために司法制度、税制、地方行政制度などを改革し、フランス銀行設立をはじめ金融組織を整備し、公教育や軍の制度を確立するなど、内政全般にわたり近代化を図った。政治家としてのナポレオンが、そうしたすべての改革を現実に押し進めるためにも法整備に積極的に関わったことは当然といえる。だがナポレオンの法律に対する熱意と知識は、「政治家として当然」の域をはるかにこえるものだったらしい。

父がコルシカで判事をしていたという家庭環境はさほど影響はなかったかもしれないが、ナポレオンは元来読書家で、一八世紀の啓蒙思想、とくにヴォルテールの思想を浴びるようにして育った。さらに高名な法律家について個人的に法学を学んでいた彼は、民法典の草案審議を決して人任せにはしなかった。

彼は一〇〇回以上におよぶ国家評議会の半分以上に出席して法案作りの議長をみずからつとめ、また専門家とも互角に議論をたたかわせながら、ときには約三〇名の出席者を圧倒するほどの理論を披瀝したという。国の最高権力者の見識はさぞや重く受け止められたことだろう。そのようなわけでこの民法典、もちろんナポレオンひとりの功績ではないのだが、「ナポレオン法典」の名はあながち虚名ともいえないのである。

さて、その民法典の特色だが、市民革命を通じて近代資本主義社会へと向かう流れのなかでつくられたものだから、当然ながらまずは自由主義、個人主義を基底としている。経済活動における自由な競争を保障するために、「所有権の絶対」、「契約の自由」、「過失主義」の原理がうたわれているのが特色とされる。

ほかにも、たとえば相続に関してローマ法とゲルマン法の違いがかなりたくみに調和されているとか、ローマ法の精神を近代によみがえらせたものであるとか、さまざまな角度から評価される。もちろん、現代の感覚からすれば女性の権利がほとんど顧みられていないなどの欠陥や不十分な点も多々あるが、全体的にみて、当時としては新しい時代にふさわしい画期的な法典だったといえる。オランダ、ベルギー、イタリア、ポーランド、スイスなど、ナポレオンが武力征服した国々をはじめ、ラテンアメリカ諸国や中東、北アフリカなど多くの地域に影響を与えたという事実ひとつとっても、ナポレオン法典の名声がナポレオン本人より高かったことがわかる。

最後に、日本人には少々意外で、うらやましいとさえいえるエピソードを一つ紹介しよう。文豪スタンダールは、この民法典を座右の書としていたというのだ。べつに彼が法律家をめざしていたからではない。

民法典はたいへんわかりやすい文章で書かれている。これは、王侯貴族や教会が民衆の無知につけこんでいた古き時代と訣別し、すべての市民が理解できる文章で書かれた法律でもって正義を実現しようという考え方のあらわれである。もともとフランス語は論理的で、日常用語と法律用語のあいだに日本語ほどの違いがないため、法文も日本のそれほど難解にはなりえない。だがそれ以上に、新しい民法典の作成者たちは新しい思想を説くために、とくに平易、明快な文章をこころがけたのだった。

スタンダールはバルザックへの手紙のなかで、「調子を整えるために（中略）毎朝、民法典の二、三ページを読みました」と記している。文学者が法律集を手本にするなど、日本ではまず考えられないことだろう。

憲法という言葉

憲法という語はふつう、国の基本的な条件を定めた根本規範とか、より簡単に国家の基本法などと定義されるが、明治期より前には憲法という語にそのような意味はなかった。推古天皇朝の六〇四年に聖徳太子（五七四～六二二）が制定した憲法十七条は、むろん「日出づる国」の基本法といえるものではない。第一条「和を以て貴しと為す」から始まる条文は主に、天皇に仕える官人に対する道徳律や服務規程のようなものだったからだ。

ただし、「君」（天皇）、「臣」（官人）、「民」（庶民）の三つの身分のなかの真ん中の「臣」に対して、「君」に礼を重んじながら「民」を治めるよう説く憲法一七条は、見方を変えれば、儒教と仏教の調和をはかりつつ天皇を頂点とした統一国家を築く、その理想像をあらわそうとしているものといえる。

国家の基本法をあらわす英語のコンスティテューション Constitution、フランス語のコンスティテュシオン Constitution などの語は、「憲法」の意味より先に構成とか政体、体制、制度などの意味をもつ。ひらたくいえば社会的ないし政治的な「あり方」をあらわす語が、日本語では「憲法」という訳語に置き換えられているのである。その意味では、聖徳太子の「憲法」と、コンスティテューションなど西洋の語の本来の意味、つまり国家社会のあり方という概念には共通するものがあるといえるかもしれない。

明治維新以来、近代法治国家としての体裁を整えるプロセスの山場に、ドイツやフランスの法律を模範とした近代法の制定があった。開国当初、日本が諸外国と結んだ不平等条約、とりわけ治外法権を撤廃するためには、法典の整備がどうしても必要とされたからである。

さて、国の基本法をあらわす言葉として「憲法」の訳語を最初にもちいたのは、民法などの起草に尽力した箕作麟祥《みつくりりんしょう》（一八四六〜一八九七）で、明治六年（一八七三年）のことだという（『法窓夜話』穂積陳重著）。「朝綱」、「国憲」、「国制」など訳語が統一されていなかった当時、国家の基本法に「憲法」の語をあてることに異論も少なくなかったようだが、やがて「憲法」は定着し、明治二二年（一八八九年）、「大日本帝国憲法」の発布となったのだった。

ちなみに箕作麟祥は子どもの頃から漢学、蘭学に親しみ、ジョン万次郎こと中浜万次郎から英語を学んでからは一〇代半ばで幕府からその能力を認められている。さらに慶応三年（一八六七年）、パリの万国博覧会に将軍名代として赴く徳川昭武《あきたけ》に随行するにあたっては、それに先立ちわずか数ヶ月フランス語を勉強しただけで、フランス滞在中はもっぱら翻訳をまかされたという。

箕作麟祥はフランスに一年余りいて、帰国後、発足したばかりの新政府から「ナポレオン法典」の翻訳を命じられた。だがそれは、当時の日本語ではあらわしようのない概念がびっしり詰まったヨーロッパの近代法典である。いかに語学の天才とはいえ、訳語探しには相当手を焼いたらしい。「憲法」はもともと存在した語だが、「動産」、「不動産」、「義務相殺」、「未必条件」

などは彼が苦心して考案した訳語だという。フランス語の droit は法律の意味と権利の意味をあわせもつのだが、あるとき箕作麟祥が droit civil を民法ではなく「民権」と訳したところ、「民に権ありとは如何なる義ぞ」という議論が巻き起こったというエピソードもある。

ナポレオン法典の翻訳に続き、箕作麟祥は諸法典編纂の事業にかかわることとなる。とりわけ日本近代法の父とうたわれるギュスターヴ・エミール・ボアソナード（一八二五〜一九一〇）を中心に、ナポレオン法典を下敷きにした民法の起草に精力を傾注し、明治二三年（一八九〇年）公布の「旧民法」に結実させた。しかしこの「旧民法」は「法典論争」とよばれる激しい論争を引き起こす。

背景には思想や派閥の対立などいくつもの要因がからみあっていたと思われる。結局、前掲書『法窓夜話』の著者、穂積陳重の弟で、やはり法学者の穂積八束《やつか》が主張した「民法出デヽ忠孝亡《ほろ》ブ」の言が、保守的なナショナリストたちを勢いづかせ、この民法典はついに施行されないまま葬り去られることとなった。穂積陳重の方はその後、梅謙次郎、富井政章《まさあきら》らとともにドイツ法の色濃い民法典を起草した。

さて、話を憲法に戻す。国のありかたを定めたものという広い意味の憲法ではなく、近代国家の基本法を憲法とよぶ場合、立法権、行政権、司法権の三権に国家権力が分割されていることと、国民の基本的人権が保障されていること、この二つの原理が不可欠とされる。一七八九年のフランスの人権宣言第十六条に「およそ権利の保障が確保されず、権力の分立が定められていない社会は憲法を有するものではない」とあるが、これは近代的な意味での憲法の概念を端的にあらわすものとして、よく引き合いに出される。

それに先立つ一七七六年、イギリスからの独立を宣言した一三のアメリカの植民地は、それぞれが主権国家として相次ぎ憲法を発布した。これらが世界初の成文憲法である。その後各州は国家連合をなして統一を強め、一七八七年には現在のアメリカ合衆国憲法が成立した。

フランスでは、一七八九年、革命が勃発。さきに一部を引用した人権宣言（「人と市民の権利の宣言」）は、アメリカの独立宣言と各州の憲法における権利の章典が色濃く反映されている。この人権宣言は、一七九一年に成立したフランス憲法の一部としてとりいれられた。その後およそ一世紀のあいだにフランスでは、政権の交代や動乱にともなって、一〇に及ぶ憲法が交代するという歴史を経験した。現行の憲法は一九五八年に制定された第五共和国憲法である。

ドイツでは、一九世紀初頭の神聖ローマ帝国解体の頃よりバイエルンやプロイセンなどの領邦国家で憲法が制定されたが、どれも自由と平等の精神を基調とするフランス革命の思想からはかけはなれたものだった。一八五〇年に制定されたプロイセン憲法が、後に大日本帝国憲法の規範とされたのは、よく知られるところである。

プロイセン憲法は一八七一年のドイツ帝国成立にともない、いわゆるビスマルク憲法に継承された。第一次世界大戦後、ドイツ共和国の誕生にともなって制定されたいわゆるワイマール憲法は、その当時、世界でもっとも民主的と評されたが、まもなく台頭したナチスによってそのすぐれて民主的な部分が改悪されてしまう。戦後、西ドイツではいわゆるボン基本法（議会で制定された正式な憲法ではないので、憲法 Verfassung ではなく基本法 Grundgesetz とよばれる）が、東ドイツでは東ドイツ憲法が成立し、東西統一後は基本法がそのまま実質的な憲法として位置づけされている。

さて、本章のはじめの方で、イギリス不文憲法の成立過程を概観してきたが、成文憲法をもたない国はイギリスや、まもなく憲法が発布されるブータンのほかにもある。イギリス連邦の加盟国ニュージーランドはイギリス同様、先進国で成文憲法をもたない国として知られているが、実質上の憲法とみなされる基本法はある。余談だがニュージーランドは一八九三年、世界で初めて女性に国政選挙における参政権が与えられた国である。

クルアーン（コーラン）を社会規範とするイスラーム諸国にも、当然予想されることながら成文憲法がなかったり、あっても近代的西洋的な意味での憲法の精神が具現化されていないケースが多い。成文憲法がないのはサウジアラビア、オマーン、リビアだが、サウジアラビアでは一九九二年制定の統治基本法が、オマーンでは九六年の国家基本法が、またリビアでは七七年の人民主権確立宣言が憲法に代わるものとされる。

イスラエルでは建国当初、憲法制定の予定はあったものの、さまざまな要因から憲法成立にいたらず、いくつかの基本法が憲法不在を補っている。

憲法はあっても、国内事情により機能していない国もある。たとえば無政府状態のソマリアでは現在憲法が停止中だ。ミャンマーでも一九八八年の軍事クーデター以来、やはり憲法は事実上停止状態にあり、民政化へ向けて新憲法制定のための国民会議で議論がおこなわれているはずだが、会議はたびたび中断されており、目に見える成果はあらわれていない。

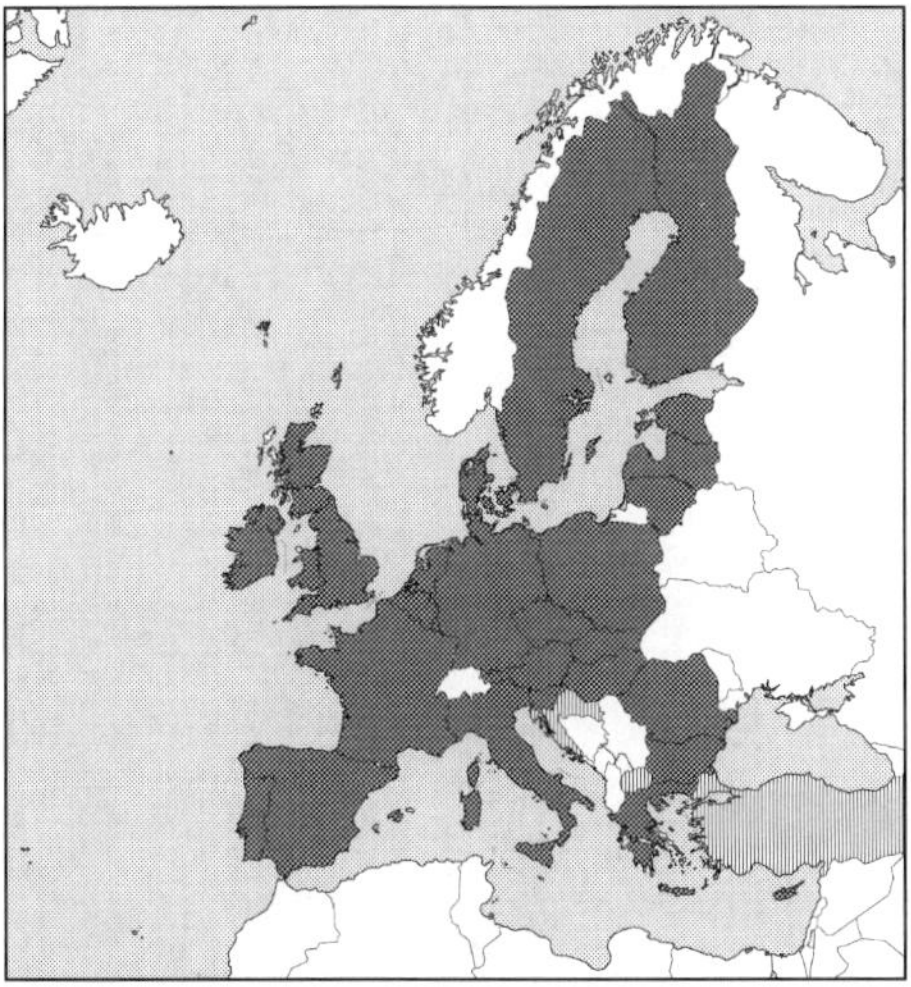

EU加盟国　アイルランド、イギリス、イタリア、エストニア、オーストリア、オランダ、キプロス、ギリシア、スウェーデン、スロバキア、スロベニア、スペイン、チェコ、デンマーク、ドイツ、ハンガリー、フィンランド、フランス、ブルガリア、ベルギー、ポーランド、ポルトガル、マルタ、ラトビア、リトアニア、ルクセンブルク、ルーマニア。
申請している国が、クロアチア、マケドニア、トルコ。[2007年8月]

ネパールでは二〇〇六年、国号がネパール王国からネパールに改められ、ヒンドゥー国家から世俗国家への転換が決定された。また国王の政治や軍事への諸権限は廃止され、すべての立法権が議会に属することになるなど、民主化に向けて仕上げの時期にさしかかっているようだ。暫定憲法は二〇〇七年一月に公布されたが、報道によれば、暫定議会は同年六月に王制廃止をも視野に入れた暫定憲法改正案を議決したとされ、この国の行く先が注目されている。

最後に、国家の基本法としての憲法とは異なるが、EU憲法についても触れておこう。EU（欧州連合）の基本法としてのEU憲法は、加盟国が批准する条約のかたちをとるものとされたが、二〇〇五年、フランスとオランダの国民投票で、その批准について「ノー」が突きつけられた。以来、この件は足踏み状態にあったようにみえた。だが二〇〇七年にブリュッセルでおこなわれたEUサミットでは、憲法条約 Constitutional Treaty に代わる新基本条約「改革条約 Reform Treaty」に対して、大枠で合意が得られたようだ。

条約名から「憲法」の言葉がはずされたことは、EUに超国家的な性格が与えられることに強い拒否感を抱く国への配慮のあらわれである。内容も、改革条約では国内法に対するEU法の優位性などは盛り込まれず、EUは欧州連邦ではなく主権国家の連合であることをあらためて印象づけるものとなっている。

それにしても有史以来、常に領土拡大をめぐる戦いが繰り広げられてきた欧州の地で、統合構想がいよいよ実を結ぼうというのだから、歴史的な節目といってよいだろう。二〇〇七年現在、加盟国二七ヶ国。すべての加盟国が二〇〇九年の次期欧州議会選挙までに改革条約を批准することとなっている。

第3章　イスラーム世界の罪と罰の考え方

アズハル・モスク　現代イスラーム法の権威のひとつとされている。世界最古の大学、アズハル大学も併設されている。[カイロ]

※イスラーム諸国会議機構（The Organization of the Islamic Conference）のHPを参考に作成

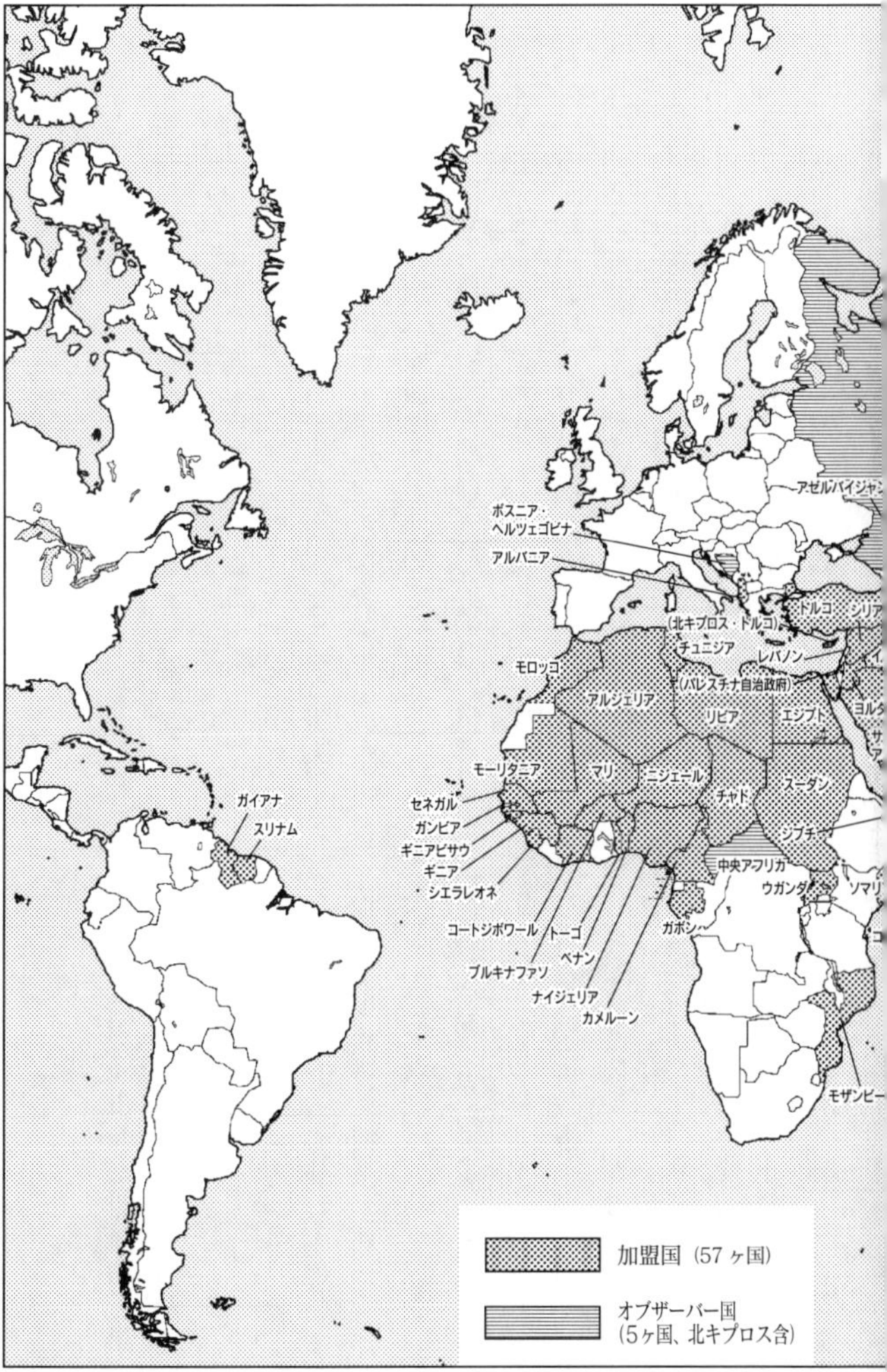
ボスニア・
ヘルツェゴビナ
アルバニア
アゼルバイジャ
トルコ
シリア
(北キプロス・トルコ)
チュニジア
レバノン
モロッコ
(パレスチナ自治政府)
アルジェリア
リビア
エジプト
ヨルダ
モーリタニア
マリ
ニジェール
チャド
スーダン
セネガル
ガンビア
ギニアビサウ
ギニア
シエラレオネ
ガイアナ
スリナム
ジブチ
中央アフリカ
ウガンダ
ソマリ
ガボン
コートジボワール
トーゴ
ベナン
ブルキナファソ
ナイジェリア
カメルーン
モザンビー
加盟国（57ヶ国）
オブザーバー国
（5ヶ国、北キプロス含）

脅威のイスラーム

「脅威のイスラーム」あるいは「イスラームの脅威」、このようなタイトルが雑誌の記事などでよく使われる。はじめからイスラームに対しては「脅威」という先入観を持ってあたっていることが明らかだ。

確かにテロなどの脅威はある。イスラエルと対峙していたはずのパレスチナで、いつの間にか内戦が激化し、多くの死者を出していることも事実だ。しかし、それよりも価値観が違いすぎる、常識が通用しない、何をするか、されるかわからない、「アルコール飲料を禁止する」、「豚肉を食べてはならない」、「複数の妻を持っても罰せられない」など、私たちには理解できないことが法として定められていて安易に入り込めない世界という警戒感が働くからなのだろう。

日本で報道されるイスラーム、中東情勢に関するニュースは欧米のフィルターを通して伝えられている。報道が操作されているとまではいかないまでも、「脅威」「敵視」のスパイスがその時点で加えられてしまっていることもあるだろう。しかし実際にイスラームの社会に接してみると、ある面、イスラームのほうがキリスト教よりも寛容であるとの印象が強い。

イスラームの国だが、エジプトでもクリスマスを祝う。一二月半ばくらいからホテルなどでは飾り付けがはじまり、一月七日頃まで続く。一二月二五日の生誕祭、ロシア正教会などの東方正教会やエジプト固有のコプト教会は一月七日（ユリウス暦の一二月二五日にあたる）に降誕祭を祝うからだ。イスラームの国にあってクリスマスの賑やかさに驚いてしまうが、これは観光客の多くが西欧、東欧のキリスト教徒であったり、住民にコプト教徒、キリスト教徒が少なくないからだが、ここにイスラームが他宗教の存在を認め、彼らの行事を尊重するという寛容な姿勢を見ることができる。

クリスマスに限らず、地方の教会や修道院の行事にイスラーム教徒が手伝いに入るということも珍しいことではない。国際関係では対立しているようでも、民衆レベルでは互いに互いの生活、慣習を尊重し合ういい関係を見ることができるのだ。

それとは対照的に、二〇〇七年七月下旬、韓国人二三人がアフガニスタンのタリバーンに拘束され、死者が出た事件があった。牧師に率いられた彼らは全員キリスト教徒で、混乱しているアフガニスタンへ布教と支援に出かけたというが、最初の犠牲者は牧師だった。

エジプトの聖家族　エジプトには旧約聖書、新約聖書にゆかりのある史跡がたくさんあり、重要な教会も多い。現代では、イスラーム社会にあってもキリスト教のさまざまな宗派、ユダヤ教は共存している。［アブ・セルガ教会、マタレイヤ、カイロ］

イスラーム教徒は他宗教に対して寛容ということと矛盾しているようだが、戦闘状態にあって、欧米列強、キリスト教徒を敵とみなしているタリバーンにはこれは通じない。他宗教に対して寛容ということはあくまでも平和な環境にあってのことである。

他宗教の者に寛容であること、その反対に武器を持っていない他宗教の者を敵として扱うこと。このどちらもが、解釈次第ではイスラームにおいては合法とされる。では、何を解釈するかというと、それはイスラームの聖典「アル＝クルアーン」（コーラン）をはじめとする法源である。しかし、聖典クルアーンは法律書ではない。「目には目を」「歯には歯を」という刑罰も、噂されているだけで、実際にはそれもない。イスラーム諸国の多くでは、欧米にならった近代的な法が施行され、イスラームの法源とは異なった解釈をされることもある。

キリスト教社会主導の国際社会にあって、今、イスラームにどんなことが起こっているか。「法」に視点をおいて見ていくことにしよう。

イスラームの法の起源

イスラームの法の根本にはクルアーンがある。そのクルアーンは、イスラームの祖ムハンマド（マホメット）が四〇歳頃から六三二年に亡くなるまでの二三年間、大天使ジブリール（ガブリエル）を通じて、神（アッラー）から受け続けた啓示をまとめたものである。

この大天使ジブリールことガブリエルとは、旧約聖書の「ダニエル書」にもあらわれるし、キリスト教においては「神の使者」という役を担い、「ルカによる福音書」では祭司ザカリアのもとにあらわれて洗礼者ヨハネの誕生を告げ、聖母マリアには受胎告知をした天使である。イスラームでもこの伝統は受け継がれ、天使の中で最高位に置かれている。

ところで一般的には「コーラン」とよばれるが、これはクルアーンがヨーロッパに伝わり、それが訛って日本に伝わってきたからだ。同じようにムハンマドも「マホメット」という名称のほうが馴染みのある方も多いのではないだろうか。

ムハンマドは、西暦五七〇年頃、メッカ（マッカ）で生まれたとされている。母子家庭にあって六歳で母が亡くなり、祖父に引き取られ、一〇歳頃には叔父に引き取られた。そして青年になったとき、彼はメッカにおいて温厚、誠実な人物として知られるようになり、ハディージャという商才に長《た》けた未亡人が経営する商家で働くことになった。そのハディージャがのちにムハンマドの妻となる。結婚はムハンマドが二五歳、ハディージャが四〇歳のときだったという。

こうして商家で裕福な生活を送っていたムハンマドに神が啓示を下したのは、彼が四〇歳くらい、西暦六一〇年頃のことだった。

西暦七世紀というと、同じく中東を起源とするユダヤ教、キリスト教が興ってから久しい。それ以前に、メソポタミア、エジプトなどの古代文明が栄枯盛衰を繰り返して約四〇〇〇年を経たという歴史的環境もある。これら古代文明が高度に発展していたことは有名だが、この間に、人間の愚かさに起因するさまざまな事象を経験しているといって差し支えないだろう。

サウジアラビア、メッカ巡礼時のカーバ神殿のようすをあらわした壁飾り　イスラーム以前、ここには石像や石そのものが神として祀られていたという。［北の僧院、カイロ］

役人の汚職や怠慢、世襲問題、外交交渉の好不調、飲酒による失職や事件、信仰と金銭の結びつき等々の文字記録が残っていたし、それがどのように社会に影響したかということはさまざまに語り継がれていたに違いない。ムハンマドの育ったメッカのように、交易の中継地として栄えていた都市では、その当時の世界情勢が伝わってきていたことは容易に考えられる。ユダヤ教徒、キリスト教徒も訪れ、その信仰の姿は知られていた。

ムハンマドはメッカにあって何不自由のない暮らしを送っていたというが、四〇歳くらいになった頃からメッカの偶像崇拝とその信仰のあり方、悪しき慣習、それに影響された頽廃した社会に疑問を持つようになった。そして、彼はメッカの郊外にあるヒラーの洞窟にこもるようになったという。

ある夜、いつものように彼が洞窟にこもって瞑想をしていると、大天使ジブリールがあらわれ、ムハンマドに「誦《よ》め」と命じた。おそれおののいた彼は拒んだが、天使はそれでも「誦め」と言う。ムハンマドが三度拒否すると天使は彼の耳元で次のようにささやいた。


誦め、「創造主《つくりぬし》なる主《しゅ》の御名において。

いとも小さい凝血から人間をば創りなし給う。」

誦め、「汝の主《しゅ》はこよなく有難いお方。

筆もつすべを教え給う。

人間に未知なることを教え給う」と。（九六章　凝血　一～五）

これがムハンマドが神から受けた最初の言葉である。

最初の言葉と紹介しておきながら九六章となっているが、実は、ムハンマドは、大天使ジブリールのもたらした啓示を完全に記憶するまで復唱させられ、その啓示をどう並べていくか、どこに挿入するかまで示されたという。ゆえにクルアーンの章節の順序は、啓示された時期とは関係がない。

彼は神の啓示を受けるとすぐ、読み書きのできる教友にそれを書き留めさせ、筆記者がそれを読み返し、彼が校正、確認をし、所定の順に並べていったと伝えられている。こうした過程を経たので、ムハンマドとともにクルアーンのすべてを暗記した教友が五人いたという。

やがてムハンマドが亡くなり、後継者となった第二代カリフ（イスラーム国家の最高権威者）、ウマル一世の時代になると、暗記していた教友たちも老いてきたため、ウマル一世はクルアーンを一冊にまとめることにした。このとき、ムハンマドとともにクルアーンを書き留める作業をしていた教友たちが一字一句を確認したという。

そして今もクルアーンは写本が重ねられ、印刷されているのだが、それは神の言葉ゆえに最終的に出版される段階では一文字の誤りも許されない。厳しい国では一文字の間違いが命にかかわる大問題となる。

その誦み方もまた、神が伝えたものだけに、ただ誦めばいいというものではなかった。第三代カリフのウスマーンの時代には、イスラーム地域が拡大されていくにしたがって、遠隔地ではアラビア語を解さない信者が増え、発音が変わってしまうということにもなった。そこで原本の正確な写本をイスラーム世界全土に配るとともに、預言者の読誦《どくしょう》と同じクライシュ語を使うように定めた。多くの者がアラビア文字を読めなかったにもかかわらず、互いに朗誦し、ときに競ったりするようになったという。その伝統が受け継がれて今も朗誦コンテストが世界各地で開かれている。

つまり、クルアーンはアラビア語（クライシュ語）で誦まれなくては正しく神の示すことは伝わらず、他の言語に翻訳されたものは概要を伝えるものであって「聖典」ではないとされている。

クルアーン　右は１章「開扉」、左は2章「牝牛」の冒頭部分。多くのクルアーンではこの２ページは色鮮やかに装飾されている。

解釈の違い

さて、神から啓示を下されイスラームを興したムハンマドだが、亡くなるときに後継者を指名するなど、その後の方針を示さなかった。しばしば中東で大きな事件が起こったりすると、必ずといっていいほどニュースではじまるのがイスラームにはスンナ派とシーア派があるという解説だが、この二大宗派の対立はムハンマドの後継者問題にまでさかのぼる根深いものなのである。そして以降も、さまざまな考え方が生まれ、今やその分派は七〇を超えるといわれるほどになっている。

二大宗派といっても、人数でいうならスンナ派がイスラーム教徒全体の九割ほどを占めるので圧倒的に多い。ムハンマドが亡くなったあと、政治面を取り仕切る立場としてカリフを合議制で選び、宗教面はムハンマドの残したスンナ（言行）がイスラーム共同体（ウンマ）にそのまま受け継がれるとしたのがスンナ派である。カリフとは正しくはハリーファ、預言者の「代理人」という意味だ。つまりスンナ派では、預言者ムハンマドによってもたらされたクルアーンと彼の言行を記録したスンナの集成であるハディース（言行録）を拠り所にしている。

最初の四人のカリフのあと、政治権力をもってカリフの地位を獲得することができたムアーウィアによるウマイヤ朝以降、スンナ派のこの考え方が受け継がれ、さまざまな王朝が北アフリカからインドネシアまでの広大な地域に形成されていく中でスンナ派イスラームの教えが広まっていった。

一方のシーア派は、第四代カリフに就任したムハンマドのいとこで娘婿となったアリーとその子孫のみがイマーム（最高指導者）として預言者のもつイスラーム共同体の指導者となる権利があるという考えを支持する。ムハンマドと教友だった人物など、ムハンマド家と近い関係にあった人びとがそれまでの後継者のあり方に不満を持ち、アリーがカリフに就任したことをきっかけに新たな宗派として発展したのだ。シーアとは、アラビア語で「党派」という意味で、当初、アリーを支持する人びとを「アリー派」（シーア・アリー）とよんだことに由来する。

シーア派では、アリー以降の彼の子孫はイマームとよばれるが、一二代目までのイマームを認めるのが、シーア派のなかでもイラン、イラク南部に多い主流派の十二イマーム派である。第一二代のイマームは八七四年に「幽隠」（ガイバ）、つまり隠れた状態に入り、その後九三九年まで

ムハンマドと正統カリフの系図

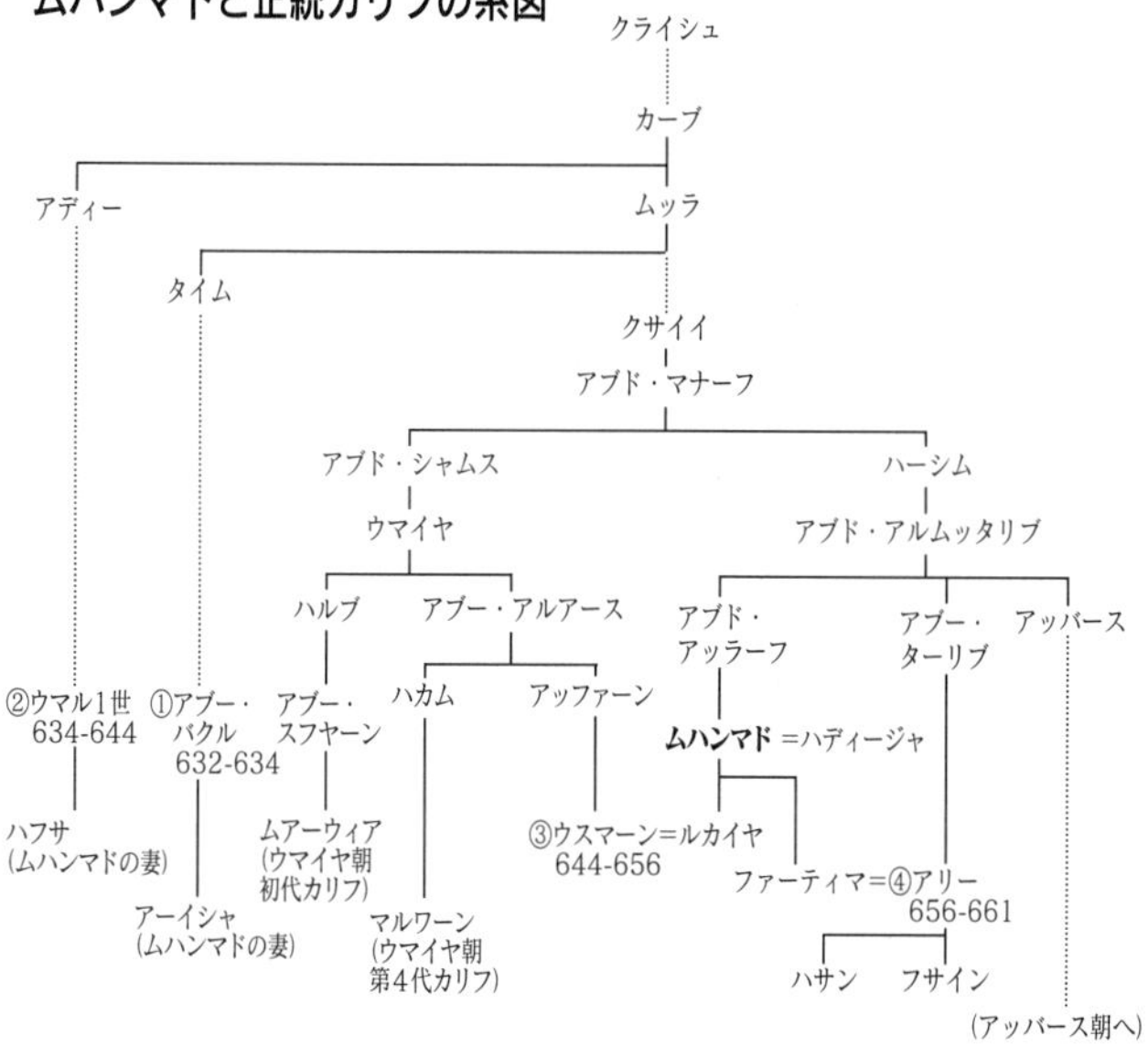

アリー家とシーア派諸派

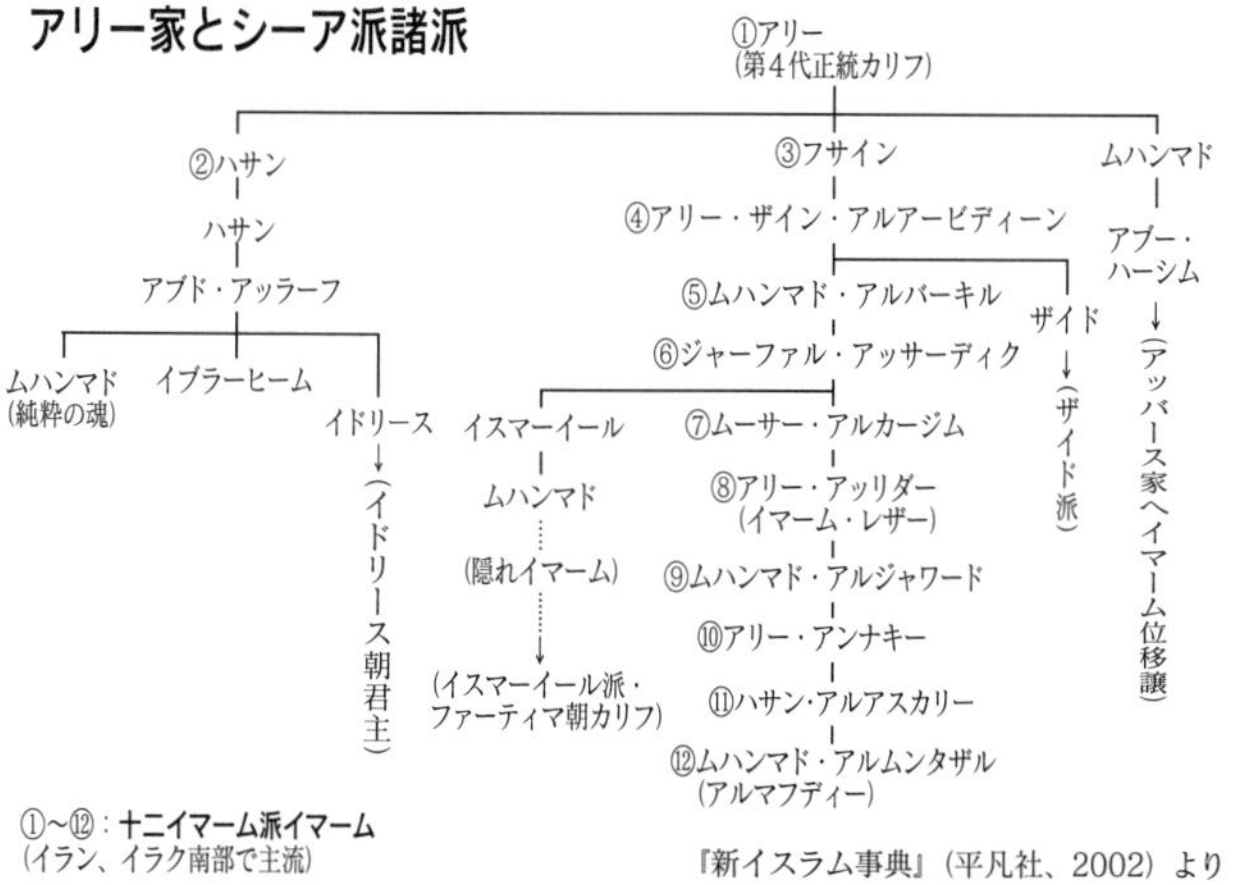

『新イスラム事典』（平凡社、2002）より

代理人が四人立ったが、その後は長く隠れたままでおり、終末のときにマフディー（救世主）として再臨すると信じられている。

律法の宗教イスラーム

神の啓示クルアーンによって人間が正しく生きるための道、方法が説かれた。法というよりもイスラーム社会における道徳的な義務と解釈したほうがいいだろう。つまり「信ずる心」だけではなく、そこに行為がともなわなければならない。

そのイスラーム教徒として信じなければならないこと、神への奉仕としておこなわなければならないことを簡単にまとめたものが「六信五行《ろくしんごぎょう》」といわれるものだ。

六信とは、神（アッラーフ）、天使（マラーイカ）、啓典（キターブ）、預言者（ラスール）、来世（アーヒラ）、予定（カダル）を信じることだ。最後の予定とは、神は人類に起こるあらゆることを知っているということで、運命とも解釈できる。

そして五行とは、イスラーム教徒にとっての義務とされる行為である。

信仰告白（シャハーダ。「アッラーフのほかに神は無し」「ムハンマドはアッラーフの使徒である」と証言すること）、礼拝（サラー。一日五回、神に祈ること）、喜捨（ザカート。救貧税、財産税ともいわれるほどこし）、断食（サウム。ラマダーン月の日中、飲食や性行為を慎むこと）、巡礼（ハッジ。聖地メッカへ巡礼すること）である。

イスラーム教徒としてこれらの義務を怠ったからといって法的な罪に問われることはない。裁くのは全能の神である。この世の終末のとき、現世で亡くなった人は神の前で善行と悪行が天秤にかけられ、善行が重ければ神とともに永遠に復活できるが、悪人とされると地獄に落ちる。イラクなどでは、イスラーム教徒がアメリカ軍に対して自爆テロをしばしば仕掛けるが、これは聖戦（ジハード）における殉教者は来世で神の加護があり、復活できるという来世信仰があるからでもあるのだ。だから絶えない。

広く、イスラームはユダヤ教、キリスト教をも含み、神は人類に旧約（聖書）、新約（聖書）を示したと解釈されている。神はヤハウェであり、エホバであり、アッラーである。神は唯一の存在なのだ。神が預言者モーセを通じて下した十戒はイスラームでも法である。ヨセフやキリストさえもイスラームの預言者の一人として認められている。似た自然環境、共通の歴史土壌にあって、すべてに理解を示し、連帯感を持つ、それがイスラーム法の基本なのだ。

アラビア語ではその法のことをシャリーアという。そのもとの意味は「水場にいたる道」であり、沙漠の環境にあってこの道に従わなくてはおのずと命を失うことになることを暗に示しているといえよう。イスラーム共同体にある者が従うべき法、できる限りの努力をして従わなくては共同体で生きていけない法ということだ。イスラームという言葉自体が「絶対に服従すべきこと」であって、その信者をムスリムというが「絶対に服従する者」と解釈される。

イスラーム法について、有名なところでは「窃盗をした者は手を切り落とす」ということがある。これはクルアーンのなかにもはっきりと記されている（五章　食卓　四二）。しかしこれは一例であって、あくまでも生活するための原理・原則が記されているだけで、個々の事例について具体的に記されていることは少ない。

イスラーム社会のなかで、あるいは異教徒との関わりのなかで起こる個々の事例においては、クルアーンの啓示をもとに具体的な対処法を導き出さなければならないのだ。

預言者ムハンマドの存命中は、この解釈は彼自身がおこなえばよかった。ときには神がそのことについて具体的な解決策を啓示としてムハンマドに示すことがあった。ゆえにムハンマドの言うことが法であり、それは絶対のものだった。彼の決定に異議を唱える者はなく、イスラームはひとつにまとまっていた。しかし前述したように、ムハンマドが死後のことを明確に決めなかったことが原因で混乱し、さまざまな宗派、つまり解釈が生まれることになったのだ。

ムハンマドが亡くなったとき、まず信者たちが頼ったことは、クルアーンとは別に、ムハンマドが生前、どのような言葉を残し、どのように行動したかということだった。それを「預言者のスンナ」という。イスラーム教徒が守るべき正しい伝統ということである。そしてそのムハンマドの生前の言行（スンナ）を集成し、それをもとにして法の解釈をすることにした。その言行録は「ハディース」とよばれ、クルアーンに次ぐ第二法源とされている。

ムハンマドの死後、七世紀半ばには、イスラームは後継者たちによって西は北アフリカ、東は中央アジアと、世界各地へと広められていった。アラビア半島に住む人びとのなかに興ったイスラームが、自然環境、伝統文化のまったく異なる人びとに伝えられていく過程で、あるいは伝わった場所で、一般の信者にはムハンマドによる言行録だけでは対応できない事例がいくつも起こってきた。

そこで新しく起こった事例については、宗教的指導者（学者や導師など）が合意にいたるまで協議し、法的判断を下すことにした。この決定を「イジュマー」という。イジュマーとは「合意」という意味で、さまざまな事例に対して出されたイスラーム教徒全体が合意した判例として解釈されている。これが第三法源である。

このイジュマーにかかわるのがムジュタヒド（法学者）であり、一〇世紀以降はウラマーとよばれる宗教的な知識を十分に身につけた人たちだった。ウラマーとは宗教的指導者層にあって、宗教学者、教師、裁判官、モスクの説教師や礼拝時の導師なども含まれた。

ところがイジュマーのように宗教的な知識人が集まることができるような場であればいいが、遠征先、隊商の宿泊先、辺境の地など、少人数のなかで法的な判断を下さなければならない場合がある。そんなときは、その場で宗教に詳しい者が、ときに自分の経験を踏まえて、このように判断できるのではないだろうかと類推して決定することになる。このように個々人が過去の事例、判例から推測して示す法的な判断を「キヤース」といい、第四法源とされている。

イスラームでは、クルアーンとハディースを法源とすることに意見の相違はない。問題なのはイジュマーとキヤースの扱いをどうするかであり、同じスンナ派であっても細かな宗派に分かれてしまった原因の一つになっている。

臨機応変に発せられるファトワー

イスラーム法は成文法ではない。そのために、その時々のさまざまな法的問題に法源を参考に法学的な意見書を出す。こうして法的な解釈をし、判断を下し、勧告をおこなう権利のある者をウラマーのなかでもムフティーという。ムフティーと認められた者があらわした法的な勧告がファトワーとよばれるものだ。「見解」「裁断」と訳されることもある。

ファトワーは、イスラーム社会について、あるいは相談を受けた内容に法判断が必要とされれば個人の家庭問題について、口頭あるいは書面で示される。ファトワーそのものに法的拘束力はないが、有力な指導者によるファトワーは一部の信者に絶対の命令として働き、国際問題に発展することもある。また判例集のような形で記録され、その後の事例の参考になるものとして重要視されている。

ファトワー集にないときは、裁判において裁定の参考にする、あるいは宗教的な裏付け、権威をもたせるためにムフティーに対してファトワーを求めることもあるし、原告、被告が自分たちの主張が宗教的に正しいことを証明するためにファトワーの発布を求めることもある。

ときに高位のムフティーによるファトワーはジハード（聖戦）の呼びかけになることもある。

一九九〇年八月二日、イラクがクウェートに侵攻したことに対して、サウジアラビアから聖戦を肯定するファトワーが発布された。

広くイスラーム諸国で起こった問題について、権威あるファトワーを下すのは、主にカイロ（エジプト）にあるスンナ派イスラームの最高学府アズハルの法学者たちである。アズハルはモスクであり、世界最古の大学を併設している。二〇〇一年、アフガニスタンのタリバーンが異教徒の遺産である石仏を破壊するということに対して、イスラーム法の見解としてそれが間違いであるとファトワーを発したりしている。

ホメイニ師時代のイランで出されたファトワーが世界を震撼させたこともあった。それについてのもっとも衝撃的な事件が日本で起こっている。一九八九年、イギリスの作家サルマン・ラシュディが著した『悪魔の詩』事件である。

これはムハンマドの生涯を題材に書いた小説で、日本では、筑波大学の五十嵐一《ひとし》助教授が翻訳した。その五十嵐助教授が一九九一年に学内で暗殺されたのだ。

その理由は、『悪魔の詩』の内容にあった。聖典クルアーンの中には、ムハンマドが受けた神の預言として、イスラーム以前のメッカの多神教の神々、アッラート、ウッザー、マナートの三女神が唯一神アッラーの娘であったかのような記述がなされている（五三章　星　一九〜二〇）。そのすぐ後の節でその存在は否定されているのだが、ラシュディ氏はこれを揶揄した。この他にも、ムハンマドの個人的なことに対する揶揄が多く、イスラームを挑発するものだったのだ。

これに対して、一九八九年二月一四日、イランの最高指導者ホメイニ師が著者のラシュディ氏と発行に関わった者などに対して死刑に値するとの見解を示したのだ。それと同時に刺客が動き、ラシュディ氏はイギリス警察に厳重に保護された。暗殺が成功した者には、イランの財団が日本円にして数億ともいわれる懸賞金まで用意したという。

暗殺が成功しないまま、同年六月三日にホメイニ師が亡くなったが、それでもファトワーの撤回はされなかった。発した本人が撤回しないまま亡くなったので撤回できなくなったのである。そして、五十嵐助教授が襲われ、惨殺された。イタリアやノルウェーでも訳者が襲われた。一九九三年には、トルコ語翻訳者の集会が襲撃され、三七人が死亡した。

緊張状態は長期化し、著者のラシュディ氏には危害が及ばないまま、一九九八年、イラン政府がこのファトワーには関与せず、懸賞金も出さないことを表明したことで沈静化したようだった。ラシュディ氏も公の場に姿を見せることができるようになってきた。

日本ではほとんど語られることがなくなってきて、このまま過去の記録と化してしまうファトワーのように思えたが、二〇〇七年に至って再燃した。六月一六日、イギリス政府がラシュディ氏への爵位授与を発表したのだ。イスラームを侮辱した人物が「サー」とよばれるようになったことでイスラーム諸国で反発が起こったことはいうまでもない。寝かけていた子を起こしてしまったようなものだ。

早速、反欧米の気風が強いパキスタンでは、北部ペシャワールのモハバート・カーン・モスクの運営団体の代表クレシ師が、ラシュディ氏への制裁を呼びかけ、「英政府が爵位を与えるなら、我々は（国際テロ組織アル・カーイダ指導者の）ウサマ・ビンラーディンにカリフの称号を与える」（YOMIURI ONLINE　六月二三日）と語ったと伝えられている。さらにこの呼びかけに対し、パキスタンの有力なモスクの運営団体が、ラシュディ氏殺害に一〇〇万ドルの懸賞金をかけたともいわれている。

六月三〇日、イギリス、スコットランドのグラスゴー空港で自爆テロが発生し、前後にロンドン市内などで爆発物を積んだ不審車両が相次いで見つかるという事件が起こった。このテロは、一説にはラシュディ氏への爵位の問題が引き金になったのではないかといわれている。ただし、当のラシュディ氏は現在はニューヨークに移り住んでいるとの報がある。

最近では二〇〇五年に起こったパリ郊外暴動事件でもファトワーが出されている。一〇月二七日、フランスはパリの北東郊外で、強盗容疑をかけられた北アフリカ出身の三人の若者が警察官に追われていると思って変電所に逃げ込み、二人が感電死、一人が重傷を負った。事件をめぐる当局の処理に対して不信感を持った移民の若者たちは、警察官や消火にあたった消防士に投石をするなどの暴動を起こしたのだった。

事件の起きたパリ郊外、「バンリュー」と呼ばれる地域はイスラーム系移民がたくさん暮らし、その多くがスラム化しており、失業、差別、貧困、展望の開けない将来など、不満が積もっていた。犯罪も多発していたことから、強硬な治安対策、厳しい不法移民摘発などの対策がとられており、日頃から警察官と住民との緊張も高まっていたのだ。

火に油を注いだ形になったのがサルコジ前内相（現大統領）の「社会のくず」呼ばわりや、警官隊がモスクにまで催涙弾を撃ち込んだことだ。ついにはその暴動がフランス全土へと広がった。

このことを危険視したフランス・イスラーム教団連盟が事態を沈静化させるために暴力をいさめるファトワーを発したのだった。力で抑えるよりも、信仰による抑制力のほうが効力があった事例である。

また、ときにはイスラームが定めている規範を解くためのファトワーも出される。

二〇〇四年一二月二六日、世界最大のイスラーム国インドネシアで発生したスマトラ島沖地震の事後対策としてである。大津波が発生し、被害はインド、スリランカ、タイ、マレーシア、離れたところではモルディブ、東アフリカにまでおよんだ。被災者は五〇〇〇万人を超え、食糧援助を必要とした人びとは二〇〇〇万人に達したという。世界各国から援助の手が差し伸べられたことはニュースで報じられたが、そこでイスラームならではの問題が起こっていたのだ。

イスラームにはブタ肉を食べてはならない、アルコール飲料はもちろん、酒類を使った物は食べてはならないなどの決まりがある。日本料理だと、下味に日本酒を加える吸物、味醂《みりん》を使う煮物などまで含まれる。

援助された食糧の多くが、イスラームの決まりにしたがって調理されていないものだった。厳格なイスラーム教徒の多くには手がつけられずに飢えが解消されない事態が懸念されたことから、インドネシアにおけるイスラームの最高権威であるインドネシア・ウラマー評議会が、外国から援助された食糧を食べてもかまわないというファトワーを出したのである。

ニュースではどうしても、ウサマ・ビンラーディンがアメリカに対して出したテロを煽《あお》るファトワーなど、過激な内容だったり、異文化ならではの内容のファトワーが興味本位に注目される。このことはイスラーム世界でも懸念されている事態であり、乱発されるファトワーを見直そうとする動きも起こっている。ファトワーそのものは、イスラーム教徒にとって、イスラームの教えにもとづいた日常生活を送るための力強い指針となるものなのだ。

偶像崇拝禁止の影響

イスラーム以前、古代から人は、神や聖人の像をつくり、描いて、それに向かって祈りを捧げてきた。ムハンマドが育ったメッカでも石や木材、金属の偶像が崇拝の対象になっていたようだ。とくに形や色のよい石は崇拝の対象にされていたようで、のちにイスラーム信仰の中心となるメッカのカーバ神殿にも多くの石の偶像が立てられていたといわれている。

ムハンマドはメッカを征服する際、これらの偶像の目を弓で射て、破壊し、撤去した。ムハンマドの言行を記したハディースのなかにも、何度か「偶像崇拝は悪である」と述べられている。イスラームにとって、それまでの不完全な宗教でおこなわれていた偶像崇拝は誤りであるということだ。

この言葉があるために、イスラームでは偶像をつくることもよくないことだと判断が下され

ホメイニ師　彼が1989年6月3日に亡くなったことを追悼して7月6日に発行された最初の切手。生前、ホメイニ師は偶像崇拝になりかねないとして自身の切手は発行しなかったといわれている。死後に発行されたのは、のちの政府がホメイニ師の後継者であるという姿勢を強調するためのプロパガンダとして利用していると考えられる。

ている。「判断が下されている」というのは、「禁止する」とは書かれていないからだ。

まず、神は見えないものである。人が形にあらわすことができるものではない。そして神が創造し、命を与えた生物についてもそれを人間が像にあらわすことは許されないというわけだ。神の手によるものを人が神の真似事をして創造することは冒瀆に値すると解釈されているからである。近年は緩やかになってきたが、厳格な時代にはぬいぐるみや漫画のキャラクターも禁じられたことがあった。

神ではないが、預言者についても絵画や彫像にあらわすことは禁じられている。宗教画として描かれることがあってもその顔があらわされることはなかった。ムハンマドの伝記を題材にした映画『ザ・メッセージ』では、彼が主役であるのにもかかわらずムハンマドは出てこない、というようにである。こうしたことは映画『ベン・ハー』でキリストを演じる俳優の顔を一切映さない技法がとられて神聖さを強調しているように、キリスト教徒であっても理解することができるように思えるのだが、イスラームが偶像をあらわさないことに対して挑発する事件が起こり、国際問題に発展した。

二〇〇五年九月三〇日、デンマークで日刊紙に掲載された預言者ムハンマドを題材とした風刺画問題である。イスラームとの対立問題ではイギリス、アメリカが印象的だが、なぜデンマークで、だったのだろう。それには次のような事情があった。

イスラーム教徒の移民問題はヨーロッパ全体が抱える問題になってきている。しかし、彼らと対立することを前提にすることはない。デンマークでも、増えるイスラーム教徒を理解しようと、児童書でイスラームを紹介する企画が提案されたのだった。しかし、後述するようにイスラームではアッラーはもちろん、ムハンマドさえも偶像であらわすことは冒瀆とみなされる。このことを知る人たちは、イスラームの国々、イスラーム教徒の反発を恐れて、このイスラーム紹介の絵本の制作に二の足を踏んだ。

このことがある新聞記事で紹介されたことがきっかけで、言論の自由を主張する人びとの間で議論が巻き起こり、それを受けてデンマークで最多の発行部数を誇る「ユランズ・ポステン」紙が問題提起をする形でムハンマドの風刺画の掲載をおこなったのだった。そのタイトルも「ムハンマドの顔」とされ、一二種類あり、イスラームのシンボルのひとつである三日月などとともに、誰が見てもイスラームを侮辱しているとわかるものだった。それも、現代社会に通用しない禁止事項をもつイスラームは侮辱されて当然、と受け取れるコメントまでつけて、である。

掲載紙を見たデンマークのイスラーム教徒は憤慨した。在デンマークのイスラーム諸国の大使がデンマーク首相に抗議をしたが取り合ってもらえなかった。このことはイスラーム世界にも伝わり、シリアやレバノンではデンマーク大使館や領事館に対するデモや放火が起こるなど大規模な運動に発展した。イスラーム諸国でデンマーク製食品などの不買運動も起こった。

日本でも報道されたように、ヨーロッパ各国のメディアが表現の自由を擁護する立場からこれらの風刺画を転載したことで、世界中のイスラーム教徒の怒りを買うことになった。リビア、サウジアラビア、シリアの在デンマーク大使は本国に召還された。こうした動きを受けて、イランではデンマークとの一切の通商を断絶するとした。そしてオーストリア、デンマーク両大使館にデモ隊が押しかけ、火炎瓶などが投げつけられる騒ぎに発展した。アジア、アフリカのイスラーム諸国でも死者が出るほどの激しい争いがおき、キリスト教会までも襲撃された。

その後、「ニューズウィーク」誌の取材に「ユランズ・ポステン」紙編集長がキリスト教会や神に対する中傷は禁止されていると答えたこと、二〇〇三年には実際にキリスト教の復活祭を風刺したイラストの掲載を拒否していたことなどが指摘され、イスラームを冒瀆することに対して表現の自由を掲げることはダブル・スタンダードではないか、また、思い上がったマスコミが面白半分にイスラームを揶揄したかっただけではないかと批判されている。

そうはいっても、イスラーム世界でまったく人や動物をあらわしたものがないかといえば、否《いな》である。前述したように、偶像を崇拝することは悪であると規定されていてもあらわすことを禁じる、とまではクルアーンにもハディースにも記されていないので、ムハンマドやその家族の顔を隠した宗教画であるとか、本の挿絵、宗教色のない世俗的なことを題材にした画が、中世、さかんにあらわされたことがあった。これらは細密画（ミニアチュール）といわれ、イスラーム美術を代表するものとして知られている。なかにはムハンマドの顔を、写実的ではなく、こけしの顔のように簡略化された目鼻で描いたものまである。

アラビア文字のカリグラフィー　「ビスミッ　ラーヒッ　ラフマーニッ　ラヒーミ」（慈悲深く慈悲あまねきアッラーの御名において）という決まり聖句で鳥を描いている。イスラーム法で義務とされている行為と、推奨されている行為をおこなうときに唱える。

また、上図のように、聖句をあらわすアラビア文字を巧みにデザイン化して、動物などの姿を描く技法なども発達した。

近年では写真は問題なく受け入れられているし、国王、聖職者、有力者などの肖像はもちろん、彫刻の展示を目的にした公園までつくられるなど、芸術活動はさかんになっている。

両手を切り落としてしまえ

我ら（アッラー自称）はイスラエルの子らにたいして明文の法規を定め、人を殺したとか、あるいは地上で何か悪事をなしたとかいう理由もないのに他人を殺害する者は、全人類を一度に殺したのと同等に見なされ、反対に誰か他人の生命を一つでも救った者はあたかも全人類を一度に救ったのと同等に見なされる、とした。

（この事については）既に何人も我らの使徒が彼らのもとに遣わされて、歴然たる徴《しるし》を見せてやったのだが、それでもなお地上に無軌道ぶりを発揮する者が多かった。

アッラーとその使徒（マホメット）に戦いをいどみ、地上に頽廃を播《ま》き散らして歩く者どもの受ける罰としては、殺されるか、磔《はりつけ》にされるか、手と足を反対側から切り落される（例えば右腕を切ったら次に左の脚を切るというふうに交互に切って行く極刑）か、さもなければ国外に追放されるほかはない。これは彼らが現世で受ける辱め、来世には大きな罰が待っている。だが、汝ら（回教徒）に取り抑えられるより先に改悛《かいしゅん》した者だけはゆるされよう。アッラーは本当によく赦《ゆる》して下さる情深い御神におわします、と知れ。（五章　食卓　三五〜三八）

無差別テロなどのせいで、イスラームには人殺しが容認されやすいイメージがつきまとっているが、クルアーンのなかでは、右記のように強く否定されている。「何人もの我らの使徒」とは、アブラハム、モーセ、ヨハネ、キリストたちを含んでいる。神から戴いた命を粗末にする自殺も厳禁である。自殺に失敗した者は禁固刑、もしくは罰金刑が科せられ、自殺を幇助した者も同じように罰せられる。

しばしばイスラーム法では、盗みを働いたものは手を切り落とすと定められていることが、彼らの残酷さを強調するときの話題として持ち出されることがある。このことがしきりに言われるのは、クルアーンに、イスラームの教えに背いた者に対する対処法がはっきりと記されているからなのである。

窃盗の他、その罪と罰が明記されているものとして、姦通、誰と誰が姦通しているという中傷、飲酒、追い剝ぎがある。どれも毎日のようにニュースで伝えられる罪であり、もっとも人が犯しやすいことゆえに、イスラームでは、それを神が裁くこととしたのだろう。神が啓示を下したものなので、人が量刑を変えることができない。このような刑罰をハッド（「限度」という意味）という。

ちなみに窃盗の場合、クルアーンの記述にしたがって男女を問わず初犯は右手、再犯は左足、三度目は左手、四度目は右足を切り落とすと決められている。

姦通罪には石打ちの刑（死刑）と鞭打ちの刑がある。鞭打ち刑については、クルアーンに次のように記されている。

姦通を犯した場合は男の方も女の方も各々百回の笞打《むち》ちを科す。ことはアッラーの宗教に関しておる。決してそのような者どもに弱気を起してはならぬぞ、もしお前たち本当にアッラーを信じ、最後《いやはて》の日を信じておるならば。そしてそのお仕置きには必ず数名の信者を立ち合わせること。

姦通した男は、同じく姦通した女か、さもなくば邪宗徒の女だけしか嫁にしてはならぬ。また姦通した女も、同じく姦通した男か、さもなくば邪宗徒の男だけしか夫にすることまかりならん。これは信徒にはかたく禁じられている。

れっきとした人妻に（姦通の）非難をあびせながら、証人を四人挙げることができない者には、八十回の笞打ちを科す。そして爾後そのような者の証言は一切無効とする。こういう者は罪ふかい人間であるから。但し、後になって改悛のまことを示し、行いを改めた者はゆるす。まことに、アッラーは気のやさしい、情ぶかいお方におわします。（二四章光り　二〜五）

現在も、こうしたイスラーム法に則《のっと》って刑罰を施行している国にはスーダンがある。一九八九年、イスラーム原理主義を標榜する国民イスラーム戦線が政権を握った。次第にイスラーム色を薄めつつ、憲法制定、選挙によって大統領を選出するなどのこともおこなわれているが、刑罰については石打ち、鞭打ち、手足の切断などが施行されている。

イランでも姦通をした者には鞭打ち、あるいは石打ち（死刑）を科すことがあるという。ただしそこには貧困のためにやむなく売春をおこなった女性もあり、彼女たちが石打ち刑に処されることが国際問題になっている。囚人は胸まで埋められ、手の自由も奪われる。さらには即死せずに苦しんで死ぬよう投げる石の大きさまで定められている。こうした残酷さからも、姦通が死罪にあたることは厳しすぎるとして問題視されている。

追い剝ぎに対しては容赦なく石打ちの刑、磔、手足切断、国外追放の罰が科せられる。ここに殺人がともなえば死刑である。

クルアーンでは、人が犯しやすい過ちについてはとくに厳しくあたり、社会秩序は神が守るものであるとして戒めているわけである。しかし近年は、こうした量刑が国際法上、問題があることはイスラーム各国も認識しており、イスラーム・スタイルをアピールするときのデモンストレーションとして利用されている感が強い。

目には目を

我らはあの中で（ユダヤ人に与えた「律法」の中で）次のような規定を与えておいた。すなわち、「生命《いのち》には生命を、目には目を、鼻には鼻を、耳には耳を、歯には歯を、そして受けた傷には同等の仕返しを」と（ユダヤ人の間で加害者に対して被害者が返報する正当な復讐量をきめた有名な竹篦返《しっぺいがえ》しの法規である）。だが（被害者が）この（報復）を棄権する場合は、それは一種の贖罪行為となる。アッラーが下し給うた（聖典）に拠《よ》って裁き事をなさぬ者、そういう者どもは全て不義の徒であるぞ。（五章　食卓　四九）

クルアーンには、故意に殺人、傷害がおこなわれた場合は、それと同等の仕返しをすることが認められている。あるいは目を傷つけられたら相手の目を傷つけてもいいという有名な同害報復（キサース）が認められている。アッラーはかつてユダヤ人にこの法規を啓示したと記されているし、さらに古くはバビロニアの「ハンムラビ法典」にそれが記されているように、メソポタミア地方では伝統的な考え方だったといえよう。

しかしイスラームにおける同害報復は単に仕返しをすればいいというものではなくて、仕返しをするときはその方法も程度もまったく同じでなければならない。また加害者が被害者よりも地位が上の場合、つまり雇い主が奴隷を、夫が妻を、親が子を故意に殺害したとしてもキサースをすることはできない。それよりも被害者側はキサースを放棄し、加害者側に「血の代償金」（ディヤ）の支払いを求める形で和解することのほうが多い。ディヤの額は被害者の地位、傷害の程度などに応じて決まっている。

ハンムラビ法典でも同害報復が認められるのは同じ身分どうしであり、多くの場合、代償によって処理するものだった。イスラームでも同害報復は実際にはおこなうことが不可能な規定が設けられ、さらに最近では近代的な解決策がとられているということである。

合法的な聖戦と戦争のルール

イスラームには聖戦＝ジハードという合法的な戦争がある。その本来の意味を言わずに、テロリストたちの独断的な、過激な面ばかりが強調されて私たちに伝えられていることが多い。

とくに我が国では、「クルアーンか剣か」あるいは「右手にクルアーン、左手に剣」という欧米のキリスト教や、イスラエルに偏った反イスラーム色の強い標語が定着していることもあり、殺人を正当化する宗教であるとか、興味本位にイスラームの戦いのあり方が紹介されることが多い。これが多くの人に偏った先入観をもたらし、問題を複雑にしてしまっているように思える。

もともとジハードとは、アラビア語で「努力する」という意味のジャハーダが語源である。それが意味するとおり、この言葉が使われはじめた当初は、預言者ムハンマドが、メッカの多神教の世界にあって、イスラームを布教する「努力」をしていた。

ムハンマドは六二二年、それまでのメッカでの人間関係を断ち切ってメディナ（マディーナ）へ移住（ヒジュラ）し、イスラームに対する者は、たとえ親兄弟、親族、親友であろうとも、敵として戦う覚悟をしたのだった。ゆえにヒジュラとは、イスラームの教えに入ることも意味するようになった。次にジハードは、命をかえりみず、財産も投げ出して、多神教を信じる人びとと戦い、イスラームを守り、広める努力をすることを意味するようになった。

つまり、ジハードとはイスラーム共同体を守るために集団で戦うことであり、この戦いに加わることが真の信者の証であり、命を落とした者は殉教者とみなされ、終末の時には神から手厚い加護があるとされた。指導者がジハードを宣言すると、それは神の教えに従ったこととして正当化されるわけである。ジハードを宣言するときの相手は、常にイスラーム共同体ではない民族、国であった。

イスラームを広めるためのジハードは、イスラームが興ってから約二〇〇年ほどの間は、東は中央アジア、西はイベリア半島にまで拡大し、教えにかなったものだった。しかしやがてイスラーム共同体のなかでさまざまな王朝に分裂をはじめ、ひとつの共同体としてジハードを続けていくことができなくなった。

そのために今度は、イスラームの教えに則して次のように判断された。預言者ムハンマドが、六二八年、メッカとの戦いにおいて、メッカ郊外のフダイビヤで和議を結び、一〇年間の休戦を約束したという事例をもとにして、イスラームを拡大するためのジハードは無期の休戦状態に入ったと解釈されたのだ。

そして一一世紀末にはじまった十字軍の侵攻では、イスラームを拡大するのではなく、異教徒からイスラームを守るためのジハードをおこなうことになった。「クルアーンか剣か」あるいは「右手にクルアーン、左手に剣」という欧米のキリスト教徒による間違った認識は、この頃からはじまったことだ。ちなみに、エルサレムに向かう十字軍に対しては、イスラーム教徒とユダヤ教徒がともに戦った、というような都合の悪い歴史的事実は声を大きくして語られることが少ない。

一六世紀以降に、スンナ派のオスマン帝国とペルシアのシーア派の王朝が戦うことになると、たがいにイスラームの解釈の違いを理由にジハードをおこなうこともおこった。

一九世紀のジハードは、キリスト教徒が中心の西欧列強の植民地政策に対するもので、当時は西アフリカ、マグレブ（モロッコ、アルジェリア、チュニジア）、スーダン、インドや東南アジアでジハードが頻繁に宣言され、イスラームを守るためのジハードの意識が高まっていった時代である。

そして二〇世紀。第一次世界大戦後、アラブ、イスラーム各国が独立し、西欧列強とのかかわりのなかでジハードの解釈も変わってきた。たとえば、第一次世界大戦では、オスマン帝国がイギリスに対してジハードを宣言し、イスラーム勢力を味方につけようとしたが、インドのイスラーム教徒はイギリスに協力し、アラブもまた反乱を止めることはなかった。イスラーム共同体の戦いとしてのジハードの概念が変わってしまったことを示す事件である。

以来、イスラームのそれぞれの国では、敵対する勢力に対して、相手が誰であろうとイスラームを守るための努力であると解釈し、ジハードに法的な正当性をもたせている。

一九八〇年九月二二日に起こったイラン・イラク戦争では互いにジハードを宣言した。

一九九〇年八月二日、石油の利権をめぐり、イラクがクウェートに侵攻した。イラクのフセイン大統領がクウェートはイギリス植民地主義の産物であり、国家そのものの存在を認めることができないとしてジハードを宣言し、この侵攻を正当化しようとした。このイラクに対してはサウジアラビアがジハードのファトワーを発した。

最近は、政治的な戦争を正当化するためや、ウサマ・ビンラーディンによるアメリカ同時多発テロのようにイスラーム過激派がテロを正当化する標語として、ジハードが頻繁に宣言されることもあり、国際的にジハードに対する誤解を生み、混乱をきたしている。

イスラーム共同体としての連帯した認識のもとでおこなわれているジハードは、イスラエルに対するものだろう。一九四八年にイスラエルが建国されると、アラブ諸国がまとまってイスラエルの拡大に対するジハードがはじまった。中東戦争である。イランは参加しなかったものの、イスラエルを認めていない。中東戦争は終結しても今も延々と続くジハードである。

一時エジプトは、一九七九年三月、単独でイスラエルと平和条約を結んだことによって、アラブ連盟から加盟資格停止処分を受けた（一九八九年五月に復帰）。一九九六年に成立したパレスチナ暫定自治政府においても、カリスマ性をもってまとめていたアラファトが二〇〇四年に亡くなって、分裂、内乱の危機に直面している。二〇〇六年一月におこなわれた第二回パレスチナ立法評議会（ＰＬＣ）選挙において、穏健派ファタハのアッバースが大統領職にあるにもかかわらず、過激なイスラーム原理主義組織であるハマスが過半数の議席を獲得し、ハマス主導の内閣が発足したからだ。

共通の敵であるイスラエルに対するより以前に、イスラームのなかで分裂し、互いに傷つけ合うところまで行き詰まってしまっている。イスラエルに対するジハードがはじまって六〇年になろうとしている今、互いに世代は変わり、紛争の原点が忘れられつつあるのだろう。

そろそろ我が国もイスラーム世界から発せられる「ジハード」について、欧米に影響されずに偏見なく認識し、イスラーム諸国と付き合っていく時機にきているのではないだろうか。

正当な理由もなしに得たお金は合法か違法か

一〇年ほど前からあまり見られなくなったが、エジプトで観光客を困惑させることのひとつにバクシーシュ（バクシーシ）というのがある。指をすぼめて、それを上向きに揺すりながらお金を求めてくることだ。

街中で足を止めていたりすると、貧しい身なりをした者や身体障害者が近づいてきてお金をせびる。外国人だからというのではなく、エジプト人のなかにもお金をわたす者が少なくない。

このバクシーシュ、イスラームの教えでは、信者としての義務のひとつ、ザカート（喜捨）に相当すると解釈されるからなのだ。貧しい者が裕福な者からお金を受け取ることができるのではなく、裕福な者、生活にゆとりのある者は自分よりも貧しい者にお金を与える義務があるというクルアーンの教えにもとづいてのことだ。ザカートの本来の意味は「浄め」であり、自分の財産を神のもとに差し出すことで浄化されると解釈されていたようだ。

もとは小さなイスラーム共同体のなかで、互いに助け合って生きていこうという理想的な考えのもとでおこなわれ、ムハンマドもさかんに呼びかけをしている。多くを得た者が、それを再分配する社会主義的な経済のあり方といえよう。

具体的なところでは、イスラームを広めていく、そのためのジハードに参加して身体に障害を持ってしまう、ときには亡くなってしまうこともある。そんな家庭を共同体として助けるということからはじまった。

自発的な喜捨であって強制ではなかったが、六三〇年、ムハンマドはナツメヤシと家畜について、一定量の税率、サダカを決めた。それがのちのカリフの時代になって、財産である通貨、家畜、果実、穀物、商品について、一年以上所有しているものについて一定の税率が決められ、強制的に納付させられることになった。そしてこれがやがてザカートとよばれるようになった。

一方のサダカのほうは自由意志による喜捨とされるようになった。善意の寄付であり、難病の子どものための手術費を出すなどのこともサダカにあたる。経済的に裕福な人が、学校などの施設を寄付するようなこともある。しばしば、そうした業績、寄付にはその人の名前が記念につけられるが、イスラームでいうサダカの場合は、個人の名前をつけた寄進はサダカにならない。サダカはあくまでも神に捧げられたものであり、神から社会に授けられたものと解釈されるからである。

最初の話に戻るなら、市中で貧しい者からお金を求められて与えることは問題ないが、仕事をしている者がたかるようにしてお金をせびることはイスラーム社会でも反社会的なことなのである。観光立国としてこれは恥ずかしい行為であるとして、エジプト政府は戒め、取り締まるようになり、最近では人前での露骨な「たかり」行為は少なくなった。

さて、正当な理由がなくても、貧しい者がお金を受け取ることはイスラームで認められたことだと紹介した。ところが、財産が財産を生む利殖、つまり利子のように、働きもしないのに持っている財産が増えるような仕組みはイスラームでは禁じられている。イスラーム銀行では利子がない、といわれるのはこのことによる。

そのような利子のことをリバーという。もとは「増殖」という意味である。リバーにかかわる財産とは、かつては金、銀、塩、ナツメヤシであり、現在では金銭もこれに入る。これらの同じ物での貸し借りでは、どちらかの量が少なかったり、一方的であることは禁止されている。つまり、貸した物に利子をつけて返してもらうことは許されない。

また、ムハンマドの時代には、トラブルの元になることが多かったのだろうと想像できることだが、胎児の段階での家畜の売買のように、無事に生まれるかどうか、生まれた家畜が丈夫かどうかもわからないものに先行投資することも禁止されている。いや、禁止されていたと言ったほうがいいのかもしれない。現代社会にあって利子を取らずに融資してくれることはこの上なくありがたいが、預金に利子をつけてくれないとなると銀行にお金を預ける人はいない。そこで銀行は預かったお金を企業の運営に投資するなどして、その利益の分配をするなどの方式をとっている。

もともとは、隊商との協業という形がイスラームでは認められていたのだ。リスクの多い隊商に投資をして、彼らが利益をもたらせば配当を受け取れるが、失敗すれば投資した側も受けた側も損をするので不等ではないからだ。

融資であれば、相手の事情がどうであれ、何もしないで利益を得ることができるが、投資にはリスクがあるという商人の考え方である。これはハンムラビ法典でも触れられているように、古代オリエント時代からの考え方であり、ムハンマド自身が隊商を派遣する商家で働いていたからこそのことであろう。

このことをもとに、銀行は起業に加わるなどして資金を運用しているのである。つまり、今日さかんになっているベンチャービジネスを支える投資事業の考え方のもとが、すでにムハンマドの時代からおこなわれていたということだ。

ちなみに事業が破綻したときには、出資者に対して出資額を限度として清算する契約になっていることが多いという。また、融資には担保の有無が影響するようなので、そう簡単なものではないようだ。実際には、外国資本の銀行もイスラーム世界には進出しており、リスクを負わないで利子が付いてくる預金方式を選ぶイスラーム教徒、企業も少なくない。

その他、正当な理由がなくして得られる利益としてギャンブルがある。

酒と賭矢《かけや》（賭矢（マイシル）は古代アラビア人の最も好んだ賭事。矢を籤《くじ》として引き、「幸矢」

を取った人が賭のらくだを獲得する）についてみんながお前に質問して来ることであろう。答えよ、これら二つは大変な罪悪ではあるが、また人間に利益になる点もある。だが罪の方が得になるところより大きい、と。（二章　牝牛　二一六）

注釈にもあるように、イスラーム以前には賭矢というギャンブルが流行っていたことがわかる。神はムハンマドに対して「賭矢は罪悪」という啓示を下している。それでいながら「人間に利益になる点もある」としているところに、全面的に禁止にできないことはわかっていたような弱みを読み取ることができる。

まさにそのとおり。ときには賭け事をした者には鞭打ちの刑を科したところもあったようだが、映画『ベン・ハー』でもアラブ人が優れたアラブ馬を競走馬として提供する場面があるように競馬は楽しまれていたし、イスラームに厳格な湾岸諸国でもラクダ・レースは人気である。ハトのレースも盛んである。サイコロを使った双六、バックギャモンなどの起源は古代メソポタミア、古代エジプトにあるといわれるほど古い。「罪悪」とされながら、外資系ホテルなどではカジノも設けられ、観光客などから大きな収益を得ているというのだから「罪」よりも「得」のほうが大きいと解釈されているといえよう。

ここでギャンブルとともにあがっている酒については、多くのイスラーム教徒は厳格に禁酒を守っている印象がある。サウジアラビアをはじめ、湾岸諸国の多くの国でアルコール類は持ち込むことすら禁止である。イスラーム諸国の航空会社では、多くが機内でのアルコール・サービスもないなど、観光上の注意事項として強調されていることも厳格な禁酒のイメージに影響しているのであろう。

しかし、エジプトなどの観光立国では、観光客をもてなすためのアルコール飲料の製造をおこなっている（工場で働くのはキリスト教徒やユダヤ教徒）。そんなエジプトのワインの銘柄のひとつには「オマル・ハイヤーム」というイスラームの詩人の名前もある。彼が美酒を礼賛する内容の詩を残しているからだ。イスラーム教徒のすべてが禁酒を守っているわけではないのだ。事実、外交官として海外に赴任している人のなかにはアルコールを嗜《たしな》む人がある。

厳格そうに思えるイスラームにあっても、ギャンブルや酒のように、理念と現実社会で大きなギャップが起こっていることもある。

一夫多妻制は合法だが

もし汝ら（自分だけでは）孤児《みなしご》に公正にしてやれそうもないと思ったら、誰か気に入った女をめとるがよい、二人なり、三人なり、四人なり。だがもし（妻が多くては）公平にできないようならば一人だけにしておくか、さもなくばお前たちの右手が所有しているもの（女奴隷を指す）だけで我慢しておけ。（四章　女　三）

私たちから見てイスラーム社会の特異な法といえば、一夫多妻制だろう。多くの女性を侍らせるハーレムのイメージと重なって、観光客のなかには興味本位に何人の奥さんを持っているか、と聞いてまわる人もあるようだが、預言者ムハンマドの時代には一夫多妻制をとらざるをえなかった理由がある。男の欲求を満たすために好き勝手に女性を寄せ集めるのとはまったく異なるのだ。

その理由とは、イスラームを拡大していくなかで、戦争未亡人や遺児が増えていったことにあるといわれている。イスラーム共同体のために戦うのは男たちであり、その戦いで命を落とした者は殉教者である。共同体としては遺族に補償をしなくてはならない。そこで残った男たちが未亡人や子どもを引き取って面倒をみることになったのである。

二人、三人と妻を持ってもいいとはいえ、彼女たちを平等に扱わなければならないとも、クルアーンには記されている。同じように接して、同じ物を与え、嫉妬の感情が起こらないようにしないといけない。神はムハンマドに、多くの者が女性問題について判断を求めてくるだろうから、そのときは神自身が判定を下すと啓示をしている。

大勢の妻に対して全部に公平にしようというのは、いかにそのつもりになったとてできることではない。しかしそれとて、あまり公平を欠きすぎて、誰か一人をまるで宙づりのように放っておいてはいけない。汝らみなが仲よくして神を懼《おそ》れる心を忘れないなら、ア

ッラーはまことに情深く、慈悲深くおわします。（四章　女　一二八）

妻とは別に愛人を囲うことも甲斐性があるといえるのかもしれないが、イスラーム世界のように妻という同じ立場の女性を同等に扱わねばならないとなると、それはもう色恋だけでは済まない苦労があるようだ。女性問題について神が判定を下すということは、最後の審判の日に彼が神に救われるかどうかがかかっているということだ。

筆者にはカイロに妻を三人持っているという友人がいるが、実際、彼はまめである。会社を経営しながら、敬虔なイスラーム教徒なのでモスクにも通い、別々の家に住まわせている妻たちの家に車で足繁く通っている。それぞれ家が違い、与えているものも違うようだが、三人とも不満がないのでこれでいいのだそうだ。三人の妻が彼のオフィスで仲良く話をしている場面に遭遇したこともある。

彼女たちのことは男性に頼り切った弱い女性をイメージしていたが、仕事のできる自立した女性で彼の仕事のサポートをしている。こそこそ隠れないで三人の女性を幸せにしている彼こそやはり甲斐性のある男なのだろう。

しかしこんな甲斐性のある人物には滅多に会えるものではない。一夫多妻が認められているとはいえほんの一握りだ。それどころか、カイロのような都会となると結婚事情はどこも同じで、一人の妻どころか、大学を出ても結婚できない男が大勢いる。女性のほうでも結婚するときに

「第二夫人をもたない」ことを条件にするようになってきているので、最近では、合法であるとしても一夫多妻を実践することはとても難しい。イスラーム諸国のなかでも、チュニジアとトルコは、イスラーム法を切り離しており、前述したクルアーンの「いかにそのつもりになったとてできることではない」という啓示をもとに公式に禁じている。

ちなみに離婚は簡単で、夫が三度離婚を言い渡したときに婚姻関係は解消されることになっている。タラークという制度である。女性蔑視の法であるようだが、妻が妊娠していないかはっきりするまで様子をみること、妊娠していたら子どもが生まれるまで面倒をみなくてはならないし、生まれてきた子どもの養育費も払わなくてはならないなど、人権を無視した行為をしてはならないことがクルアーンに記されている。

もちろんタラークによらない離婚もある。夫婦のどちらかが背教した場合、どちらかが不倫をして夫婦関係が修復不能である場合、妻のほうから代償を払って離婚を求める場合、結婚時に交わした契約書に背いた場合など、都市部ではそのときどきの事由に応じて協議し、離婚するというスタイルになっている。

義務である女性のヴェールを禁じる

イスラーム世界における女性差別、迫害の象徴のようにいわれるものに女性のヴェールがある。イスラームの教えでは、女性がヴェールを身につけることは義務とされている。

それから女の信仰者にも言っておやり、慎しみぶかく目を下げて、陰部は大事に守っておき、外部《おもて》に出ている部分はしかたがないが、そのほかの美しいところは人に見せぬよう。胸には蔽いをかぶせるよう。（二四章　光り　三一）

目に見えないほど細かな砂埃の舞う沙漠の環境にあって、ヴェールは女性が外出するときに身体を守るために必要なものであろう。それに古代から地中海周辺、西アジア地方では「邪視」を強く意識し、そのための護符もつくられてきたように、妬み、恨みなど、邪悪な視線を嫌う風習がある。つまり、大切な女性を家族や夫ではない邪《よこしま》な心をもつ男の視線にさらしたくないということからも必要となったのだ。

日本ではアフガニスタンのタリバーンに対するアメリカ発のニュースで、女性はヴェールを被せられて行動の自由を奪われ、迫害されているというイメージが一気に広がった。

最近では、二〇〇四年三月、フランスの公立校では宗教色の強い服装を禁止するとの法律が成立した。イスラーム教徒のヴェールだけでなく、ユダヤ教徒の帽子、シーク教徒のターバン、大きくて目立つキリスト教の十字架も対象になっているのでイスラームだけが狙い撃ちされたわけではなかった。同じように、ドイツでは、公立校の教師が宗教色の強い服装をして教壇に立つことは望ましくないとして、いくつかの州で禁止するところが出てきた。

イスラームに偏ったものとして挙げられるのは、二〇〇六年、イギリスのストロー前外相がイスラーム教徒の女性のヴェール着用について批判し、多くのイスラーム教徒を住民に抱えるヨーロッパで大きな議論になったことだろう。自分の選挙区の住民と対話の機会を持ったとき、イスラーム教徒の女性たちに対して、顔が見えないとうまくコミュニケーションが取れないような気がするので、ヴェールを脱いで話をすることができないものかどうかたずねたという。

一般にヴェールとよばれるものには、髪だけを覆って顔は見せる「ヒジャーブ」と、前垂れのように長いマスク状の布で目だけを見せる「ニカーブ」、頭部から足下まで覆う布「ブルクー」、頭部をすっぽりと覆ってしまい目だけを出す「チャドル」などがある。

エジプトのようにヴェールについては寛容な国の都市部では、一九九〇年代などに欧米化が進み、ヒジャーブはあっても顔や身体を隠すものは湾岸諸国から避暑にやってくる女性くらいにしか見かけなかった。カイロ大学の女学生などはヒジャーブも身につけないばかりかミニ・スカートという姿も見かけたものだ。しかしこの数年は、毎年のようにヒジャーブ姿の女学生が増え、カイロの街中でもチャドル姿の女性を見かけることが多くなった。

ちなみに、イスラーム、スンナ派の権威であるエジプトのアズハル・モスクでは、ヒジャーブ着用は宗教的な義務だが、ニカーブは義務とはいえないという解釈をしているという。

これに対して、二〇〇六年一一月、エジプトのホスニ文化大臣が「ヴェールを身につけているエジプト女性は後進性の象徴」と語ったことから、野党はもとより与党内からも謝罪、辞任を要求する大問題に発展した。

チュニジアでは初代大統領ブルギバが積極的に女性の社会進出、地位の向上に努め、クルアーンが認める一夫多妻制を一夫一婦制にあらため、ヴェールを身につけることも禁止した。しかし最近ではヒジャーブを身につける女性があらわれ、警察官が取り締まるという事態になっているという。

注目すべきは、こうしたヴェールを受け入れる動きが女性から起こっていることである。欧米列強がヴェールの問題をはじめとしてイスラームを目の敵にすることが激しくなって、欧米文化や風俗が流入する傾向に不安を覚え、女性たちのなかにイスラーム文化へアイデンティティを求める動きが起こってきたということのようだ。

確かに、ストロー氏が言ったように、ニカーブを身につけた女性に対しては話しづらい。というよりも、イスラームを意識すれば、もともとそのようなスタイルの女性は凝視してはならないものであって、異文化の者が声をかけるとか、話すとか、コミュニケーションをとる対象ではないので当然かもしれない。しかし、彼女たちがストロー氏の言うように、対話の会に来たときはどうだろうか。目は見えるし、声の調子も電話以上に聞こえるわけだから普通に話をすればいいのではないか。そうできないのは、そこにすでに彼がイスラームを意識しすぎているか、偏見があるからではないかと思えてしまう。同胞であっても、サングラスをしたまま話をする人物のほうが真意が読み取れないのではないだろうか。

通学途中の女子学生　ヴェールのかぶり方も一様ではない。左から２番目の女子はブルクーで顔を隠し、友達と手をつないでいた。［カイロ］　〈写真：松本誠子〉

イスラーム教徒の女性のヴェールについて、その習慣のない文化圏の人が違和感を抱くのは無理もない。しかし違和感があるからといってヴェールの着用を止めるように呼びかければ、それはイスラームの文化を否定することだ。確かに二〇〇一年九月一一日の米国同時多発テロ以来、イスラーム過激派に対する警戒が強まっている。ヴェールの問題に固執するイスラームが、教えに厳格な方向に向かうことを警戒し、それが脅威であるかのような報道がたびたび見られるが、イスラームの教えに厳格になることが過激派になることではないということを認識しておくことが必要だろう。

イスラーム過激派のテロを警戒するイギリスでは、イスラーム教徒に対する差別が原因のトラブルも増えているという。差別、迫害にテロで応酬をするという悪循環に陥ってしまっている。

艶めかしいベリーダンスは合法？

一般的にベリーダンスとよばれているダンスは、腹部や腕が透けて見えるシースルーのきらびやかな衣装を身につけた女性が、結婚式などの宴会や観光客の前で激しく腰を振って踊るダンスである。その印象から、西欧人がベリー belly（腹）ダンスとした。

アラビア語ではラクス・シャルキー（東方の踊り）、ラクス・バラジ（民族舞踏）という。あるいは、英語でオリエンタル・ダンスとして紹介される。

先に述べたヴェールに身を包み、肌をあらわにしないことを誇る女性のあり方とはあまりにも対照的な女性の姿に疑念を持つ人は多い。イスラームの教えでは、女性が不特定多数の男性の前で、肌もあらわに踊ることは許されることではない。事実、エジプトなどでは、ベリーダンサーたちに、その時々で、禁止事項や衣装の規制、制限事項などが設けられてきた。

中世、ペルシアの細密画にベリーダンスをイメージさせるものが描かれたり、一八世紀から一九世紀にかけては、オスマン帝国のハーレムの生活をイメージした絵画があらわされるようになって、西欧にその艶《なま》めかしい踊りのことが知られていった。

一説に、エジプトでベリーダンスを見た最初の西欧人は、一七九八年にエジプトに侵攻したナポレオンではないかとされている。以降、西欧とのかかわりが深まるなかでベリーダンスは広まり、万国博覧会などでも紹介されるようになった。そうなると、観光で訪れる人びとをもてなすということで踊られるようになっていった。

エジプト国王、ファールーク一世（在位一九三七〜一九五二）が娘のダンス教師に雇ったロシアのバレエダンサー、イヴァノワは、今日、エジプトのベリーダンスで一般的なヴェールを使ったダンス・スタイルをもたらしたという。このように、今日のベリーダンスのスタイルは、アラブの伝統と西欧人の求めるものが融合した産物といえるかもしれない。

このベリーダンスのあり方を、厳格な人たちはイスラームの教えに反しているとして批判した。イスラームの教えをないがしろにして、異教の文化である西欧に屈するようなことをしているから、今日のようにイスラーム諸国が苦況に置かれることになったのだ、という声もあがった。過激派がダンサーたちを脅迫する事件もおこったほどだ。

そんなこともあって、近年、一時はカイロなどではロシア人などの外国人ベリーダンサーが中心になることもあった。エジプトでは、二〇〇三年にはその風潮を憂えて外国人ダンサーを禁止したほどだった（一年間しか続かなかったが）。

イスラーム以前の古代メソポタミア、古代エジプトでは女性のダンサーが人前で踊り、宴会の場が華やかに演出されていたことが、当時の壁画などからわかっている。歌い、踊ることを楽しむのは人にとって欠かせないことであろう。

イスラームの時代になって、飲酒の禁止など、生活のあり方は戒められたが、楽しむときは別である。とくに家庭内では、女性たちが、女性だけの集まりをもって歌い、踊って楽しむことは珍しいことではない。最近はカイロなどの都市部では、ホテルでの西欧式の結婚披露宴をおこなう人たちが多い。そんな祝いの場で、パーティ・ドレスの女性がベリーダンスの振りをすることもよく見られるようになってきた。しかしそれを咎めるようなことはない。

イスラーム主義と欧米との協調は、イスラーム教徒たちにとって大きな矛盾であり、そこでどう折り合いをつけるかが、常に課題としてあるようだ。

それにしてもいつも不思議に思えるのは、彼らのパーティは明け方まで実に賑やかなのだが、彼らは音楽には酔っていてもアルコールに酔っていないことだ。

イスラーム法＝憲法？

断片的だが、これまで見てきたように、イスラーム法は国家を運営するためのものではなく、国家の枠をはらってイスラームを信仰する者の共同体の中で人が暮らしていくために必要なものである。

かつては、広くイスラーム社会全体が自然に存在したといえよう。ところが二〇世紀はじめ、第一次世界大戦以前、アラブ諸国の多くがオスマン帝国の支配から脱していたものの、第一次世界大戦のあとはイギリスやフランス、イタリアなどの西欧列強の支配下に置かれることにな

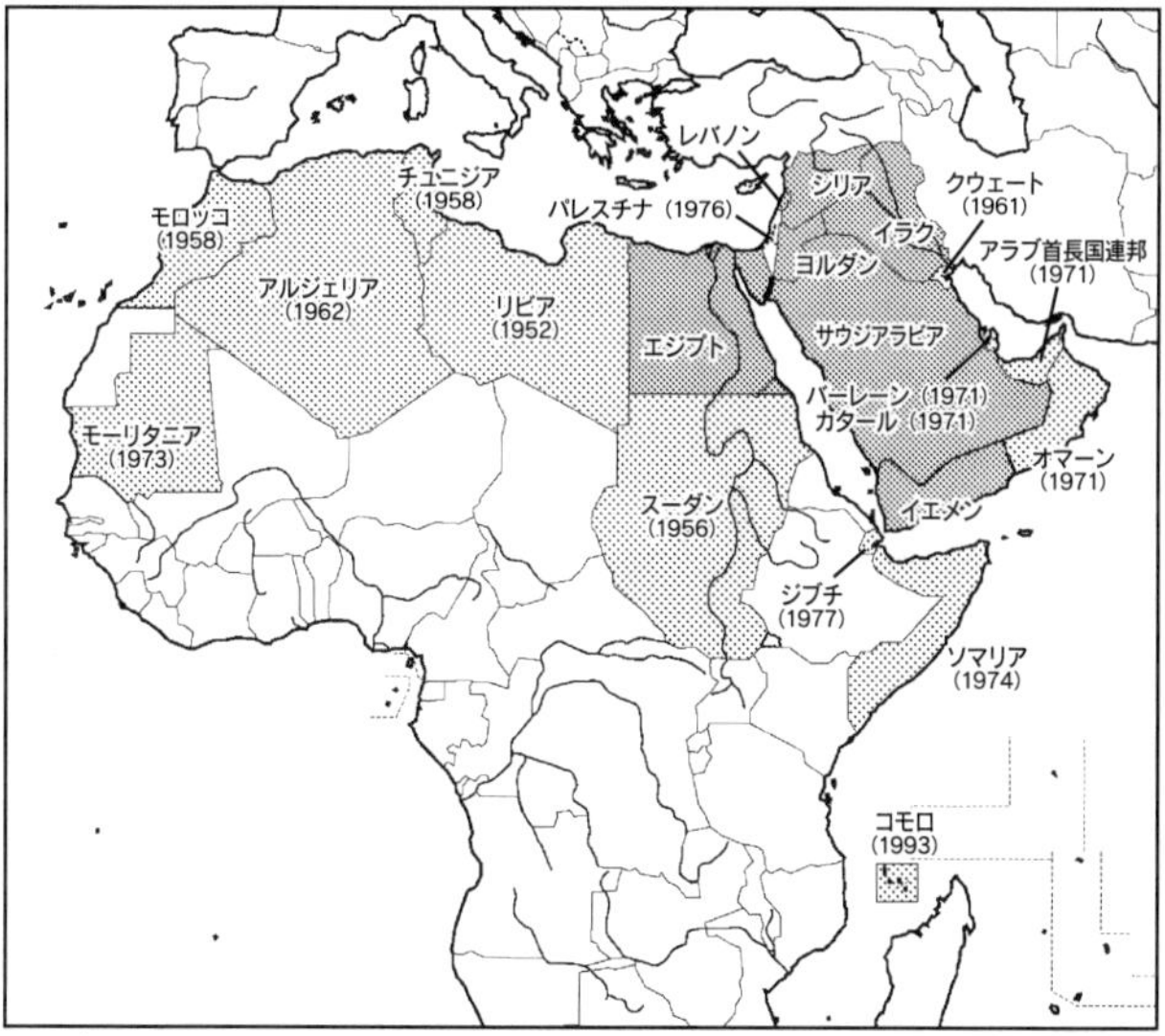

アラブ連盟加盟国　1945年3月22日創設、本部はカイロにある。数字のないものは原加盟国（7ヶ国）、追加加盟国には加盟年を記してある。

った。この頃から、第二次世界大戦後にかけて、中東諸国の国境の確定は西欧列強の机上でおこなわれたのだ。作為的に国家がつくられていった。

その結果、イラクのように南部にシーア派の聖地があり、北部にはスンナ派、さらに北部にはクルド人という宗派、民族の対立の構図ができた。あるいはイギリスの二枚舌とも三枚舌ともいわれる外交でイスラエル・パレスチナ問題が起こったことは有名な話だ。

第二次世界大戦後は次々と独立を果たし、独自の道を歩みはじめ、アラブの首長たちが国王として各国を治めていたが、間もなく米国とソ連の対立にイスラーム世界も巻き込まれていった。いくつかの国では革命によって王政が廃され、共和政に移行するなど大きな政治変革が起こったのだった。

　国際社会のなかで国家としてあるためには、イスラーム法では運営できないことは明らかで、近代法の制定がそれぞれに進められていった。そのために、各国でイスラーム法に対する温度差が生まれてしまい、単独でイスラエルと和平を結んだエジプトのように、イスラーム全体の問題であるのにそれぞれの国で足並みがそろわなくなっているのが現実である。

　国際社会で発言するには欧米化をある程度進める必要があるものの、イスラエル問題をはじめとする反イスラームの風潮に対してイスラームとして譲ることができない難題もある。

　今やイスラーム教徒は一三億を超えていると言われている。それは世界の人口の五人に一人ということであり、彼らのことはないがしろにすることができない。

＊本章のクルアーン（コーラン）の訳文は次の書籍から引用した。
『コーラン』上・中・下巻　井筒俊彦訳　岩波文庫　一九五七、一九五八

第4章

現代社会と各国の法律

アメリカ合衆国最高裁判所　日本のニュースではしばしば「連邦最高裁判所」といわれる。合衆国連邦政府の司法府を統括するところとして、合衆国憲法の規定にもとづいて設けられている唯一の裁判所。その他の裁判所は連邦法にしたがって設けられている。［ワシントン D.C.］

※世界保健機関（WHO）の"Framework Convention on Tobacco Control"（2007年8月）の資料を参考に作成

たばこ規制枠組条約（FCTC）批准状況

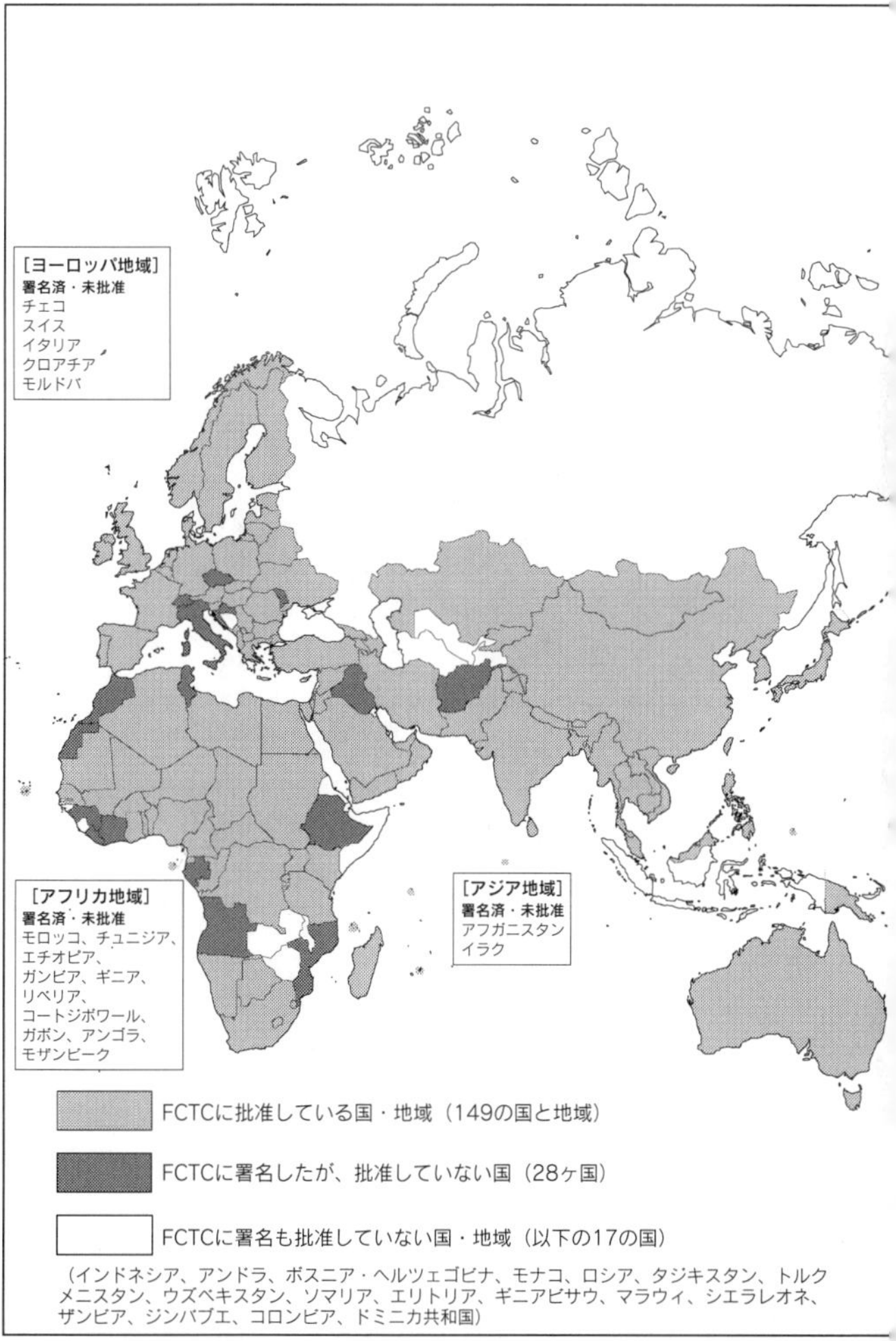
［ヨーロッパ地域］
署名済・未批准
チェコ
スイス
イタリア
クロアチア
モルドバ
［アフリカ地域］
署名済・未批准
モロッコ、チュニジア、
エチオピア、
ガンビア、ギニア、
リベリア、
コートジボワール、
ガボン、アンゴラ、
モザンビーク
［アジア地域］
署名済・未批准
アフガニスタン
イラク
FCTCに批准している国・地域（149の国と地域）
FCTCに署名したが、批准していない国（28ヶ国）
FCTCに署名も批准していない国・地域（以下の17の国）
（インドネシア、アンドラ、ボスニア・ヘルツェゴビナ、モナコ、ロシア、タジキスタン、トルクメニスタン、ウズベキスタン、ソマリア、エリトリア、ギニアビサウ、マラウィ、シエラレオネ、ザンビア、ジンバブエ、コロンビア、ドミニカ共和国）

※Wikimedia Commonsのsame-sex marriage資料（2007年8月）を参考に作成

同性カップルに関する制度の現状

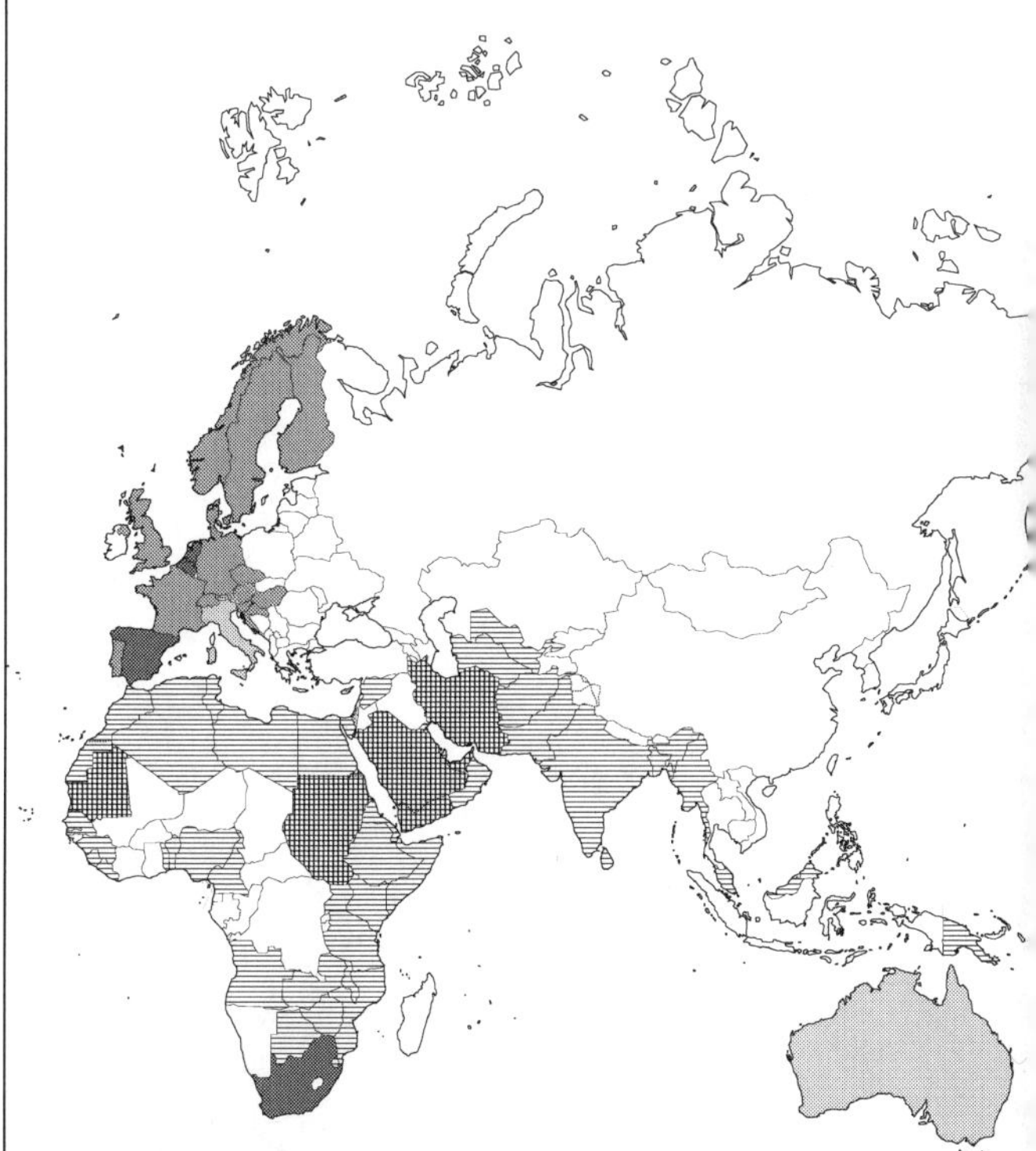

同性婚を承認している国
（オランダ、ベルギー、スペイン、カナダ、南アフリカ）

何らかの法律で同性カップルの権利を保障している国
（デンマーク、ノルウェー、スウェーデン、アイスランド、フランス、ドイツ、フィンランド、クロアチア、ルクセンブルク、イギリス、アンドラ、スロベニア、スイス、チェコ、ポルトガル、ハンガリー、オーストリア、イスラエル、ニュージーランド）

地域によって同性カップルの権利を保障する州法や条例がある国
（アメリカ合衆国、メキシコ、アルゼンチン、ブラジル、オーストラリア、イタリア）

同性カップルの権利を保障する制度がない国

※東京都都市型観光資源の調査研究報告書（2002年）を参考に作成

カジノを禁止している国、地域

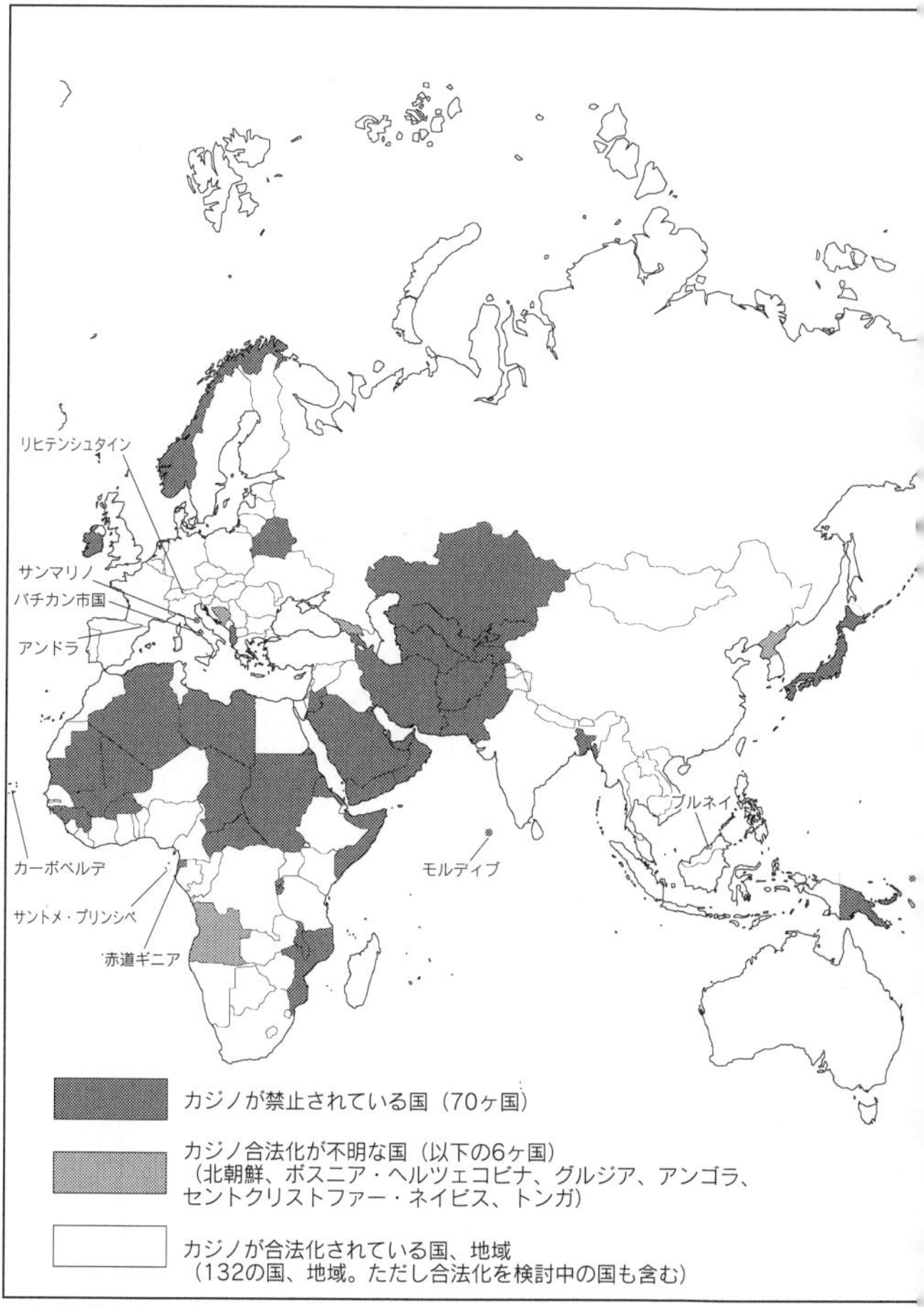

※カジノ禁止国のうち、図ではわかりづらい小国のみ国名を明記した。

弁護士多ければ訴訟多し……いきすぎたPL法

「弁護士多ければ訴訟多し」イギリスのことわざである。第二章でも引用した『法窓夜話』のなかで穂積陳重《ほづみのぶしげ》は、ほかにも弁護士に関することわざを次のように並べている。

「弁護士とは言語と憤怒とを賃貸する人をいう」
「善き法律家は悪しき隣人なり」
「馬鹿と剛情者が弁護士を富ます」
「弁護士の家は馬鹿の頭で建てられる」

どうやら弁護士という職業は昔から無条件に尊敬されるものではなかったようだが、こんな悪口、軽口を言っていた時代の人々も、まさか今日のアメリカのような訴訟社会までは想像できなかっただろう。

アメリカではなんでもかんでも訴訟に持ち込まれるという情報は、日本ではいくぶん誇張されて伝わっているかもしれない。濡れたネコを電子レンジで乾かそうとしたらネコがレンジのなかで破裂したため、ユーザーが電子レンジのメーカーを訴えたなどという話がかつてまことしやかに語られたが、さすがにこれは一種のうわさ話にすぎなかったようである。だが、二〇〇七年には預けたズボンが紛失したとして、韓国系移民が経営するクリーニング店に五四〇〇万ドルの損害賠償を求める裁判もあった。「法外」な請求金額と原告が現職の判事という事実から、この裁判は大きな注目を集めた。結果は原告の全面敗訴だったが、訴訟社会アメリカの奇妙さがまたしても強調される結果となった。

ともかく、弁護士の数が一〇〇万人にものぼるという国である（日本はおよそ二万人）。当然、弁護士同士の競争も激しく、依頼人がやって来るのをのんびり待ってはいられない。テレビやラジオのコマーシャル、あるいはバスのボディ広告で「交通事故なら当弁護士事務所へ」などと専門分野を強調しての宣伝もさかんにおこなわれている。なかでもトラブルを見つけては企業相手に訴訟を起こし、成功報酬をもぎとろうという訴訟専門の弁護士には、いきすぎた訴訟社会の元凶というイメージがつきまとう。

よく知られている通り、アメリカのマクドナルド社がハンバーガーやフライドポテトの食べ過ぎで肥満になったという人物から訴えられた件では、さすがに原告が敗訴し、同社は「常識の勝利」とコメントした。だがそれより前にマクドナルド社は、ドライブスルーで買ったコーヒーの蓋を開けようとしたら中身がこぼれて火傷を負ったという高齢の女性による訴訟で、二七〇万ドルもの賠償金を課されたことがある。

この有名な話も事実ではあるが、日本人の感覚からすれば非常識な賠償金額が強調され、「たかが火傷で数億円」とばかり訴訟社会アメリカの異常さをあげつらうのに恰好のネタとされている面がある。この件には補足すべき事情があるのだが、それは後に紹介するとして、なぜこんな途方もない賠償金額が認められるのかという点を考えよう。

日本では、被害者が失ったものを金銭に換算するという考え方から損害賠償額が決定される。これを実質的賠償というが、アメリカではこの実質的賠償額そのものがもともと高めに設定される上、加害者に対して懲罰的な賠償を課して責任を負わせようという社会的な合意がある。そのため賠償金額が日本とは桁違いに大きくなりうる。

しかも民事事件に関しては、弁護士の報酬は賠償金の何割というような成功報酬制度もある。敗訴すれば弁護士費用は一ドルも受け取らないかわりに、勝訴すれば賠償金の三割から半額までも受け取ることができるのだ。被告が巨額の賠償に応じることのできる大企業であれば、原告側の被害者はじっさいの損害額の何百倍もの賠償金を勝ち取ることもありうるし、弁護士は勝てばその何割かを成功報酬として受け取れる上に、やり手の訴訟弁護士としての名声も得ることができるというわけだ。

そのため、たとえばPL法（製造物責任法）にひっかかりそうな案件だと、被害者側の弁護士はたとえ被害者に落ち度があったとしても、何としてでも製品の欠陥を言い立てて高額の賠償金を勝ち取ろうとやっきになるという図式となる。PL法のPLとは「製造物責任 Product Liability」のことで、この法律によれば製造物の欠陥によりなんらかの損害を被ったことを証明できれば、被害者は製造業者などに対して損害賠償を求めることができる。

日本では製造物責任法は一九九五年に施行されたが、一〇年余経って訴訟の数は、内閣府国民生活局が把握する限り九〇件、うち製造物責任に基づく請求が一部でも認められたケースは二二件と報告されている（二〇〇六年二月二八日現在。内閣府国民生活局による同年七月の「製造物責任法の運用状況等に関する実態報告書」による）。法律の内容が日本とアメリカとでは異なる上、日本社会では一般に裁判沙汰は好まれないなどいろいろな事情はあるだろうが、消費者保護のためのこの法律が十分活用されているとはとてもいえない状況だ。

かたやアメリカでは、一九六〇年代半ばから製造者に過失があるかないかではなく製造物に欠陥があるかどうかを争点にした訴訟が増え始め、一九八〇年代にはPL訴訟ブームともいえる一種の社会現象にまでなった。PL法は消費者保護のための法律ではあるが、先に述べたように、一部の訴訟専門弁護士の手にかかれば大企業から巨額の賠償金を引き出す「打ち出の小槌」となるからだ。またPL法訴訟の多くは陪審制によっておこなわれているが、陪審員は概して原告の被害者に有利に、被告の企業などには相当に厳しい評決を出す傾向があるという。

こうしてPL訴訟が増大した結果、訴訟費用や賠償金、訴訟保険費用の大きさに耐えかねて倒産する企業が続出した。典型的なのが小型飛行機やヘリコプターのメーカーである。操縦者の操作ミスによる墜落事故なのに、操作ボタンの位置が紛らわしいので欠陥品だと訴えられたヘリコプターのメーカー側が敗訴して、四五〇万ドルもの賠償金を支払った例まであるという。軽飛行機の代名詞ともいえるセスナにも相次ぐ訴訟が起きて、一時セスナ社は小型機の生産中止に追い込まれたほどで、この業界では主要二九社のうち二〇社が倒産するにいたった。ほかにも、一九六〇年代には二〇社あったフットボール用のヘルメットメーカーが一九八五年にはわずか三社になるなど、ＰＬ訴訟は各業界に大きな影響を及ぼし続けてきた。

いきすぎた消費者保護の風潮には批判も少なくなく、一九八〇年代と比較すれば現在は常識的な判決が多くなってはいるようだ。それでも、製品自体に設計上や製造上の欠陥がまったくなくても「警告・表示上の欠陥」だけでＰＬ責任を課されるかもしれないという危険性を、企業はつねに意識しなければならないことに変わりはない。結果として、メーカーは製品のラベルに思いつく限りの警告、注意を並べ立てて自己防衛の手段とするようになった。

当然、警告にはばかばかしいほどあたりまえのものも多くなる。ミシガン訴訟濫用監視団という市民団体は、訴訟が宝くじのように一攫千金を得るための手段となっているのは異常な風潮だと主張し、毎年「へんてこ警告ラベル・コンテスト」をおこなって一〇年目になる。コンテストの九回目となった二〇〇六年の大賞は、コインランドリーのドラム式洗濯機に貼られているラベルの「この洗濯機に人を入れないこと」に与えられた。二〇〇五年は、トイレ用の掃除ブラシ（ブラシ部分が使い捨てで、そのまま流せるようになっているタイプ）の警告「身体の衛生用には使わないでください」が大賞で、「直腸で検温したあと、口内での検温に使用しないでください」というデジタル体温計の警告が三位だった。

その他、過去の入賞作はまとめて二七九〜二八三ページに記すが、言いがかり的な訴訟の罠を逃れるためには、ここまで先回りをしなければならないのだろうか。かえって企業の常識が疑われそうな「警告」の数々ではある。

さて、先に触れたマクドナルドのコーヒー訴訟について補足しよう。この話題は日本の雑誌や個人のホームページなどでもたびたび取り上げられてきたが、原告の負った火傷が第三度の重傷で、皮膚移植を含め八日間の入院を要し、その後も運動障害などで二年におよぶ治療を受けなければならなかったことにはあまり触れられていない。またコーヒーは摂氏八〇度以上の高温で、過去にも七〇〇人もが火傷を負っていたのに、マクドナルドはその危険性を放置してきたという背景もある。

賠償金額については、はじめ陪審が二〇万ドルの塡補損害賠償（二〇パーセントの過失相殺を認め一六万ドルに減額）と二七〇万ドルの懲罰的賠償を認定したのを、後に事実審裁判所の判事は懲罰的賠償の額を四八万ドルに減額した。

懲罰的賠償二七〇万ドルというのは、「コーヒーを年間一〇億カップ生産し、一日で一三〇万ドルを超える収入があるので、陪審はマクドナルドの総売上二日分の制裁金を科したということになる」（平成一一年から一三年まで内閣に設置されていた司法制度改革審議会の資料による）。結局、この判決は原告被告双方から上訴され、和解により終了した。和解金額は公表されていないというが、少なくとも「たかが火傷で数億円」の賠償金を原告とその弁護士が手にしたということはありえない。

アメリカでは企業の収益を見込んで懲罰的賠償金を課すという考え方はふつうだし、言いがかり的な訴訟で大企業に法外な賠償金が課された例はたしかに少なくないのだが、その典型例としてマクドナルドのコーヒー訴訟をもちだすのはあまり適当とはいえないかもしれない。

余談ながら同社は、ハンバーガーの食べ過ぎで太ったと訴えられた肥満訴訟の方は無事に乗り切ったものの、二〇〇四年には一日三食三〇日間マックのメニューを食べ続けたらどうなるかというドキュメンタリー映画『スーパーサイズ・ミー』が話題になって、イメージ悪化をくい止めるための防戦に追い込まれた。その後ローカロリーのメニューを増やし、スーパーサイズ(特大)のオプションを廃止している。

『スーパーサイズ・ミー』の監督兼被験者、モーガン・スパーロックはこの実験の動機がくだんの肥満訴訟にあったとしている。訴訟そのものはきわめて非常識ではあったが、結果的に社会に及ぼした影響はマイナスではなかったということか。おまけに、二〇〇四年には食品消費個人責任法、通称「チーズバーガー法案」が提出され、二〇〇五年一〇月に可決された。個人の肥満の原因は食品メーカーや販売業者などにあるのではなく本人の食品摂取にあるというあたりまえのことが、わざわざ連邦法で保証されたということだ。

弁護士多ければ産科医が減る?

アメリカの弁護士がすべて、PL法を方便に高額な賠償金を勝ち取ろうという強欲な弁護士というわけでは、もちろんない。アメリカの市民の多くは弁護士を知的で有能で、尊敬すべき対象として見ている。だが一方で、白を黒と言いくるめ、法外な費用を請求する狡猾で貪欲な弁護士というステレオタイプのイメージもたしかに存在する。

　前項で紹介した「弁護士多ければ……」などのことわざに代わって現代では、弁護士は無数のアメリカン・ジョークで揶揄されている。やっかみ半分という面もあるが、アメリカでは弁護士がそれだけ市民にとって身近な存在だということだろう。

　アメリカでベストセラーになった『弁護士とその他の爬虫類たち』（"Lawyers and Other Reptiles" Jess M. Brallier）というジョーク集の序文には、「アメリカ人は弁護士を愛し、そして憎んでいる」という一文がある。アメリカで弁護士は「サメ」ともよばれるが、この本の表紙のイラストはネクタイを締めてワニ革の鞄をかかえ、にやりと笑うワニだ。

　一九九三年の映画『ジュラシック・パーク』では、現代によみがえった恐竜を見て「これはもうかるぞ」とそろばんをはじいていた顧問弁護士が、しまいにはトイレに逃げ込んで便座に座ったままティラノサウルスに食べられてしまう場面がある。アメリカ人はここに爬虫類が恐竜の餌食になるという痛烈な皮肉を読みとるからだろうか、緊迫した場面にもかかわらず笑い声がおこるという。

　弁護士のなかには、「アンビュランス・チェイサー」（救急車を追いかける者）とよばれる者もいる。事故が起きると救急車のあとについて病院まで押しかけ、被害者に名刺をわたして訴訟の押し売りをする弁護士の蔑称だ。人の不幸につけ込むこうした災害専門の弁護士は、やはり恰好のジョークのネタとなる。「ウォールストリート・ジャーナル」紙にもかつて、病院のベッドに包帯でぐるぐる巻きにされて横たわっている男のかたわらで、スーツ姿の男が「私は弁護士です。あなたを金持ちで有名人にするために来ましたよ」と言っている一コマまんがが載ったことがある。

よく知られているように、アメリカの医療現場で非常に深刻な問題になっているのが、医療訴訟の多発である。日本でも最近、産科医など医療過誤訴訟の対象になりやすい分野の医師がとくに不足していることが大きな問題となっているが、アメリカでは一九七〇年代から医療過誤訴訟が急増し、賠償金額も高騰した。その結果、医療費の増大と、地域によっては医師が不在になるという由々しき事態までひきおこしているということが、繰り返し報じられてきた。

整形外科医がもと患者から二〇年もたってから半身不随になったと訴えられたとか、医師は事故現場にでくわしても後で訴えられるかもしれないのでうっかり手を貸してはいけない、などとよく耳にするが、単なるジョークと笑い飛ばせないほど、所得の多い医師は訴訟弁護士の絶好のターゲットとなっているのだ。

アメリカでは医療訴訟も陪審制で審査されるが、とくに医療過誤によって障害を負ったとされるのが新生児や子どもだと陪審員の同情をひきやすく、途方もない額の賠償金とともに原告勝訴となる可能性が高い。医療者側は医師の損害賠償を補塡する医師賠償責任保険に加入することでいざというときの訴訟にそなえるが、その保険料が産科医の場合、年間一〇万ドルにものぼるという。

こうした費用は間接的に医療費を引き上げる。また保険金を支払いきれなくて廃業する医師も少なくない。弁護士と医師の攻防が、結果的に市民に大きな悪影響を与えている図式だ。もっとも実際には、医療費の高騰は訴訟の多発だけに起因するものではない。おもな原因はやはり、医療にも市場原理が大きく働くアメリカの制度そのものだろう。

医療費の高騰と、もう一つ医療保険の無保険者が四〇〇〇万人以上いるという事実は、アメリカがかかえる難題の一つとして、二〇〇四年の大統領選の争点ともなった。アメリカの公的医療保険は高齢者と低所得者を対象とするもので、医療保険をおもに担うのは民間の保険会社だ。共和党ブッシュ陣営は民間の保険を拡充する方向を、反対に民主党ケリー陣営は公的医療保険を拡充する方向を主張したが、ブッシュ大統領はさらに、訴訟における賠償額の上限設定や医療訴訟そのものの制限を含む医療過誤訴訟改革を訴えた。

選挙期間中ブッシュ大統領は、医師、とくに産婦人科医が、訴訟費用が高すぎて診療ができなくなっているという発言をしているが、これはケリー陣営のジョン・エドワーズ副大統領候補に対する皮肉だったととらえられている。弁護士出身のエドワーズ上院議員は、産婦人科医に対する医療過誤訴訟を多くあつかって、高額の賠償金を勝ち取ってきたことでよく知られているからだ。

産業界を支持母体とするブッシュ大統領と共和党は、医療訴訟だけでなくＰＬ法など企業を対象にした訴訟にも歯止めをかけたいのに対し、民主党の支持母体には全米訴訟弁護士協会や公民権運動団体がある。いきすぎた訴訟に関する包括的な改革は、連邦レベルではまず実現できそうにない。

ただし州レベルでは、医療過誤の賠償金額に上限をもうけるなど規制法を導入するところも増えた。そのような州では医師が加入する賠償保険の額もあまり上昇していないという調査結果もある。「風が吹けば桶屋がもうかる」を思わせる「弁護士が多いと産科医が減る」というアメリカの珍現象も、やがては収束していくだろうか。

悪法の代名詞となった禁酒法

一九二〇年代のアメリカ社会に大混乱をもたらした「禁酒法」はあまりにも有名だ。「自由の国」アメリカで、一時期とはいえ法律で酒が禁止されたという事実が、飲酒に寛大な私たち日本人をまずおどろかせる。加えて、「禁酒法の時代」にはスキャンダラスなイメージが避けがたくつきまとって印象的だ。

そうした断片的なイメージは、おおむね映画などに由来するものだろう。たとえば『ワンス・アポン・ア・タイム・イン・アメリカ』や『コットンクラブ』では、ナイトクラブ、ジャズやブルースなど黒人音楽の流行、ジャズにあわせてダンスに興じる新しい世代、とりわけ髪もドレスも短い自由奔放な女性（フラッパー）などが映し出され、「ジャズ・エイジ」とよばれた時代の一種独特な雰囲気を伝えている。

また『アンタッチャブル』では、「ジ・アンタッチャブルズ」を率いる酒類取締官エリオット・ネスがギャングの大物アル・カポネを摘発するまでを描いて（内容はほとんどがフィクションだが）、シカゴの暗黒街の様子をかいま見せる。ちなみにアンタッチャブル untouchable とは文字通りには「触れることができない」という意味だが、エリオット・ネスとそのグループは決して買収に応じないことから「手のとどかない連中」という意味でアンタッチャブルズとよばれたという。

じっさいこの「禁酒法の時代」を通じて、もぐりの酒場の横行や、密輸・密造・密売でもうけるギャングの暗躍、そして治安の悪化など、禁酒法の支持者ですら無視できない状況がもたらされた。そして理由はそれだけではないにせよ、ともかく「高貴な実験」とよばれた禁酒法は一四年目にしてその効力を失ったのだった。

このように悪法、愚かな法の代名詞ともなった合衆国の禁酒法だが、それが成立した背景には、この国ならではの歴史的事情もある。

最初の植民者であるピューリタン（清教徒）の人々は、酒そのものを嫌ったわけではないが過度の飲酒には厳しかった。独立後の一九世紀にアルコール度数の強いウイスキーなどの蒸留酒が安価で出回るようになると、「飲んだくれ」たちが社会問題となり、組織的な節酒・禁酒運動も活発になっていく。

また同じ頃、この国も産業革命を迎え、労働者に効率よく仕事をさせるために資本家達も禁酒運動を後押しした。そのような情勢下で一八五一年にメイン州ではじめて禁酒法が制定され、以後二〇世紀初めまでに禁酒法は全国に広がっていったのである（一九一ページ地図参照）。

ただし州法レベルでは禁酒法といってもその内容は州によってさまざまで、効果はあまり上がらなかった。そこで「ドライ派」とよばれる禁酒法支持者達は、合衆国憲法の修正に乗り出した。憲法修正までには当然、国全体を巻き込んでのさまざまな議論があったが、結果的に修正案は一九一九年一月に確定し、その一年後に発効する。

合衆国全体の禁酒法は、右に述べたように多くの州ですでに禁酒法が存在していたという下地があってこそ成立したのだが、加えて時代もドライ派に大いに味方した。つまり、第一次世界大戦はこの国にも「贅沢は敵だ」的なストイックな雰囲気をもたらしていたのである。しかも、ビールの製造・販売など酒造業界は主にドイツ系の移民がおさえていたため、敵国ドイツへの反感も禁酒法成立に一役買ったわけだ。

さて、これまで「禁酒法」という言葉を使ってきたが、法の定義としては「酒を禁じる」などとひと言で済ませられるわけがない。日本語で「酒を禁じる」といえば、当然のこととして飲酒禁止と考えられるだろうが、アメリカの禁酒法は実は、飲酒を禁じる法ではなかったのである。

そもそも、「禁酒」と訳される英語には二通りある。一つ目は「禁酒運動 temperance movement」などで使われる temperance で、辞書には「禁酒」よりさきに「節制」とか「控えめ」などの語が並ぶ。つまり、初めは「ほどほどに」という感じで「節酒」の意味で用いられていたのが、時代とともに「飲酒禁止」の意味が強まっていった語なのだ。

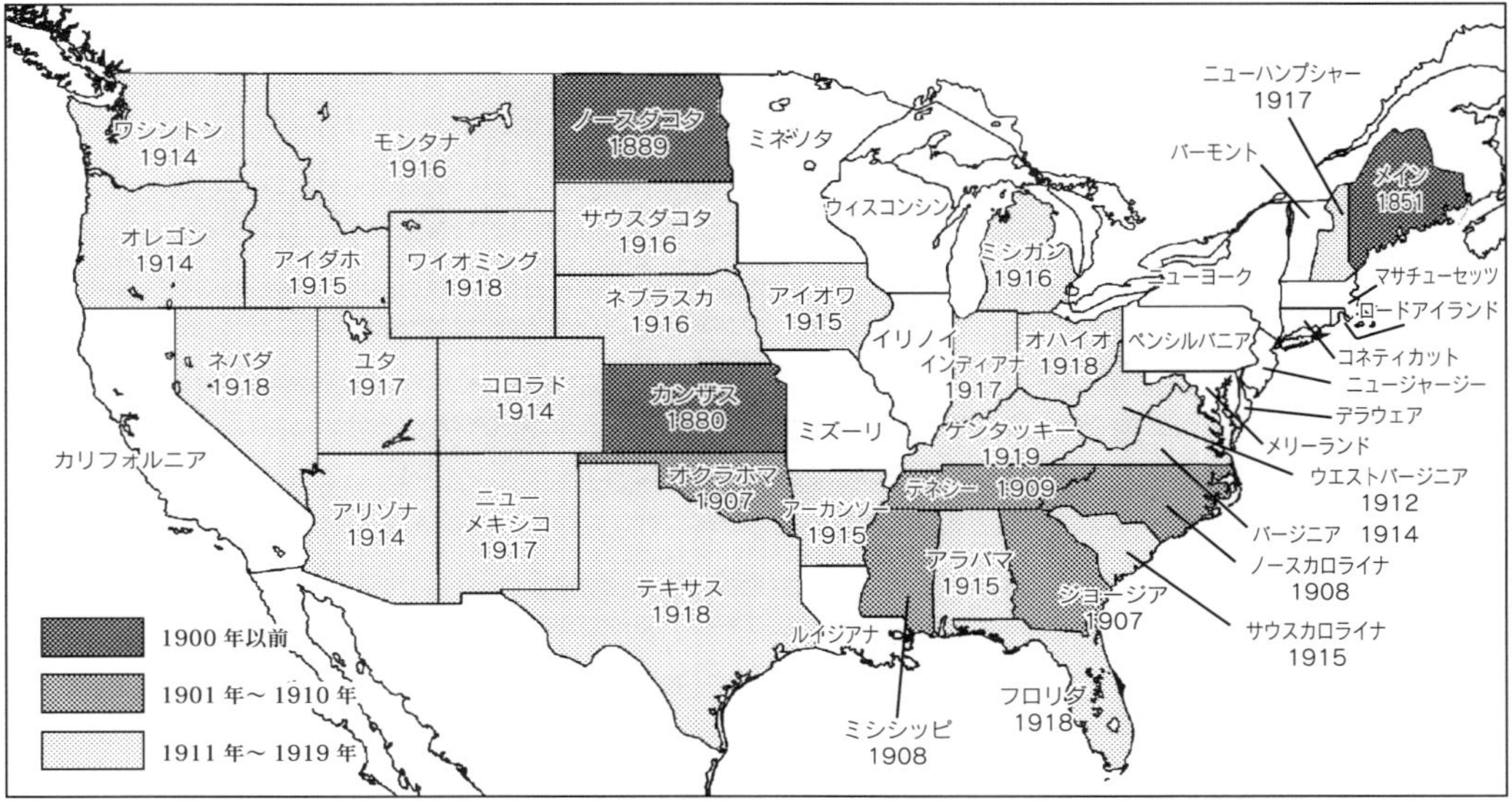

州禁酒法の成立状況　数字は最終的に成立した年を、数字のない白地は成立しなかったことをあらわしている。上記の期間内に成立しても1919年までに廃止になったところは未成立としている。[『アメリカ禁酒運動の軌跡』　岡本勝著の図中地図を参考に作成]

一方、法律上の「禁止」を意味するのがprohibitionである。この語をアメリカの「禁酒法」の意味で用いるのなら、「酒類製造・販売・運搬禁止令」と訳すのが、より正確といえる。

合衆国憲法修正第一八条はその第一節で、「アメリカ合衆国およびその管轄下に置かれたすべての地域において、酒類を飲用目的で製造、販売、運搬すること、また国内はもとより外国へ搬出ならびに外国から搬入することは、ここにすべて禁止される」（『禁酒法＝「酒のない社会」の実験』岡本勝著）と述べている。つまり、憲法は酒を所有することや飲むこと自体には触れていないのである。

憲法修正第一八条と、その実施のために細かい規定を盛り込む「全国禁酒法」（通称「ヴォルステッド法」）は、絶対禁酒派から反禁酒派までさまざまに温度差のある議員たちが妥協に妥協を重ねてつくった法律であるから、もとより矛盾だらけ、隙だらけのいわばザル法だったわけだ。

ロバート・レッドフォード主演の映画『華麗なるギャツビー』では、ギャツビーの豪邸で夜ごと派手なパーティが催され、金持ちの男女がくったくなくシャンパンを楽しむ様子が描かれているが、それはまぎれもなく禁酒法の時代の一場面である。禁酒法の発効前から自宅に保存していた酒を私的に楽しんでも、法にはまったくふれなかったのだ。

ちなみに『華麗なるギャツビー』の原作者で「ジャズ・エイジの旗手」とうたわれたF・S・フィッツジェラルドは、心身をむしばむほどの飲酒と酔ったあげくの奇行でも知られており、彼にとってはスピークイージーとよばれたもぐりの酒場や密売酒はなくてはならない存在だった。

さて、先に述べたように禁酒法の成立にいたる背景には、第一次世界大戦下での禁欲的な雰囲気もあったのだが、法が確定したのはドイツが降伏してから二ヶ月ほど後のことだった。時代は一転、世間は戦後の解放感にあふれ、経済もやがて右肩上がりとなっていく。それでも労働者らにとっては禁酒法の時代、高価な密輸入酒は手が届かず、じっさいに飲酒量はけっこう減ったらしい（メチルアルコール入りなどの粗悪な密造酒によって失明したり命を落とす者もいたのだが）。

一方、経済繁栄の時期、禁酒法があろうがなかろうが飲みたいときには飲める金持ちは増えたに違いない。密輸・密造・密売にからむ裏の経済もまた、驚くほどふくれあがっていった。ケネディ元大統領の父ジョセフ・パトリック・ケネディも密輸で財をなした一人とされるが、そうした闇の業者やアル・カポネに代表されるギャングらの懐《ふところ》を潤した巨額のブラック・マネーの何割かは、見方を変えれば、もし禁酒法がなければ酒税として徴収できたはずだったのだ。

たとえば一九二八年のアメリカ政府予算二九億六一〇〇万ドルに対し、同年のアル・カポネ一味の稼ぎは一億二〇〇〇万ドルで、その過半の七五〇〇万ドルが酒をめぐる収入だったという（『アンタッチャブル』　エリオット・ネス著　井上一夫訳）。また禁酒法執行のために連邦政府は同年、九億三六〇〇万ドルの赤字を出したという試算もある（『禁酒法＝「酒のない社会」の実験』）。

禁酒法がなぜ失敗したのかは、さまざまな角度から語ることができるが、右の数字を見るだけでも経済的にまったく見合わなかったことがわかる。また闇の市場があれば、当然、摘発を逃れるための賄賂や不正が横行する。さらに犯罪者や悪徳役人ばかりか、家でワインを醸造する庶民、医療用アルコールを横流しする医者などからフィッツジェラルドのようなもぐりの酒場の常連まで、憲法も州法もぬけぬけと無視する「善良な市民」が大量に出現してしまったのだ。そうした現実は、もともと禁酒運動を支持していた人々をも憂慮させることとなった。

一九二九年一〇月二四日、ニューヨーク株式市場（ウォール街）を株価の大暴落が襲う。この「暗黒の木曜日」に始まった未曾有の大不況は、やがて世界恐慌を引き起こす。

大恐慌は禁酒法にも大きな影響を及ぼした。合衆国の「永遠の繁栄」が信じられていたころは、その繁栄も禁酒法のおかげだとされていたのが、大恐慌で失業者があふれ出すや、税源確保と雇用対策のためにも酒造業界や酒の小売り業界を復活させるべきだという論が脚光を浴びるようになったのだ。かつて、労働者の生産性を高めるためにも禁酒を徹底させるべきだと主張していた資本家たちすら、大恐慌の荒波にもまれて宗旨替えせざるをえなくなった。

その代表が、アメリカ最大の資本家ロックフェラー家のジョン・ロックフェラー二世（ロックフェラー・ジュニア）である。ロックフェラー二世は「石油王」とよばれた父親とともに熱心に禁酒派を支持し、大金を寄付してその活動を支えた。ところが大恐慌による不況のさなかの一九三二年、禁酒法は失敗だったと認める内容のロックフェラーの書簡が本人の了解のもとに「ニューヨーク・タイムズ」紙で公開され、世間をあっといわせたのである。

書簡でロックフェラーは、善良な市民の多くが禁酒法を無視した結果として「法律全般に対する尊重の念も、ほとんど失われてしまった。犯罪が、前例のないほど多発している」（前掲書

『禁酒法＝「酒のない社会」の実験』）と嘆いている。ただし資本家としての本音は、法人税や所得税は何としても抑えたい、そのためには酒税法の復活もやむをえまい、といったところだろう。

一九三三年二月、憲法修正第一八条の廃止を決める憲法修正第二一条が議会を通過し、同年一二月に全国レベルの禁酒法は姿を消したのである。

アルコールに関する法律の各国事情

アメリカの禁酒法について長々と述べてきた。今日でもイスラーム圏などには法律で飲酒を厳しく戒めている国があるが、ほかならぬ「自由の国アメリカ」で、酒を楽しむという個人的な行為に国家レヴェルで制限がかけられるに至った背景と、禁酒法がもたらした「副作用」を確認しておきたかったからである。

さて、先に述べたようにひとくちに禁酒法といっても、飲酒を禁じるのかアルコール類の扱いに制限をかけるのか、あるいは罰則の有無など、その内容はさまざまである。イスラームの聖典クルアーン（コーラン）は飲酒を禁じており、中東のイスラーム国家は一般に禁酒国であると思われているが、そのなかですらサウジアラビアやクウェート、イランのように醸造、飲酒はもちろん旅行者の持ち込みまで禁じている厳格な禁酒国もあれば、外国人は警察が発行する酒類購入許可証があれば政府公認の店で購入できるというアラブ首長国連邦、またホテルなどでの飲酒は許されているバーレーン（隣国のサウジアラビア人がよく利用するという）のように完全禁酒

古代エジプト時代のワインづくり　今から3300年ほど前の貴族の墓に描かれた壁画。この頃からすでにワイン壺にはブドウの産地、醸造年が刻まれ、風味にこだわりをもっていたことがわかっている。数千年の歴史をもつ嗜好の伝統を絶つことは難しい。

国とはいえない国もある。

エジプトも憲法でイスラームを国教と定めているイスラーム国家だが、アルコール類に関する制約はずっと緩く、基本的にはイスラーム教徒がイスラームの法によって飲酒を禁じられているだけである。ラマダーン月だけは「レストランやホテルでエジプト人に酒を出してはならない」という国の法律があるが、人口のおよそ一割を占めるキリスト教徒には評判がよくない。ちなみに紀元前三〇〇〇年頃に興った古代エジプトではワインやビールが醸造されていたが、現在も非イスラーム教徒が国産のビールやワインの生産・販売に携わっている。

政教分離で世俗国家のトルコにも国産のビールがあるし、地域にもよるがレストランで飲むことも酒屋で買うこともできる。この国では二〇〇五年三月、国民酒として親しまれている「ラク」の粗悪な密造酒が大量に出回って、二〇人以上の死者を出す騒ぎとなった。ちなみにラクあるいはアラクとは、欧州南東部や中東で穀物やブドウ、プラムなどからつくられる蒸留酒で、アニス（八角、大茴香《だいういきょう》とも）の独特の香りがある。シリアやレバノンなどでも好んで飲まれている。

　アジアに目を転じれば、インドネシアは国民の九割近くがイスラーム教徒で世界最大のイスラーム人口を抱えるものの、世俗国家であり、また中国系の住民も少なくないので、一律に飲酒を禁じることはない。マレーシアはイスラームを国教と定めるイスラーム国家だが、インドネシアと同じく非イスラーム教徒にまで飲酒を禁じているわけではないし、両国とも国産のアルコール類がある。アジアではむしろ、ボルネオ島北部の小国ブルネイの方が法規制が厳しく、旅行者の持ち込みは許されているものの、国内ではほとんどアルコール類を入手することができないという。

　このようにイスラーム圏といえどアルコール類に関する法律は国によってさまざまだが、近代法があってもなくても、イスラーム法に忠実なムスリムは飲まないし、飲酒を好むムスリムも決しておおっぴらには飲まないという点ではさして変わりはない。

　ちなみにヒンドゥー教徒のあいだでも飲酒は好ましくないこととされる。マヌ法典はバラモンに対して「スラー酒を飲むこと、酒の臭いを嗅ぐこと」を禁じており、禁を破れば来世は虫や蛾などに生まれ変わるとしている。インドではグジャラート州が唯一の禁酒州だが、法律に頼ることなくヒンドゥー文化とイスラーム文化はインド人の飲酒を抑制しているのである。

　さて、宗教を離れて、アルコール類を規制する近代法についてもう少しみてみよう。

日本では二〇歳未満の飲酒を禁じている「未成年者飲酒禁止法」があるが、飲酒ないし購入ができるかどうかを年齢で規制する国はもちろん多い。

「財団法人日本禁酒同盟」のホームページでは「アルコール飲料の飲酒・購入の最低年齢を設けている国々の例」（二〇〇二年、宮千代加藤内科医院作成）として八〇ヶ国の情報を載せている。それによれば一八歳から飲酒ないし酒の購入が認められる国が多い。禁酒法以後アメリカではアルコール類の扱いは州法によって規定されるのみだが、年齢制限に関してはすべての州が一致して二一歳未満には飲酒・購入ともに禁じている。アメリカ同様二一歳未満の飲酒ないし購入を禁じている国はマレーシア、チリ、ホンジュラス、ベラルーシ、サモア、ソロモン諸島、エジプトなどで、少数派である。

また日本のように二〇歳を境に、という国も意外と少なく、アイスランド、ノルウェー、スウェーデン、フィンランドなどの北欧諸国と、ニュージーランドのみとなっている。しかも日本は二〇歳未満は飲酒・購入をともに禁じているが、多くは若年者に対して購入のみを制限したり（スウェーデンでは飲酒禁止は一八歳未満）、ビール、ワインは一八歳から購入してもよかったり（ノルウェー）と、日本に比べれば年齢制限は緩やかといえる。

西欧諸国は伝統的に、食事とともにワインやビールを飲む習慣に寛大だ。これはイギリスやフランスなど多くの地域で飲料に適した水が手に入りにくかったという事情にもよるのだが、非アルコール飲料が流通する現在でも、国によって細かな制限はあるものの、アルコール度数の低い醸造酒に限り一六歳から認められるところが少なくない（イギリス、イタリア、オランダ、ドイツ、フランスなど。スイスは州によって一四歳から認められるところもある）。

このように年齢制限だけをみれば、日本の法律は比較的厳しいようだが、法規制は年齢だけに及ぶものではない。たとえばアメリカのカリフォルニア州法では、午前二時から六時まで販売・購入を禁じており、違反すれば罰金または懲役（もしくはその両方）刑が適用されることもある。イギリスでも小売店と飲食店それぞれが、法律でアルコール類の販売時間を定められている。このように販売時間や販売店を法律で規制している国も多い。

さらに、酒類を扱う小売店や飲食店への免許に関して要件を厳しくしている法律もけっこうあるようだ。ヨーロッパでは特殊な例だが、ノルウェー、スウェーデン、フィンランドではアルコール度の高い酒は数の少ない酒類専売所でしか購入できず、それも平日の昼間のみである。年齢制限は日本より緩やかでも、購入の条件は非常に厳しいわけで、実態としては半禁酒国ともいえそうだ。

販売に関しても、日本の制度は緩い。周知の通り日本では卸売業と小売業は免許制だが、飲食業でアルコール類を扱うには食品衛生法上の許可を要するだけである（ただし未成年者への酒類の提供はいわゆる「風俗営業適正化法」により禁止されている）。また酒販店の販売時間の制限は法律上はない。自動販売機の普及といい広告に規制がないことといい、諸外国と比較すると日本は法律上、かなり飲酒に寛大な国といえる。

逆にフランス、アメリカ、ドイツなど欧米諸国では自家用醸造が合法なのに対し、日本では酒税法で禁じられている。このことは、欧米の法規制の目的が主に社会秩序の維持にあるのに対し、日本の法律は酒税収入の確保という財政目的にあることのあらわれでもある。

社会秩序の維持と酒の法規制に関して、最後に政情不安定な地域ならではの「禁酒令」を紹介しておこう。中南米諸国ではよく、選挙の前日などからアルコール類の販売が禁じられ、酒屋の棚一面にテープが貼られたりする。またレストランでもアルコール飲料の提供が禁じられることが多い。フィリピンやタイなどにも同様の制度があるが、これは選挙の結果によっては暴動が起きたりする可能性を見越しての措置である。

禁煙法続々

おとなの嗜好品として酒とタバコはひとつにくくられがちだが、酒が世界各地でおそらく有史以前から作られていたのに対し、南アメリカ原産のタバコがヨーロッパに知られるようになったのはコロンブス以後のことだから、一般的な喫煙の歴史は存外に新しい。

タバコの原産地は南米アンデス山地だが、新大陸の先住民のなかでもとくにこれをよく利用したのは、中米のマヤの人々だった。葉巻状のタバコを吸う神のレリーフが刻まれた遺跡など、残された史料はタバコと神事との結びつきを示している。タバコはまた、神殿で香として焚かれることもあった。マヤの神々には、今でいう副流煙が捧げられていたことになる。

さて、スペイン人が中米からもちかえったタバコは一六世紀を通じてヨーロッパに広まった。今日、百害あって一利なしといわれるタバコだが、ニコチンという語に名を残すフランスの駐ポルトガル大使ジャン・ニコは、タバコを万能薬としてフランスに紹介したとされ、ヨーロッパでは当初、疲労回復や痛み止めなどの薬効がうたわれていた。もっとも、早くからタバコの害に気づき警告を発する者も少なくはなかった。

日本にタバコが伝来したのは、天正年間（一五七三～一五九二年）と考えられているが、慶長年間（一五九六～一六一五年）には早くも喫煙の習慣が広まり、各地で栽培も始まった。江戸幕府は一七世紀のはじめに数回にわたり禁令を発しており、家財没収など厳しい罰則がもうけられたこともあった。

禁止の理由としては、喫煙が倹約精神に反することや火災の危険性、またタバコ栽培によって食用作物の作付けが減ることなどがあげられる。さらにこの時代、「かぶき者」とよばれる異様な身なりの不良青年のあいだでキセルが流行していたことも、禁令の理由の一つとされる。

つまり、現代のいわゆる禁煙法のように、健康面での害が考慮されていたのではなく、経済や治安、風俗といった面での悪影響を懸念しての禁令だったのである。ちなみに江戸時代の儒学者貝原益軒は、タバコによる健康への悪影響や依存性を看破しており、『養生訓』（一七一二年）にタバコの毒について記している。

だが相次ぐ禁令にもかかわらず喫煙の習慣は広まる一方で、徳川吉宗治下の享保一〇年（一七二五年）には、諸藩の財政事情を考慮して逆にタバコ栽培が奨励されるようになる。以後、保護奨励政策のもとタバコ栽培はどんどん広まり、藩によってはタバコを専売制とするなど、財源としての重要性が増していった。

時代は下って一九世紀から二〇世紀へと移る頃、日清・日露戦争を背景とする財政的要請から、明治政府はタバコを国の専売制とし、販売による利益を国庫に納めることとした。なお、同じ頃、代議士根本正《しょう》（一八五一～一九三三）は、一〇歳にも満たない子どもの喫煙がめずらしくないことに心を痛め、「未成年者喫煙禁止法案」を提出している。戦費調達のためのタバコ販売に規制をかける法案が一九〇〇年に首尾よく通過したのは、根本正が国会で、タバコの害を説き、徴兵するときに強い兵隊がとれないという論を展開したからであった。

富国強兵のためとはいえ、タバコによる健康被害を国会で認識させたのだから、根本正にはまことに先見の明があったといえよう。余談ながら彼は翌年から未成年の飲酒を禁じる法案を提出し続けるが、これが制定されたのは二一年後のことであった。

現在、タバコの害が明らかでも、タバコで国が儲けるしくみは専売制が廃止されてもほとんど変わっていないため、日本のタバコに関する規制法は諸外国に比べ進んでいない。酒税にたよるためアルコールに関する規制が緩いのと同じ構造である。ちなみにタバコも酒類も事業の管轄は厚生労働省ではなく財務省がおこなっている。

さて、諸外国で近年、次々と整備されてきたタバコに関する法律を概観してみよう。ひとくちに禁煙法といっても、その内容はさまざまである。日本で二〇〇二年に成立した「健康増進法」では第二五条に受動喫煙の防止をうたっているが、分煙を認めているため、屋内の公共施設内での完全禁煙にはほど遠い。

受動喫煙防止を目的とする厳格な屋内禁煙法は二〇〇四年施行のアイルランドを皮切りに各国・地域に広がっている。規制の内容はそれぞれだが、レストランやバーも含め禁煙とするものも多く、タバコを吸うなら自宅か屋外で、というのが世界的な傾向といえる。なかには香港のように、ビーチや公園など屋外でも公共の場では禁煙としているところもある。

アメリカでは、州法や市の条例による規制がどんどん増えており、いくつかの州ではたとえプライベートな空間でも子どものいる自動車内では喫煙が禁止されている。さらにカリフォルニア州ベルモント市では二〇〇七年六月現在、アパートなどの集合住宅での喫煙を禁止する条例案を準備しているという。

タバコに関する法律としては、公共施設での禁煙のほか、パッケージに警告表示をする、タバコ広告を禁止する、自動販売機を禁止する、課税率を上げるなど多角的な取り組みが期待されている。これらはＷＨＯ（世界保健機関）が推進する包括的タバコ規制計画の一部である。二〇〇五年に発効した「たばこの規制に関する世界保健機関枠組条約」（通称「たばこ規制枠組条約」＝ＦＣＴＣ）の締結国は条約の内容に添った法整備が義務づけられている。

パッケージの警告表示は、日本でも二〇〇五年より「喫煙は、あなたにとって肺がんの原因の一つとなります」など具体的なリスクを表示するようになったが、それでもEU（欧州連合）の「喫煙は死に至る」などのストレートな警告と比べれば、ずいぶんと穏やかな表現にとどまっている。また、たばこ規制枠組条約は、警告は主な表示面の三〇パーセントを下回ってはならないと定めているので、日本のパッケージ警告もその水準は満たしているものの、パッケージ・デザインを著しく損なうほどのものではない。

文章だけでなく写真やイラストを使った警告も今ではめずらしくなくなった。警告写真を最初にパッケージに取り入れたのはカナダ（二〇〇〇年）で、ブラジル、シンガポール、タイ、ベネズエラ、ヨルダン、オーストラリア、インド、香港（二〇〇七年一〇月より）、韓国（二〇〇八年より）、ニュージーランド（二〇〇八年二月より）と広まっている。EUは写真を基調とした四二種類の警告デザインを提示しており、ベルギーやスイスなどがそれをパッケージに取り入れている。写真のなかには真っ黒な肺や歯周病で歯の抜け落ちた口腔、壊死《えし》した下肢や流産による死産児など、かなりショッキングなものも少なくない。

さて、二〇〇七年六月現在、たばこ規制枠組条約への署名国・地域は一六九、批准した国・地域が一四九である。国ごとの署名、批准状況は、本章冒頭の地図（一七二ページ）のとおりである。禁煙先進国のイメージのあるアメリカは、署名はしたが批准はしていない。禁煙後進国として悪名高い中国は二〇〇五年に批准しており、北京オリンピックまでに法整備を進めるとしている。

日本の規制が緩いのは前述の通りだが、先進国のなかではほかに、意外にも環境に関する問題意識の高いドイツが、タバコに関する規制の緩い国として知られている。WHOは「たばこのない世界構想」を打ち出しているが、その目標のはるか先をいく禁煙国が一つだけある。ブータンでは、二〇〇四年より国内のタバコ販売が完全に禁止された。国外からもちこむことは許されているが、一〇〇パーセントの関税が課される。また喫煙も、自分の家や部屋以外では禁じられており、ほぼ完全禁煙国家といってよい。

アメリカ、銃規制法の迷走

アメリカで銃乱射事件が起こるたびに、「ブレディ法」が日本のメディアでも繰り返しとりあげられてきた。この銃購入規制法が成立したのは一九九三年のことだが、その前年には日本人留学生がパーティの訪問先を間違えて、不幸にも射殺されるという衝撃的な事件があった。

被害者の服部剛丈《よしひろ》君（当時一六歳）の両親は、「米国の家庭から銃の撤去を求める」請願運動を始め、翌年、日本人一七〇万人分の署名を手にクリントン大統領との面会を果たした。直後、ブレディ法案は議会で可決された。

ブレディ法のきっかけは、一九八一年に起きた大統領暗殺未遂事件にさかのぼる。大統領就任から二ヶ月あまりのレーガン大統領がワシントンDCのホテルを出ようとしたとき、彼に向けて一人の若い男がリボルバー銃を六発、発射した。凶弾はレーガンの胸部をとらえたほか、一緒にいた報道官のジェームズ・ブレディやシークレット・サービス、警官にも命中した。レーガンは弾丸を取り除かれ無事だったが、頭を撃たれたブレディは半身不随の障害を負うこととなった。

その後、ジェームズ・ブレディと妻のサラは、拳銃規制のためのキャンペーンを率い議会に対するロビー活動をおこなうなど、銃規制法成立に向けての準備を進める。だが、武器の私有は国民の権利だと一般に信じられているこの国で、厳格な銃規制法を成立させるのは並大抵のことではない。とりわけ合衆国有数のロビー団体であるＮＲＡ（全米ライフル協会）に後押しされる共和党の政権下では、不可能といってよかった。レーガン、ブッシュ父と一二年間共和党政権が続いた後に誕生した民主党クリントン政権のもとで、ようやくブレディ法は実を結んだのである。これは銃規制に関する連邦法としては、ケネディ大統領やキング牧師の暗殺事件の後、一九六八年に成立した銃規制法（通称「ケネディ法」ともよばれる）以来の立法だった。

国民は銃をもつ権利があると主張するＮＲＡなどの銃規制反対派は、合衆国憲法修正第二条の「規律ある民兵は、自由な国家の安全にとって必要であり、国民が武器を所有し携帯する権利は、損なうことができない」というくだりを引き合いに出す。だが、武器所有の権利は民兵を組織する州の権利であって、個人の武装を認めたものではない、という説が法律関係者のあいだでは有力だ。しかしこのような憲法解釈の論議とは別の次元で、フロンティア・スピリットが称揚されるこの国では、自分の身は自分で守る自立・自衛の意識が非常に根強いといわれる。

さて、ブレディ法、正確にはブレディ拳銃暴力防止法の内容だが、当初は短銃購入にさいし五営業日の待機期間をもうけ、販売店は犯罪歴などの身元調査をおこなうことが義務づけられていた。ブレディ法は五年間の時限立法だったが、期限が切れる一九九八年にはFBI（連邦捜査局）が管理するオンライン・システムを利用した身元調査が義務づけられ、五日間待機ははずされて恒久法に改正された。

ブレディ法によって武器取扱いの免許をもつ業者は購入者に対して一通りのチェックをしなくてはならなくなったのだが、一方でガン・ショウとよばれる銃の展示即売会では免許をもたない業者がその場で銃を販売できるなど、当初から抜け穴も指摘されていた。

二〇〇七年四月にバージニア工科大学で三二人の犠牲者を出したアメリカ史上最悪の銃乱射事件では、自殺した容疑者は精神疾患の可能性がとりざたされたが、結局、合法的に拳銃を入手したことがわかっている。ブレディ法施行後、銃犯罪が減少したという統計や、数十万挺の銃が犯罪者の手に渡らないですんだという推論もあるが、それでもこの連邦法がいわゆるザル法であることはあきらかだ。

クリントン政権下ではもう一つ、一九九四年に成立した包括的な連邦法である暴力犯罪防止法のなかで、半自動小銃など攻撃性の高い銃を規制するなどの内容を含んだ銃規制法が実現した。ただしこの銃規制法は一〇年間の時限立法だった。その後、コロンバイン高校銃乱射事件（一九九九年）のような衝撃的な事件がおこり、世論の高まりを背景により厳しい規制が検討されたが、いずれの法案も議会で採択されるにはいたらなかった。一九九四年の攻撃用銃規制法はブッシュ政権下の二〇〇四年、効力延長の手続きがとられず失効している。

ちなみに地方レベルでは銃規制のための州法や条例がさまざまにもうけられている。ニューヨーク市で個人が銃を入手することは非常に難しく、カリフォルニア州には銃乱射事件がおこった町の名に由来するストックトン条例がある。一方で、銃の所有許可に年齢制限のないイリノイ州で、生後一一ヶ月の乳児に銃の所有許可証が発行されて話題になったり、サウスカロライナ州では小学校から大学まで許可証さえあれば誰でも学内に銃をもちこめる法案が委員会を通過したなどという報道もあった。いずれもバージニア工科大銃乱射事件の悪夢からひと月あまりのことである。

性犯罪被害者の名が冠せられた三つの法律

前述のブレディ法に限らず、アメリカには人名を冠した法律が実に多い。戦後まもなくから今日まで大勢の日本人留学生を奨学金制度で支えてきたフルブライト・ヘイズ法や、大気汚染防止のためのマスキー法は日本でも知名度が高いだろう。フルブライトもヘイズもマスキーも、法案提出にかかわった上院議員の名である。また反米活動取締まりにかんして、マッカラン国内治安法や移民制限のためのマッカラン・ウォルター法を成立させたパトリック・マッカランのように、複数の法律に名を残す議員も少なくない。

佐藤法や田中法などとよばれる法律が日本にないことを思うと、法律のよびかた一つにも日米の感覚の違いが浮かび上がってくる。このことはもちろん、日本では大多数の法案が内閣より提出され、議員立法が少ないのに対し、アメリカで法案を提出できるのは議員のみであるという制度の違いの反映でもある。もっとも、二千数百年も昔の古代ローマにも、カヌレウス法やリキニウス法など個人名を冠した法律は存在した（四四ページ参照）。欧米では地名や建造物などに個人名を冠することがごくあたりまえのことであるのと同様に、法律もまた、ゆかりのある人物の名でよばれるのは自然なことなのだろう。

ただしアメリカでも、正式名称に人名が入っている法律はさすがに少ない。在日米国大使館のウェブサイトには、「法律と条約―主要な法律」というページがあるが、紹介されているおよそ六〇ほどの法律のなかで個人名付きのものは、くだんのブレディ拳銃暴力防止法くらいしか見当たらない。

さて、ブレディは銃規制法を成立させた立役者であると同時に銃犯罪の被害者でもあったわけだが、被害者の名前を冠した法律としては「メーガン法」もよく知られている。日本では二〇〇四年に奈良でおきた小一女児誘拐殺害事件などを機に、性犯罪者についての情報を登録し、前歴のある者の居住地について地域住民に情報を提供してはどうかという議論が一時さかんにおこなわれたが、このときに引き合いにだされたのがメーガン法である（ミーガン法ともいわれるが発音はメーガンにより近い）。

メーガンとは、一九九四年にニュージャージー州で起きた誘拐殺人事件の被害者だった少女の名である。当時七歳だったメーガン・カンカをわいせつ行為を目的に自宅に誘い込んで絞殺したのは、近所に住む顔見知りの男だった。この男が幼児への性犯罪で二度も逮捕歴があったことから、メーガンの両親は性犯罪の前歴者についての情報を居住地の住民に知らせる制度の確立をうったえた。両親の運動は功を奏し、事件発生から三ヶ月たらずという異例の速さで、ニュージャージー州に全米最初のメーガン法が成立した。「最初の」というのは、このニュージャージー州のメーガン法以来、性犯罪者の情報登録公開制度を導入しようという動きが各州で加速し、また一九九六年にはそうした州法を促す連邦法案も圧倒的多数で可決されたからである。メーガン法は性犯罪者の情報公開に関する法律の総称ともなったわけである。

性犯罪者登録の内容、方法、期間やランク付け、また情報公開のあり方については州ごとに異なる。とくに人権問題にからむ情報開示についてはさまざまな批判もあるが、情報に対するアクセスに制限をもうけているのはロードアイランド州など数えるほどで、ほとんどの州はインターネット上で簡単に性犯罪者の個人情報を得ることができるようにしている。

ところでメーガン法成立の背景には、別の事件の存在も大きい。一つはジェイコブ・ウェッターリングという一一歳の少年が、性犯罪者に連れ去られたとみられる未解決の事件である。一九八九年にミネソタ州でおきたこの事件ののち、少年の両親は性犯罪から子どもを守るための基金を作って社会にはたらきかけた。結果として、一九九四年に成立した犯罪防止のための包括的な連邦法、暴力犯罪防止法（二〇七ページ参照）のなかに性犯罪者の登録を義務づける「ジェイコブ・ウェッターリング法」が含まれたことにより、全ての州に登録制度の導入が要請されることになったのである。

この制度はさらに一九九六年、「パム・ライクナー法」により修正される。パム・ライクナーは成人女性ではあるが性暴力の被害者で、加害者は前科二犯だった。ライクナーは自らテキサス州に被害者の権利擁護団体「ジャスティス・フォー・オール」をもうけ、ロビー活動をおこなった。彼女と二人の娘は不幸にも一九九六年の航空機事故により他界するが、同年、彼女の名を冠した法律が連邦法として成立する。その内容は、性犯罪者の情報をＦＢＩが全米規模でデータベース化し、その提供をＦＢＩに義務づけるものである。

こうして、ウェッターリング法により性犯罪の前歴者は個人情報の登録が義務づけられ、メーガン法により地域住民がその情報を知る権利が保障され、ライクナー法で全米規模で性犯罪者の動向を追跡することが可能になったわけだ。ちなみにメーガン法 Megan's Law は通称だが、ジェイコブ・ウェッターリングとパム・ライクナーの名は、正式な法律名に含まれている（Jacob Wetterling Crimes Against Children and Sexually Violent Offender Registration Act / Pam Lychner Sexual Offender Tracking and Identification Act）。

同性婚が認められたカトリックの国スペイン

二〇〇五年六月、スペインで同性間の結婚と養子受け入れを認める法律が成立した。このニュースは各国のメディアで大きくとりあげられた。欧州では、二〇〇一年にオランダが、二〇〇三年にベルギーが、国レベルの法律で同性婚を認めており、スペインはそれに続く三番目の国ということになる。

スペインは国民の九割以上をカトリックが占めるが、意外にも国民の六割が同性愛を容認するという世論調査もあるという。それが本当なら、もともと法案が成立する素地は十分にあったとも考えられるが、それにしても二〇〇四年三月の総選挙まで政権の座にあった国民党なら、カトリック教会を完全に敵に回すことになるこのような法案を提出することはありえなかった。

総選挙の三日前、スペインの首都マドリードで世界を震撼させる列車爆破テロが起きる。このテロがアル・カーイダによる犯行らしいとされたため、かねてよりイラク派兵に反対だった多数の国民がいっせいに、ブッシュに追随する国民党のアスナール政権にノーをつきつけた。そしてその結果、八年ぶりに社会労働党が政権を奪取したのだ。

社会労働党が選挙期間を通じて公約としていたのは公立学校や保育園への手厚い支援などで、初めから「同性婚法」が改革の「目玉」だったというわけではなさそうである。だが、イラク派兵部隊の撤退を実現させて勢いづいた社会労働党サパテロ政権は、各方面に強い影響力をもつカトリック教会と袂を分かつ政策を、一連の社会改革と位置づけた。離婚手続きを容易にし、人工妊娠中絶の条件を緩和し、カトリック教会への公費助成を削減するなどの改革は、カトリック教会から「世俗主義による教会への最大の攻撃」などと激しく抗議され、教会との結びつきが強い野党国民党からも「国を分断する」と非難されている。

そのような「脱カトリック」路線の改革のなかでもとりわけカトリック側からの抵抗が強かったのが、「同性婚法」なのである。国内はもとより欧米各国でもこの法案が注目されていたのは、そうした理由にもよる。

法案はまず、二〇〇五年四月にスペイン下院を通過し、その後、保守派の多い上院でいったん否決されたが、六月三〇日、立法の最終決定権をもつ下院で再可決された。その間に、危機感をいだいた教会側は、マドリードでおこなわれた十数万人規模の法案反対デモに二〇人の司教を参加させ、また国内のカトリック教徒に、たとえ法案が成立してもそれに従わないようにと、「良心的不服従」を呼びかけたという。じっさい、「同性愛者の婚姻手続きは受理しない」と宣言する市長も各地であらわれたが、七月一一日には初の同性カップルの婚姻届が受理された。

社会労働党のある議員は「愛のために二流市民にならなければならないのは不公平だ」という。「同性婚法」を含め、「スペインを近代化する」というサパテロ首相のリベラルな政策に対する支持率は概して高く、心配されていたような大きな混乱も起きていないようである。

さて、スペインのこの法案に関する国際世論の高まりは、欧州各国にひとつのうねりをもたらした。最終的に法案が可決する前の六月二五日、欧州各国の首都で同性愛者のデモ行進がおこなわれたのである。約七〇万人が参加したとされるパリでは、自ら同性愛者であることを公にしているパリ市長ベルトラン・ドラノエ氏が参加し、国会に同性婚を認める法律の成立を訴えて、話題となった。ほかにも、ドイツのベルリン、ポルトガルのリスボン、ギリシアのアテネなどで同性愛者の行進がおこなわれたという。

もっとも、スペインに刺激されたこれらの国々の法律が同性愛者に対して厳しいのかというと、かならずしもそうでもない。たとえばフランスでは、同性・異性を問わず、共同生活を送るカップルには夫婦と同様の法的権利を与える「連帯の民事協約（通称ＰＡＣＳ《パックス》）」が一九九九年に成立している。二〇〇七年四月の大統領選挙で、フランスで初の女性大統領をめざしてサルコジ氏に敗れたセゴレーヌ・ロワイヤル氏が、同年六月、パートナーだった同じ社会党の幹部フランソワ・オランド氏と事実婚の関係を解消して話題になったが、彼らが利用していたのがＰＡＣＳの制度だった。

またドイツでは、二〇〇一年に同性間の婚姻を男女の婚姻と同様に認める連邦法が施行され、同姓を名乗ることや、財産を相続することなどが可能となっている。ただし、納税に関しては夫婦の扱いにはならず、また、養子縁組も認められていない。

デンマーク、ノルウェーでは早くも一九八九年から、登録すれば相続・扶養・財産権・社会保障・税金などの面で夫婦と同様の扱いを受ける制度を認め、スウェーデンでも似たような制度が九五年より採用されている。

スイスでは二〇〇五年六月におこなわれた国民投票で、同性のカップルに社会保障や税制、年金制度など一定の権利を認める法案が可決され、スロベニアでも同じころ、同性パートナーを登録することで相続などの権利が保障されることとなった。

つまりこれらの国々では、同性間の正式な婚姻は認めていなくても、「事実婚」の関係にあるカップルに対して夫婦に与えられるのと近い権利を法的に認めているのである。このような「準結婚」制度は「シビル・ユニオン」ともよばれる。ニュージーランドでは二〇〇五年四月から「シビル・ユニオン法」が施行されている。

二〇〇五年一二月、イギリスで「シビル・パートナーシップ法」が施行されるのに合わせて、歌手のエルトン・ジョンが一一年来のつきあいというカナダ人男性と「結婚」して話題になった。報道ではイギリスでも同性婚が合法になった、というような表現もみられたが、正確には同性婚が合法になったのではなく、同性カップルが認知されたということなのである。

「シビル・ユニオン法」や「シビル・パートナーシップ法」、あるいはフランスのPACSは、同性カップルを法的に認め、その権利を保障する一方で、完全な同性婚を求める動きを牽制する働きもしている。その意味で、これらの法律で「結婚」とは別の制度を用意している国々は、同性婚を認めるオランダ、ベルギー、スペインと、スペインの次に同性婚法が発効したカナダ、そして二〇〇六年に同性婚が合法化された南アフリカの五ヶ国とは区別される。

右に挙げた例はみな、国レベルの法律で同性カップルの問題に対処しているが、州や市ごとに対応の違う国もある。とくにアメリカでは、同性婚を認める州から同性愛そのものを違法とする州までさまざまで、宗教や政治も大きくからんで論争が続けられている。

たとえば二〇〇三年一一月、マサチューセッツ州最高裁が「同性婚の否定は州憲法に違反する」という判決を出して以来、同性婚問題は全米を揺るがし、大統領選挙の争点の一つにまでなった。

また二〇〇四年二月、サンフランシスコ市が、カリフォルニア州法を無視して同性カップルに結婚証明書を発行し、その後全米から同性カップルが殺到する騒ぎとなった。これに対しシュワルツェネッガー知事が猛反対したり、一転、裁判所が認めるなら同性婚を受け入れると軟化したりと、この問題をめぐる一連の報道は日本でも話題になった。

オレゴン州では二〇〇五年、同性カップルに一定の権利を認める「シビル・ユニオン」制度の法案の審議期間中に、スポーツ用品会社のナイキが法案の支持を表明したら、キリスト教右派団体をはじめとする保守層から激しく抗議されたという。

アメリカはどの州にも基本的に結婚は男女間でのみ成り立つという婚姻法がある。しかし婚姻を男女間に限るというのは、すべての州民に平等な保護を保障する州憲法の条項に違反するという判決もカリフォルニア州で出されている。

二〇〇七年現在、マサチューセッツ州は同性婚を法的に認めている唯一の州である。また、「シビル・ユニオン」制度が実施されているのはバーモント、コネティカット、メイン、ニュージャージーの四州で、二〇〇八年よりこれにニューハンプシャー州が加わる。

オレゴン州では「シビル・ユニオン」に代わって、その後「ドメスティック・パートナーシップ」という制度が適用されることになったが（二〇〇八年より）、これは異性・同性を問わず非婚カップルを認知するものだ。週単位で「ドメスティック・パートナーシップ」やそれと同様の制度があるのは、バーモント州、カリフォルニア州、コロンビア特別区、ハワイ州、ニュージャージー州、オレゴン州、ワシントン州である。

上に政策あれば下に対策あり

毛沢東は、こう言ったそうである。

「法律は伸び縮みするものさしである」

第一章でも述べたが、中国では古来、法というのは政治の道具として権力者が自らの都合の良いように定めるものだった。ヨーロッパの近代法は市民の権利の概念とともに発展してきたが、漢民族をはじめ東アジアの人々のなかからは、法が民の権利を守るという発想は生まれるべくもなかったのである。「お上」という言葉がいまだに特別な意味をもつ日本も、例外ではなかった。民間からの発言力が増すのを嫌う政治家が多いのも、「長いものには巻かれろ」式の日和見主義者が一般に多いのも、現代日本の現実である。


さて、「伸び縮みするものさし」は使う方にとっては勝手がよいには違いないが、適用される側にとってはこんなにおそろしい話はない。開放化が進んだ中国で、さすがに今日の指導者層がこんな乱暴なことをあからさまに口にするとは思われないが、開放化は規制強化と規制緩和の

天安門と毛沢東　天安門の入口の上部に右の肖像が掲げられている。天安門はかつての故宮（紫禁城）の正門だった。毛沢東はこの楼上から中華人民共和国の建国宣言をおこなった。［北京］

バランスをとるための数多くの新しい法令を生み出している。中国はいわば市場経済化の壮大な実験をしているわけだから、暫定的な、あるいは試行的な法改正も多い。「伸び縮み」まではいかなくても「朝令暮改」のルール変更は日常茶飯事で、それに関わる多くの人にとっては迷惑きわまりないといった法令も数多い。

だが、中国の人々は相当にしたたかである。とくにビジネスに関わる人々は、法律が改正されたからといってあっさりそれに従って権益を手放すようなことはしない。あの手この手でうまく立ち回る中国人にとっては、「上に政策あれば下に対策あり」なのである。

「上有政策、下有対策」。この有名なことわざは、法の網をかいくぐる庶民のたくましさをあらわすとともに、中央政府の決めた政策を地方政府が適用しないことにも、よく引き合いに出される。日本にいるとなかなか考えにくいことだが、法律の解釈や運用が地方によって異なることは珍しくないのである。

中国には「天高くして皇帝遠し」ということわざもある。皇帝の権力も遠くまでは及ばない、という意味だ。現代で言えば北京の中央政府の指示を、あの広大な領土の隅々まで浸透させるというのは、そもそも不可能なのだろう。

加えて改革開放路線を通じて社会全体が大きく変わってきた今日、中国はもはや強大な中央集権国家とはいえなくなってきたという事情もある。北京から離れるにつれ、法の執行が地方の権力者の恣意に左右されがちになるという現象も、当然、無理からぬことといえる。

中央政府の指示が隅々まで行き渡らない現実は、「北京で指令が出ると上海では直ちに対策が練られ、広州では指令書がシュレッダーにかけられる」というジョークにもあらわされている。中国に進出する日本企業はこのような一貫性のなさをリスクと考えるが、中国の、とくに上海や広東地区の人々にとっては、指令も規制も法律も、裏をかいてあたりまえ、ということらしい。

「上有政策、下有対策」という表現は、中国人は遵法精神が希薄だという批判と結びつけられることもある。中国人自身も一般に、法律よりも人脈や血脈が優先されると認めているとよくいわれる。ただし後述するように、法律嫌いの中国人というのは単なるステレオタイプにすぎないかもしれないことを示す調査もある。だがいずれにせよ権力者の統治の道具として「法」が定められ、法を強制するための脅しとして「刑」が強行されてきた中国の歴史を思えば、法を尊ぶ精神よりは「面従腹背」のしたたかさが育まれてきて当然ともいえる。

それにしても最近ことに、中国の非合法食品などに関する報道に接するたび、「上有政策、下有対策」は「伸び縮みするものさし」や「朝令暮改」に対処するための庶民の知恵、などと鷹揚にはかまえていられない深刻な状況がうかがえる。たとえば偽ディズニーランドであらためて注目された著作権に関する常識の欠如や、環境問題への意識の低さなどは、教育によってある程度は改善されるかもしれない。だが中国社会に「上有政策、下有対策」の感覚があるかぎり、いくら当局が取締りを厳しくしても「百年河清を待つ」ようなものかもしれない。

もっとも、中国の非合法食品に憤る日本人の遵法精神が中国人より高いのかというと、そうともいいきれないようだ。法意識国際比較研究会という研究者集団がおこなった大規模な調査によれば、たとえば「法を破っても見つからないときに守るのはばかげている」と思うかどうかという質問に対して、日米中の三国でそう思うと答えた人の割合は日本人が一番多く、ついでアメリカ人、中国人の順になっている。同研究会の研究成果は『人間の心と法』(河合隼雄・加藤雅信編著)に詳しいが、法律嫌いの中国人といった一般的なイメージをくつがえす多くのデータと分析がたいへん興味深い。同書によれば中国人より日本人の方に、法に対して否定的イメージをもつ人の割合が多いのである。法に国民の権利を守るものとしてのはたらきを期待するより、法が国家による強制であると感じてこれをうとましく思う日本人の姿がうかびあがる。

さて、中国や日本とは対照的に、西洋の法が、統治の道具としての刑罰どころかそれと正反対の性質をもっていたことをあらわす格言がある。

「法が終われば、暴政が始まる」（イギリス）というのがそれである。

西洋社会で法は正義であり、人々の争いに解決をもたらし、また支配者の独裁を抑えて人々の権利を守るものととらえられてきた。それだからこそ法に非常な重きがおかれているのだ。

とはいっても古い時代、法によって権利を守られる人々はほんの一握りにすぎなかった。法に裏付けされた権利が女性や社会的弱者も含め広く市民一般に認められるようになってきたのは、歴史的に見ればつい先頃のことにすぎない。西洋史の裏側にもやはり、権力者の定めた理不尽な法やその恣意的な適用に苦しめられてきた名もない無数の人々がいたのである。冒頭の「法律は伸び縮みするものさしである」と同じような意味のことをドイツでは皮肉をこめて、「法は臘細工の鼻をもつ、ゆえに勝手に曲げることができる」という。

マリファナ五〇〇グラムで死刑のシンガポール

シンガポールの法律が厳しいのは、つとに有名だ。ガイドブックなどにもチューインガムは禁止、ゴミのポイ捨ては罰金刑、麻薬五〇〇グラム所持で死刑、などと書かれているが、日本人の感覚からすれば本当だろうかと疑問がわくのが自然だろう。

結論から言うと、みな本当である。在シンガポール日本国大使館のサイトの領事館関係のページには、シンガポールでの安全対策資料としての「シンガポール特有の生活関連主要法律案内」が載っている。目次を見ただけでも、

・「護身用スプレー」も武器になる?! Arms and Explosives Act (Chapter 13)
・拳銃発射＝死刑！ Arms Offences Act (Chapter 14)
・ナイフ類は持ち歩き厳禁 Corrosive and Explosive Substances and Offensive Weapons Act (Chapter 65)
・マリファナ五〇〇グラム＝死刑！ Misuse of Drugs Act (Chapter 185)
・自分の家の木でも切ってはいけない Parks and Trees Act (Chapter 216)
・落書きで鞭打刑?! Vandalism Act (Chapter 341)

など、ちょっとたじろぐようなフレーズが並んでいる。一読して、市民の一挙手一投足を縛るようながんじがらめの法制度が敷かれていること、しかも死刑、鞭打ち刑など人権無視の重罰主義がとられていることがうかがえる。

シンガポールはマレー半島の南端部に浮かぶ島国である。面積は東京都二三区を合わせたくらいで、海上交通の要所ではあるが、資源らしい資源はない。一九六五年、マレーシア連邦から独立した当初から、加工貿易産業に頼るしかないことは自明だった。現在、内閣顧問のリー・

クアンユー（一九二三〜）は、独立前の一九五九年から三一年間、この国の先頭に立って「シンガポールの奇跡」とよばれる高度成長を実現させた。

リー・クアンユー、漢字で書けば李光耀である。住民の八割近くを中国系が占めるこの国に、真に富と繁栄を根付かせるためには、強権的なリーダーシップで国を引っ張っていくしかないと、リーは中国系の一人として任じてきたのだろう。建国以来、事実上、一党独裁といってよい政治体制は、効率的な政治システムを求めて巧妙に野党を締め出す選挙制度によるものだ。だが同時に、厳しい汚職防止法をもうけているので、長期政権にありがちな政権腐敗の問題がみられない。

また高度で先進的な製造業や付加価値の高いサービス業を発展させるために教育に力を入れる、外資導入のためにインフラを整備し、治安維持を保障するなど、東南アジアの周辺諸国との違いを早くから打ち出してきた。そうした政策を実現するための法制度は、部分的に国民の権利を制限してきたが、結果的に国は驚異的な成長をとげ、国民に利益がもたらされた。

結果良ければすべて良し、というのであれば、シンガポールの法制度と政策は今までのところ、たしかに大きな成功である。ただし、そこには、「法」と「刑」がきわめて密接な関係にあった古代中国以来の法感覚が濃厚にみてとれる。先にも何度か触れたように、西洋では「法」が、個人の権利を主張する者同士を調停するための共同体の論理として発展してきたのに対し、古代中国とその周辺国では「法」は権力者が握って離さない統治の道具だったのだ。

シンガポールの最高裁判所　イギリスの植民地時代、1939年に建設された西欧風の重厚なつくりになっている。しかし内部は電子化が進み、非常に近代的であることに驚かされる。市中は、落ち葉のような自然に散る物以外、人工のゴミは非常に少なくてきれいである。

シンガポールは、英国領時代にもたらされたイギリスの法体系を活かしながらも、根底では法というものを、文字通り鞭をちらつかせながら国民を統治する道具とみなしてきたようだ。リー・クアンユーはケンブリッジ大学法学部を首席で卒業したという。西洋の法体系を十分に理解していたからこそ、逆に法を利用して市民に権利意識が育ちにくい社会を育ててきたのではないか。

欧米諸国にはシンガポールの法制度、とりわけ憲法は評判がよろしくない。「世界で最もまとまりのない untidiest」など不名誉な形容をされており、リー自身、「我々の憲法はめちゃめちゃだった Our Constitution was in a mess」と認めていたという。

シンガポールは独立前、マレーシア連邦の一州だったため、憲法は州の憲法を基本としたのだが、これには相当の無理があった。また民族も言語も宗教も慣習もさまざまな国民に対して、わかりやすさを第一に規定したために、あまりにも雑然としていて体系的な美しさに欠けていることも指摘される。そのためこの国の憲法は頻繁に修正されてきた。

しかしシンガポールの憲法の欠点は、本当は、近代国家の憲法なら当然保障するべき基本的人権の一部が、国家に都合の良いようにはずされたり形を変えられたりしているところにあるのだ。

たとえば、シンガポールの憲法には私有財産の保障が明記されていない。公共のプロジェクトのために政府が容易に土地を手に入れられるようにするためには、私有財産の権利を主張されては困るからで、一九六六年に制定された土地収用法では土地収用の決定に対する訴訟も禁じられた。

シンガポールの法律では他にも、表現の自由、居住の自由に制限があったり、裁判なしで長期間勾留されることが合法だったりと、「先進国」らしからぬ国家統制の色合いがいまだに薄まっていないようだ。

その一方で近年は、観光開発を押し進めるあまり、かつて御法度だったギャンブルに対する規制を緩めてカジノを目玉とするリゾート特区を設けたり（二四〇ページ参照）、フランスの老舗キャバレーの支店を招致したりと、外貨獲得のためになりふり構わず政策を変更している。このような情勢にはもちろん反対論も多いが、総じて、「お上」の意向には表立って逆らわないのがシンガポーリアンのようである。

不思議の国ブータンに初の成文憲法

ブータンの前国王ジグメ・シンゲ・ワンチュク（在位一九七二〜二〇〇六）は、二〇〇五年に絶対王制から立憲君主制への移行と皇太子への譲位を表明した。以来とくに、このヒマラヤ南麓の小国は世界的な注目を集めている。

日本はブータンにとってインドに次ぐ援助国であり、国際協力機構（ＪＩＣＡ）による専門家派遣など人的交流の歴史もあって、両国は友好的な関係にある。ブータンを訪れたことのある日本人は多くはないが、そのためにいっそうその神秘性が強調され、前近代的な風物や素朴なブータン人の気質が好意的に語られてきた。

たとえばチベット系のブータン人は顔立ちが日本人と非常によく似ているとか、ブータン人はみな敬虔な仏教徒で、日本人が近代化の過程で置き去りにしてきた古き良き精神文化と共通するものを保ち続けているとか、また彼らの民族衣装が日本の和服に似ているとか、郷愁をさそうかのような紹介がいろいろとなされている。

またワンチュク前国王が提唱した国民総幸福量（Gross National Happiness：ＧＨＮ）というユニークな概念も、非常に好意的に受け止められている。ＧＨＮは一九七六年にスリランカのコロ

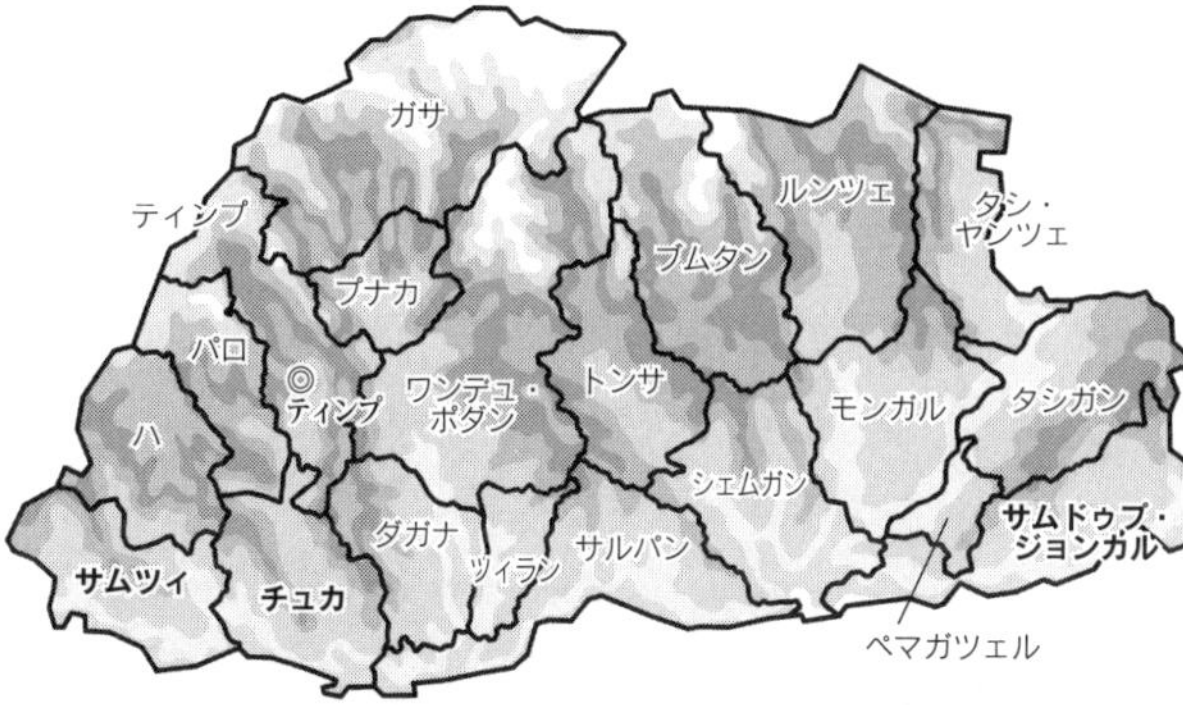

ブータンの地形と民族分布　ブータンは南部が標高が低く、北部はヒマラヤ山脈の一部である。そのため、南部では、夏は高温多湿で冬は冷涼乾燥している。中部は夏は涼しく、冬は寒い。北部は一年中を通して寒いという気候の特徴がある。太字の県にネパール系住民が多い。

ンボで開かれたある国際会議の後の記者会見で、前国王が「国民総生産（ＧＮＰ）よりも国民総幸福量の方がたいせつだ」と述べたのがはじまりだとされる。このときワンチュク前国王は二一歳で、一六歳で即位してからわずか四年のことだった。経済発展を追求した結果、伝統文化の喪失や環境破壊、格差拡大などの問題が生じれば、結果として国民に幸福はもたらされない。すべての国民の幸福のためにバランスのとれた開発をめざそうという理念は、先進国主導の開発至上主義やいきすぎたグローバリゼーションへの反省として、二〇世紀末より国際的にも広く評価されている。

　ワンチュク前国王はＧＮＨの提唱だけでなく、近年は自ら王権を制限し、国民議会の権限強化を図るなど民主化を進める制度改革を主導してきた。史上初の総選挙が実施される予定の二〇〇八年は、ブータン史における大きな節目となるはずである。同じ年、成文憲法が制定され、また、新国王ジグメ・ケサル・ナムギャル・ワンチュク（一九八〇〜）の戴冠式もおこなわれるという。なお、ワンチュク前国王は当初、皇太子への譲位を二〇〇八年としていたが、前倒しで二〇〇六年一二月に実施した。

ブータン王国の民主化のプロセスは、インドのシッキム地方をはさんで西にあるもう一つの王国ネパールのプロセスと対照的である。ネパールではギャネンドラ国王の強引な政権掌握に対しておこった二〇〇六年の民主化運動により、国王の諸権限が廃止されている。

だがネパールの例をひくまでもなく、民主化というのはふつう民衆側から要求されるものだろう。王制のままでよいという国民と対話するために全国各地を回って選挙や議会政治の重要性を説いて回る王様、そして国民の幸福がいちばん大切だと語る王様は、さながら伝説かおとぎ話の主人公のようだ。

しかし残念ながら、というか当然ながらブータンにも暗部は存在するし、前国王がすべてのブータン国民から慕われているわけではない。ブータンは多民族国家ゆえの大きな問題を抱えているのである。

仏教徒で顔立ちが日本人に似ているブータン人というのは、実はブータン国民のおよそ半数程度と考えられる。外務省はブータンの民族構成を「チベット系（約六〇%）、ネパール系（約二〇%）等」としているが、ドゥクパとよばれるチベット系住民も、首都ティンプのある西部の民族集団ガロン、中部のブムタンパ（ガロンに包括されることも多い）、そして東部のツァンラ（またはシャチョップ）と二分ないし三分される。それとは別に南部低地には、一九世紀後半よりネパールやインドのダージリンから移住して来たローツァンパ（またはネパリ）とよばれる人々が住む。さらにこのほかにも数多くの少数民族がいるが、ブータン最大の民族問題は南部のネパール系住民ローツァンパの存在にある。

ブータンでは民族別人口が公表されておらず、民族構成は推測の域を出ない。外務省のデータのように、ブータン人をチベット系（ドゥクパ）とネパール系（ローツァンパ）に大別すれば、ドゥクパが主要民族とみなされるが、同じチベット系で仏教徒のドゥクパでも西部・中部のガロンと東部のツァンラでは言語も宗派も生活習慣も異なる。

厳密にいえばツァンラは、チベットから九世紀以降移住して来たガロンより古くからブータン東部に住んでおり、もとはチベット系ではないのだが、両者のあいだに大きな対立はなく、混血も進んでいる。このガロンとツァンラを別の民族とし、ローツァンパの割合を高く見積もる推計もある。ガロンとツァンラを分けると、国王はじめ政治、宗教の要職を占めるガロンは人口比でローツァンパ、ツァンラに継ぐ三番目の民族ということになる。ブータン政府にとって民族構成比は非常に敏感な問題であることは間違いない。

チベット系の仏教徒がネパール系のヒンドゥー教徒の増加に神経をとがらせるのには、もっともな理由がある。ブータンは西でインドのシッキムと国境を接するが、シッキムはもとはブータン、ネパールとならび「ヒマラヤ三王国」の一つだった。ブータン同様チベット系の仏教国だったシッキムでは、イギリスの支配下にあった時代に多くのネパール人が移住して民族構成比が大きく変わる。第二次世界大戦後、インドの独立にともなってその保護国となり、一九七五年にはついに王制が廃止されてインドの二二番目の州となるという王国消滅の過程は、隣国ブータンにとって対岸の火事どころではなかった。

ブータンをチベット仏教王国として存続させるためには、ネパール系住民の増加を看過するわけにはいかない。一九八五年、ブータン政府はいわゆる国籍法（正確には市民権法）を変更して市民権の認定条件を厳しくしたが、これはとりもなおさず定住歴の浅いネパール系住民を不法滞在者とみなし、その諸権利を剝奪するものだった。

続いて政府は一九八九年、「一国家一民族」を旗印に「ブータン北部の伝統と文化に基づく国家統合政策」を施行する。ブータンでは公の場で民族衣装の着用が義務づけられていることは広く知られているが、この施策は右の政策の一環である。男性用がゴー、女性用がキラとよばれる独特の民族衣装は西部のガロンの人々のものだが、それを東部のツァンラばかりか南部低地のネパール系住民にも押し付けたのだから、抗議の声が上がるのは当然といえよう。

国家統合政策は言語政策にも反映された。ブータンでは、もともと谷ごとに言葉が違うといわれるほど多様なチベット系の諸言語・諸方言に加え、ネパール語やヒンディー語も広く解されている。ちなみにヒンディー語の普及はメディアで接する機会が多いほか、かつて隣国インドの教科書を使ってインド人教師によるヒンディー語での教育がおこなわれていたことのなごりである。

ブータン政府は二〇世紀後半より慎重に中央集権化と近代化を進めてきたが、近年、いっそうの近代化のために事実上の公用語の地位は英語に譲り、同時に国家統合のシンボルとしてガロンの母語ゾンカを国語と定めた（ゾンカの「カ」は言語の意味なので、ゾンカ語よりゾンカの方が用法としてはふさわしい）。そして学校でのネパール語教育を禁じた。

その後、英語教育が押し進められた結果、現在では若年層を中心に英語が定着している。二〇〇五年まで唯一の新聞だった政府系の週刊新聞「クエンセル」は英語、ゾンカ、ネパール語の三言語で発行されているが、部数は英語版が圧倒的に多い。なおラジオ放送はこの三言語に加え、東部住民ツァンラの母語ツァンラカでもおこなわれている。ただし地域、年代を問わず通じやすいのは、今もヒンディー語、ネパール語であるらしい。

さて、民族衣装や言語に加え、「ディグラムナムザ」とよばれる北部の伝統的礼儀作法も国家統合のために国民に強要された。ディグラムナムザは民族衣装ゴーやキラの着方や食事の作法から、年長者への話し方、お辞儀の仕方、歩き方にいたるまでのこまかい決まりで、もともとそのような伝統とは無関係の住民の方が圧倒的に多い。

結局、ゾンカを話しディグラムナムザを順守する者、すなわち西部のガロンとよばれる人々のアイデンティティを国家のアイデンティティと決めつけたのだから、これに対して反対運動が起こるのは当然である。とくに一九八五年の国籍法により不安定な状況におかれることになった南部ネパール系のローツァンパによる大規模なデモが繰り広げられた。反国家主義者とみなされた一部のローツァンパと政府側が衝突するなか、ローツァンパ側からの犯罪行為が拡大する一方、取り締まる側からも拷問などを含む人権侵害行為がおこなわれたと報告されている。

そのような混乱を避けて、あるいは当局から強制的な退去勧告を受けて、膨大な数の人々が国外退去した。国連難民高等弁務官事務所のデータによれば二〇〇七年六月現在、ネパール東部の難民キャンプに一〇万七〇〇〇人のブータン難民がいるという。

伝統文化の保護と近代化。独立国家としてのアイデンティティと民族政策。この国は常に難しい舵取りを迫られている。国王主導の民主化も憲法の制定も、たしかに国の歴史の大きな節目には違いないが、見方を変えれば現体制に不満をもつ勢力が結集して本格的な民主化要求運動を起こす前の、あるいは難民問題をきっかけに関与の度合いを増そうとする国際社会を牽制するための、一種の布石ということもできる。

さて、それでは、二〇〇八年に制定されるブータン憲法とはどのようなものなのだろうか。右にみてきたように、少数民族の権利を犠牲にして国家統合を進めているくらいだから、基本権が十全に保障されているとはいいがたい。国王の大権は従来よりさらに制限されるものの、立法、行政、司法それぞれにある程度関与する余地も残されている。非合法だった政党は認められることになったが、その結成には非常に厳しい条件が課される。

一方、国王の六五歳定年制や国王の信任投票制度、環境保護の観点から森林面積を国土の六〇パーセント以上と定める規定、また国是ともいえるGNHの概念を国の政策として明記するなど、この国ならではのユニークな条項もみられる。

なお、これまでチベット仏教ドゥク派が事実上の国教でキリスト教の布教が禁じられていたのが、憲法草案では仏教を精神的遺産であると明記してはいるが国教についての規定はなく、国王は「ブータンにおけるすべての宗教」の保護者であるとされている。このため、草案が公表されて以来、キリスト教徒を名乗るブータン人もあらわれているという。

賭け事と法規制のいたちごっこは続く

賭け事と法律の仲は切っても切れない。古今東西、民衆が賭け事に興じることを為政者が禁じれば、禁じられた方は法の裏をかき網の目をかいくぐろうと画策する。公営ギャンブル以外は賭博を禁じているはずの日本で、換金システムまで含めたパチンコ産業が堂々と営業しているのは、賭博禁止法と現実との矛盾をみっともなく露呈しているよい例だが、ともかくどのように規制しても決して一〇〇パーセント禁止にできないのが賭け事だといってよいだろう。

ひとくちに賭け事といっても、近代競馬のようにルールとシステムが整備されているものから非合法の闇賭博までさまざまだが、ここでは近年日本でも法制化の動きのある「カジノ」をとりあげてみたい。

カジノ casino はイタリア語で「家」を意味するカーサ casa を語源とする。もとの意味は「小さな家」で、ルネサンス期の貴族がダンスやちょっとした賭け事を楽しむために使った別荘や集会場をあらわしていたが、やがて観光地や保養地に設けられた賭博場がカジノとよばれるようになったという。

賭博、ギャンブルには違いないが、カジノというと何となく上品なイメージがあるのは、もともと特権階級のサロンから始まったという歴史に由来するのだろう。今でも、とくにルーレットやカードのようなテーブルゲームが中心のカジノでは、男性はジャケット着用などのドレスコードがあって、おとなの社交場としての伝統を感じさせる。

ドイツのバーデン・バーデンなどはその典型で、ローマのカラカラ帝の名をいただくカラカラ大浴場とともにドイツ最古で最大というカジノが世界的に知られている。オーストリアのバーデンもハプスブルク家の時代にはヨーロッパ各地の王侯貴族が訪れた温泉保養地で、そこのカジノはヨーロッパで最も優雅なカジノだという。

だが歴史的にみて、ヨーロッパ諸国が一様にギャンブルに寛容だったわけではない。イギリスの温泉保養地バス（Bath は「入浴、温泉、風呂」を意味する地名で、ドイツのバーデン Baden と同語源）は、一八世紀前半に王侯貴族が集ってギャンブルを楽しんだというが、やがて規制を受けて衰退した。代わってベルギーのスパ（Spa は「温泉」を意味するスパの語源となった地名）が避暑地として栄え、カジノもにぎわったようだが、ここも一八世紀の終わりにはフランス革命の影響で打ち壊しにあった。ドイツの保養地もプロイセンの支配下、ギャンブルが禁止されるなど、特権階級のためのカジノでさえ時代によって盛衰が激しかった。

また、今でこそ旧共産圏を含めヨーロッパの多くの国で、ドレスコードもない気軽な娯楽場といった雰囲気のカジノが増えているが、歴史的に庶民のギャンブルは法で厳しく規制されてきた。そしてその一方で、特権階級は自らのための社交、娯楽の場として、時には法規制をたくみに逃れながらカジノの文化を洗練させてきたのである。たとえばロンドンには、一九世紀以来、特権階級の男性だけのための会員制クラブがあって、そこではギャンブルも紳士のたしなみの一つとされたが、それは法の及ばない特殊な場であった。

イギリスは古くから賭け事が盛んだったようで、今日では競馬やサッカーはもちろん、社会で注目されるできごとなら何であれ賭けの対象とするブックメイカーのような庶民的なギャンブルもたいへん好まれている。だが、カジノやブックメイカーが合法となったのは一九六三年だから、イギリスで庶民が賭け事に大っぴらに興じることができるようになってから、半世紀も経っていないということだ。

カジノに話を戻すと、クラブ制のカジノの伝統を今に受け継ぐイギリスでは、一九六三年にそれが合法となってからも、アルコールの提供禁止とか営業時間の制限など厳しい規制があった。

だが二〇〇五年の法改正によって、後述のインターネットによるオンライン・カジノへの対応を含め、規制は緩和されている。

今日のイギリスで主流のカジノがクラブ制で都市型とよばれるのに対し、フランスのカジノはおもに、ドイツと同じく温泉保養地や観光地にある、いわゆるリゾート型である。

フランスは革命前はギャンブルを禁止していたが、革命後はカジノを公認するかわりにそれを税源とすることにした。その後、ナポレオンが権力の座につくと、いったんはカジノ禁止令を出した。だがカジノからの税収という魅力にはナポレオンもあらがえなかったのだろうか、結局一八〇六年、温泉保養地でシーズン中に限りギャンブルを許可するという勅令が出されている。以来フランスはギャンブルに関する法規制は、「原則禁止」としながらもさまざまな例外をもうけて今にいたっている。

フランスのサヴォワ県、スイス、イタリアの国境近くに、エクス・レ・バンという温泉保養地がある。一九九八年のサッカー・ワールドカップ・フランス大会のときに日本代表チームのキャンプ地となったことで、日本でもやや知名度が上がったかもしれない。今日、カジノのあるリゾートといえばニースやカンヌ、そして隣接するモナコのモンテカルロが何より有名だが、これらの地は一九世紀に開発された観光地である。対してエクス・レ・バンはローマ時代から知られており、ナポレオンの時代、有数の保養地だった。ここにナポレオンの二番目の妹ポーリーヌや皇后のジョセフィーヌは好んで滞在した。ナポレオンとたいへん仲のよかった妹ポーリーヌは、明るく社交的だが浪費家の一面もあり、エクス・レ・バンのカジノでは大いに散財したという。

さて、アメリカでは一九世紀半ばごろ、ミシシッピ川に二〇〇〇隻もの豪華な賭博船が浮かんでいたといい、またニューヨーク東部の保養地サラトガ・スプリングスにもカジノが設けられたが、一般にはギャンブルは酒場を舞台としておこなわれており、悪の温床というイメージが強かったようだ。一九世紀末にニューオーリンズでは、税収をあてこんでカジノの開設が公認されるが、二〇世紀初めには各州であいついで賭博禁止法が実施されるなど、アメリカでもギャンブルに対する規制は試行錯誤が続けられていた。

ちょうどその頃、スロットマシンが登場し、街の酒場やレストランに普及しはじめる。新しいタイプのギャンブルの登場だが、コイン一枚で遊べ、カードやダイスのテーブルを囲むのに比べて心理的なハードルが低かったせいだろうか、当初から気軽な娯楽として親しまれていたらしい。やがて、「ワンアームド・バンディッツ」（片腕の悪党）とよばれて規制の対象となるが、いまやラスベガスをはじめとする世界中のカジノで親しまれているのは周知の通りである。ちなみにラスベガスでは、売り上げのおよそ七割がスロットマシンによるものだという。

そのラスベガスだが、今日の隆盛は、一九三一年にネバダ州の州法でギャンブルが合法とされたことに始まる。そのころ、大恐慌の後のニューディール政策の一環としてフーバーダムの建設が始まったため、ラスベガスという小さな集落に労働者が集まっていた。そこでおこなわれている非合法なギャンブルを追放することが税収増につながると見込んでネバダ州はギャンブルを合法としたのだが、当初は規制がゆるく、かえって犯罪組織が食い込む結果となった。

健全なカジノ産業の成否は、組織犯罪を完全に締め出すことができるかどうかにかかっている。その意味で初期のラスベガスは完全な失敗例だ。

労働者たちが集うダウンタウンからおよそ一〇キロメートル離れた沙漠の地に、ホテル、プール、ゴルフ場、乗馬クラブ、そしてカジノを備えた大規模なリゾートホテルの建設を思い立ったのは、ニューヨーク・マフィアのベンジャミン・シーゲルだとされる。「バグジー」（虫けら）とあだ名された男の物語は、そのまま『バグジー』という名の映画に描かれている。また彼の恋人のあだ名、フラミンゴが、「ホテル・フラミンゴ」の由来だというのも有名だ。実際のところ、ホテル・フラミンゴの建設を主導したのはバグジーではなく別の実業家だったようだが、ともかく「フラミンゴ」以来、ラスベガスはマフィアの莫大な資金源となったのだ。

一九五〇年代になってようやくＦＢＩが関与するなど組織犯罪を締め出す方策がとられはじめたが、なかなか功を奏さなかった。そこに一役買ったのが、「地球上の富の半分を持つ男」といわれた実業家、ハワード・ヒューズである。彼は買収したラスベガスのホテル「デザート・イン」のスイート・ルームから、電話で次々とカジノ、ホテルの買収を続けた。ヒューズはまた州に働きかけて、一九六九年、カジノ・ライセンス法の改正を実現させた。その後、会計規制が厳しくなったこともあり、徐々にマフィアはラスベガスから手を引いていったが、それでもラスベガスのカジノが完全に組織犯罪と手を切ることができたのは、ようやく一九九〇年代になってからだという。

カジノ・ライセンス法の改正によってラスベガスのカジノ産業にヒルトンやMGMなどの上場企業が進出し、マフィアの影が薄れてきたころ、ネバダ州に続いて二番目にカジノを合法としたのがニュージャージー州だ。この法律はアトランティック・シティの観光産業の発展を目的としたもので、一九七八年、最初のカジノが開業した。ネバダ州よりも規制が厳しいこともあってラスベガスほどの発展は見られないが、東部最大規模のリゾートとして再興を果たしている。

その一〇年後、一九八八年には「インディアン保留地ゲーミング事業法」が連邦議会を通過する。この法律は保留地の経済対策として、州法でギャンブルが認められていなくても、インディアン保留地のなかならカジノを設けることを許可するというものである。結果、贅を尽くしたリゾート・カジノからささやかなカジノ・バーまでさまざまな規模のカジノが多くの保留地にもうけられるようになった。保留地は州の権限の及ばない地域で、カジノの収益をそのまま住民の生活向上のために充てることができるが、実際に住民が公平にカジノ収益の恩恵にあずかっているのか、検証は難しいようである。

さらに一九八九年、今度はアイオワ州でリバーボート・カジノが初めて合法化される。その後に続くように、カジノを合法とする州が次々と増え、アメリカのカジノ産業は拡大する一方である。

さて、カジノが合法の国は本章冒頭の地図（一七六〜一七七ページ）のとおりだが、このうちシンガポールとエジプトについて少し説明しておこう。

前にも触れたように、シンガポールは法規制の厳しい国だが、二〇〇四年に就任したリー・シェンロン首相はカジノを容認する発言をして注目されていた。具体的にはマリーナ・ベイとセントーサ島にカジノを含む総合リゾート特区が建設され、二〇〇九年に公開されるという。

国内ではギャンブル依存症患者の増加や風紀の乱れなどを理由に反対論も根強かったが、それらの懸念に対応するセーフティ・ネットの数々は、さすがシンガポールならではである。マネー・ロンダリングなどの違法活動を監視するカジノ監督庁を新設するほか、自国民からは多額の利用料を徴収し、カジノへの出入りを家族が禁止することができ、ギャンブル依存症患者には治療やカウンセリングの道を用意するという。

エジプトの方は、賭け事を禁じるイスラーム法が有効な国にもカジノがある例としてあげておく。エジプトはムスリムが九割を占め、ギャンブルは御法度のはずだが、外国資本のホテルは「治外法権」らしい。「シェラトン・カイロ・ホテル・タワーズ・アンド・カジノ」をはじめ、カイロにはカジノを設けているホテルがいくつもあって、ギャンブルはしないはずのアラブ産油国からの観光客も少なくない。

最後に、近年たいへんな勢いで利用者が増えているオンライン・カジノについてふれておこう。

ナイル川とカイロ新市街　中央右の２棟の高層ビルがシェラトン・カイロ・ホテル。イスラーム国でありながらホテル内では、バー・カウンターも設けられている。都市部の町並みは欧米のそれと見分けがつかなくなるほど発展し、地方とは、生活面でも精神面でも格差が広がってきている。

これはインターネットを利用したギャンブルで、数千というサイトのなかには日本語のサイトもある。もちろん刑法一八五条と一八六条で賭博を禁止している日本で、実際に金銭を賭けるサイトを運営すればあきらかに違法だが、海外のオンライン・カジノを日本で利用することの違法性についてはあいまいなままだ。ただしインターネットカフェなどを装って海外のオンライン・カジノに接続し、客に賭博を提供する店に対する摘発は、二〇〇六年二月頃から各地で相次いでいる。

日本に限らず、オンライン・カジノを法的にどう扱うか、なかなか方向性が見いだせない国は少なくない。イギリス、オーストラリアなどは、「ギャンブルはコントロールすべきではあるが、禁止すべきではない」という方向でいちはやく許可制に踏み切った。逆にアメリカ、韓国などはオンライン・カジノは認めないという立場で法整備をおこなってきた。だが、日本と同様、法的に認めなくても、個人の利用を完全には止めることができないという現実がある。アメリカでは二〇〇六年一〇月にプロバイダーや、支払いを処理する銀行、クレジット・サービス会社などを対象に規制をかけるいわゆるオンライン・ギャンブル禁止法案が可決されたが、これを禁酒法になぞらえて批判する声も上がっており、早くも半年後にはオンライン・ギャンブルは合法とした上で、これを提供する企業に対し厳しい規制を課す法案が提出されている。

第5章 いろいろある世界の法、規則、警告

成田空港　2001年9月11日、アメリカ同時多発テロにはじまり、その後もテロ未遂事件が多発したことから、世界の空港はどこも厳しい取り締まりが続いている。
〈写真：松本誠子〉

アムネスティ・インターナショナルによれば、2006年に25ヶ国で少なくとも1,591人が処刑されたが、現実にははるかにこれを上回る死刑執行がなされているという。中国では最低でも1,010人が処刑されたと推定され、また信頼できる情報として7,500〜8,000人という数字もあげられている。公式な統計は国家機密だというが、中国が世界で最も死刑執行の多い国であることは間違いない。

※Amnesty InternationalのThe Death Penaltyのページ（2007年8月）を参考に作成

死刑制度の現状

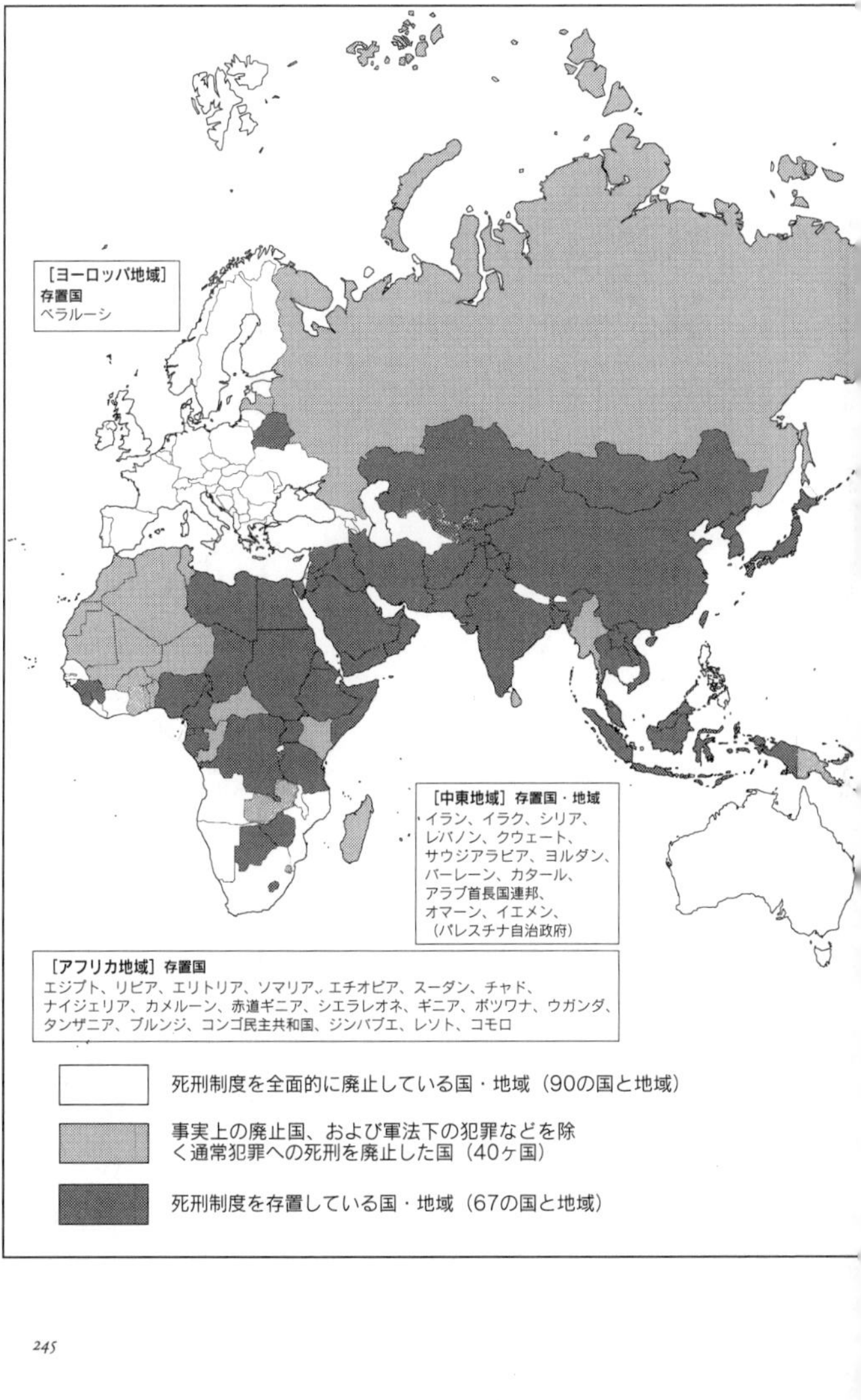
［ヨーロッパ地域］
存置国
ベラルーシ
［中東地域］存置国・地域
イラン、イラク、シリア、
レバノン、クウェート、
サウジアラビア、ヨルダン、
バーレーン、カタール、
アラブ首長国連邦、
オマーン、イエメン、
（パレスチナ自治政府）
［アフリカ地域］存置国
エジプト、リビア、エリトリア、ソマリア、エチオピア、スーダン、チャド、
ナイジェリア、カメルーン、赤道ギニア、シエラレオネ、ギニア、ボツワナ、ウガンダ、
タンザニア、ブルンジ、コンゴ民主共和国、ジンバブエ、レソト、コモロ
死刑制度を全面的に廃止している国・地域（90の国と地域）
事実上の廃止国、および軍法下の犯罪などを除く通常犯罪への死刑を廃止した国（40ヶ国）
死刑制度を存置している国・地域（67の国と地域）

これまで、ごく大まかに古代世界から現代まで、そしてアジア、欧米、イスラーム文化圏など、主要な国々の法律事情について見てきた。しかし世界には自然、歴史、宗教、文化など、その国がおかれている環境ならではの特異な法はまだまだある。最後に、紙幅が許す限り、日本人観光客が多く訪れる国を中心に、興味深い法律、罰則規定はないものの禁じられていること、第四章でも触れたアメリカ合衆国のPL法によるユーモアとも受け取れる内容の警告文を紹介することにしよう。

ただし、本書が出版された時点で廃止されてしまっているものもあるかもしれないことを、あらかじめお断りしておきたい。

【タイ】

国王を神聖な存在とするタイでは、一般国民はもちろん外国人観光客であっても、失礼があれば不敬罪が科せられる。実際に多くの観光情報でも、タイの国王、仏教関係の禁止事項には気をつけるようにと注意されている。

現在、タイの国王はラーマ九世（プミポン国王。在位一九四六〜）である。親しく「プミポンさん」などとは決して言ってはならない。「さわらぬ神に祟り無し」ということわざがあるように、ともかくタイでは国王のことを話題にしないことが無難のようだ。国王を尊崇しているタイの

タイ王宮内の王立寺院ワット・プラケオ　歴代の国王を祀る最高の格式を誇る。不敬な服装をしていると判断されると立ち入ることはできず、不敬な行為をしたと判断されると退去、あるいは逮捕される。［バンコック］

人の前で、日本人観光客がなれなれしく国王のことを話題にしていると、快く思われないどころか、トラブルの元になりかねない。

朝と晩には、ラジオ、テレビで国歌が流れる。バンコックのような都会では見られなくなったが、その間、通行人が立ち止まったり、なかには車を止める人もある。映画館でも上映前に国王頌讃《しょうさん》歌が流れ、観客は立って脱帽する。ここでも日本人だからといって座っていないで、彼らの作法に従うべきであろう。

その映画でタイでは問題になったものがある。アカデミー主演男優賞をはじめ五部門の栄冠に輝いたハリウッドの名作『王様と私』である。主演男優賞は、かの剃髪のユル・ブリンナーである。

一八六〇年代のこと、未亡人となったイギリス人女性、アンナ・レオノーウェンズは、タイ王国の王子、王女の家庭教師として王宮に迎えられた。彼女は、封建的な考え方の王室にヨーロッパの新風を持ち込もうとして頑固で保守的な王と対立してしまう。しかし、衝突を繰り返すうち、二人は次第に引かれ合うようになる、という内容である。

王のモデルは、一八五一〜一八六八年に在位したラーマ四世（チョームクラオ国王）といわれている。西欧と自由貿易をおこなうなど外交をさかんにし、タイ仏教の改革に努めた功績がある。その政策のなかで、王はイギリスからアンナ・レオノーウェンズを家庭教師に招き入れ、子弟に西洋の教育をほどこしたのだ。

そのアンナは、タイでの体験を元にして、一八七〇年に"The English Governess at the Siamese Court"（シャム宮廷でのイギリス人女性家庭教師）を、一八七三年に"Siamese Harem Life"（シャムの後宮生活）を著した。シャムとは当時のタイの国名である。そしてこのアンナの著書を元にして、マーガレット・ランドンが"Anna and the King of Siam"（アンナとシャム王）という小説を著した。これがミュージカルや映画の原作となったわけである。

小説であるゆえの誇張表現を差し引いても西欧優位、タイ国蔑視をイメージさせる点が多々あるとして、ミュージカルも映画もこれを上演・上映することは不敬なこととして禁じられている。

一九九九年にもシャム国王をチョウ・ユンファ、アンナをジョディ・フォスターが演じてリメイクされたが、このときの撮影もタイでのロケが許可されずにマレーシアでおこない、早々にタイ王立警察検閲委員会から上映禁止の決定が下された。

理由は、国王の表現がタイ王政に対する不敬にあたること、ポスターのなかでアンナよりも国王の姿が小さく後方に位置していること、ビルマ（現在はミャンマー）とシャムの戦争描写が史実に反すること、とされている。

戦前、戦中の日本のように、国王の写真、国旗、王室の旗、王の肖像があらわされている紙幣も敬意をもって扱わねばならず、紙幣などは国王の横顔がある側をなかに折り込むことは避けて、外側にくるようにするのだという。

コインにも国王の肖像があるが、落ちたコインも踏んではならない。タイでは足は不浄なものとの考え方があるので踏めば不敬罪である。収監、鞭打ちなどの刑罰が科せられることがある。日常でも、足で物を動かす、足を投げ出して他人に向けて座るなどの行為もひどく嫌がられる。

同じように仏教徒である国王が擁護する仏教、仏教施設に対しても慎重でなくてはならない。日本のように、葬式のときぐらいしか仏教徒であることを思い出さない人が多い環境にあっては、考えられないほど厳しい決まりがいくつもある。短パン、ノースリーブ、ミニスカートなど、女性は肌を露わにする格好では、観光であっても仏教施設には入ることさえ許されない。たとえ服装がかなっていても嬌声をあげる、仏像を背景にして派手なパフォーマンスをして写真撮影するなども許されない。

そして僧侶に対しても女性が彼らの身体はもちろん、衣服に触れることは厳禁である。女性が触れることは、彼のそれまでの修行を無にしてしまうほどの大事なのである。珍しいから、観光だからという理由では済まないことも多い。そして観光ではいろいろな格好をしてみたくなるものだが、タイでは僧侶ではない者が僧服を着ることは犯罪であり、罰せられることになる（タイだけではなく、聖職者の格好を真似ることはしないのが無難）。

ちなみに、日本の場合、現在の法律で不敬罪に近いものが名誉毀損罪、侮辱罪にあたる。親告罪とされており、皇室の名誉が著しく傷つけられたということで皇室から訴えがあれば内閣総理大臣が告訴をおこなうことになっている。

また現在でも、神宮、御陵に限らず、神祠、仏堂、墓所、その他の礼拝所において不敬な行為をした者、説教、礼拝、葬式といった儀式を妨害した者には礼拝所不敬罪が適用され、罰せられる。

【シンガポール】

第四章でも紹介したが、有名なことは、ゴミに関する規則だろう。道ばたにゴミを捨てたら罰金である。ガムを道ばたに捨てさせないために、ガムそのものを公共の場ではかんではいけないという規則もあるほどだ。タバコもポイ捨てをしようものなら罰せられる。ゴミだけでなく唾やたんを吐いてもいけない。立ち小便もいけない。これらも罰せられる。

バスや電車の中でも同じで、ゴミを捨てた場合、初犯で一〇〇〇シンガポール・ドル（一シンガポール・ドル＝約八〇円）の罰金または労働である。またバスや電車のなかで飲食をしてはいけない、強烈な匂いのするドリアンをもちこんではいけないというのもある。

不潔なことの禁止事項では、自宅の雨樋を詰まらせたり、水を溜めるようなことをしてボウフラを発生させると罰金を科せられる。この場合、再犯になると二〇〇〇シンガポール・ドル、あるいは六ヶ月以下の懲役、またはその両方が科せられる。

日本でもあちこちに見られるスプレー缶による落書きも禁止されている。車にスプレー缶で落書きをした一八歳のアメリカンスクールに通う少年には罰金刑と禁固四ヶ月、四回の鞭打ち刑が科せられた（実際には軽減された）という例もある。

当然のことながら、高層住宅から物を投げ捨てることも禁止である。土地の少ないシンガポールでは、多くの住民が一五〜二〇階ほどの高層の集合住宅に住んでいるし、住むことを望んでもいる。ところが、そこから事故で物が落ちることは起こりうるにしても、なぜか故意に物を投げ捨てる住人が絶えないという不思議な現象がある。多くの高層住宅の台所近辺には必ずゴミを捨てるシューターが設けられていて一階まで持って降りることはしなくていい。それなのに、プラスチック製品、ガラスのコップ、ドリアンの皮、金属製のバケツなどを投げ捨てることが実際に起こり、死者、けが人まで出ているのだ。これには厳しい罰則規定が定められていても当然のことだろう。シンガポールでは高層住宅の下を通るときは頭上に要注意である。

投げ捨てが判明すると禁固刑、罰金刑が科せられるだけでなく、その住宅から退去させられた上、その後は、たとえば五年間、高層住宅への入居が許されないということになる。

欧米で同性カップルの権利が認められるようになってきたのに対して、シンガポールでは同性愛は禁じられている。自然の摂理に反するからとのことで、同じ理由で動物との性交も禁じられている。違反すれば最高で終身刑、通常は禁固刑最高一〇年に罰金刑が科せられる。ポルノも、屋外でのいかがわしい行為についても禁じられている。

【フィリピン】

ナンバー・プレートの末尾が1または2の車両は、月曜日の午前七時以降、公道に出てはならない。同様に、ナンバー・プレートの末尾が3または4は火曜日、5または6は水曜日、7または8は木曜日、9または0は金曜日に公道に出てはならない。違反をすれば初犯は一五〇〇ペソ（一ペソ＝約二・七円）、再犯は二七五〇ペソ、三犯以降は四〇〇〇ペソの罰金規定がある。

鉄道などの公共交通機関があまり充実していないフィリピンでは、自家用車での移動が一般的になっている。そのために、マニラなどの都市部では道幅の広い道路が確保されているにもかかわらず交通渋滞がひどい。そのうえ、ドライバーの運転マナーも悪く、車線無視、我先にと強引な割り込みをする、路上駐車なんてことは当たり前である。あちこちでクラクションの応酬だ。

そこで政府はナンバー・プレートの末尾の数字で規制をかけているのである。

【中国】

夫婦は子どもを一人しか持てない。それを超えたときは余分に税金を支払う。

すっかり有名になった「一人っ子政策」である。一九七〇年代末から厳しく取り締まられるようになった。二人目からの子どもをもうけない努力をし、それでも生まれた場合は罰金を支払う。欧米人のなかには殺さなくてはならないと誤解している人もいるようだが、生まれたことを隠すために出生届を出さないことは珍しいことではないと言われている。一般に中国の人口が公式発表よりもはるかに多いと考えられているのはこのためである。

ただし例外として二人目が認められることもある。第一子が不治の病で長生きすることができないと診断されれば二人目が許される。これがあるために、医師に裏金を渡して嘘の診断書を書いてもらうなどのこともおこなわれているという。また最近では、農村部や少数民族地区など、一部では第二子を条件付きで認めるなど、政策が緩和されている。

それでも、二〇〇七年五月、広西チワン族自治区玉林市で、市当局が「一人っ子政策」の徹底を打ち出したところ、市内各地で暴動が起こり、政府の建物や車両が放火されるということが起こった。暴徒化した住民と警官隊は衝突し、数人の死者まで出る事態に発展した。

市は、一九八〇年以降に第二子を持った家庭に対し「社会扶育費」として最高二万元（一元＝約一六円、約三二万円）を納めることなどを命じ、できない場合は財産を没収すると通知した。

この金額は、彼らの平均年収の一〇年分くらいになるという。さらに子どもを持つ一部の女性に対して強制的に避妊手術をおこなったとの噂も暴動に拍車をかけた。

こうした事態になったのは、玉林市そのものが一人っ子政策を守っていないと批判され、事態が改善されない場合は、市の担当職員が処分を受けるとされたからだ。違反している住民から一人当たり五〇〇元（約八〇〇〇円）の罰金を徴収すべしとのノルマも課せられていたという。

もともと人も生物なのだから、子孫を多く残したいという欲求は自然なことである。中国にも「多子多福」、つまり子だくさんがそれだけ多くの福をもたらすという言葉がある。一九五〇年代には、毛沢東が産めよ、増やせよとの政策を打ち出した。その結果、約五億四千万人だった人口が二〇年ほどで倍近くになり、一九七〇年代には将来の食糧危機、燃料不足が深刻な問題になってしまったのだ。晩婚、少子化が奨励され、ついにはそれが政策とされたのだった。

しかし施行から三〇年、そのゆがみも出はじめた。日本と同様、高齢者が増え、農村部では労働力不足が起こっている。すると、一人しか許されない子どもであるなら男子がいいというので、子どもが女子とわかると中絶するようになり、その出生率は男子が三・七に対して女子が三というほどの差が生まれている。近く、二〇〇〇万人とも三〇〇〇万人ともいわれる男性が結婚できないことになる。

この事態に、二〇〇二年、政府は「人口及び計画生育法」という新法を施行した。一人っ子政策は続けるものの、「夫婦ともに一人っ子として育った者の場合、第二子を産むことができる」というものだ。

ちなみに、二〇〇七年四月に発表された合計特殊出生率は一・八七人であるという。政府の理想は、これを一・八人に抑えたいのだそうだ。

【イギリス】

古くからの伝統が残るイギリスでは、法律、決まり事になってしまっている慣習が多い。映画などでもおなじみだが、イギリスの法廷では判事と弁護士がウマの毛のかつらや法服（ガウン）を身につけることになっている。二〇〇三年になって、この慣習についての検討委員会が設けられ、議論されてきた。そして二〇〇八年一月一日からは、イングランド、ウェールズの法廷で、民事裁判、家庭裁判においてはかつらや法服を身につけることが廃止されるという。このかつら、法服の起源は、一八世紀のはじめ頃というから約三〇〇年の伝統がある。当時、判事には貴族があたり、長い毛のかつらは身分の高さのシンボルだったからである。

新たな法廷での服装は、襟元が締まったガウンになり、袖の部分の色で属している裁判所がわかるようにするのだという。

ただし、刑事裁判所においては、かつらや法服の伝統が続けられる。理由は、判事や弁護士が法廷の外で会ってもわかりにくくするためだという。逆恨みなどから彼らを守るためなのである。

一方で、高等法院の判事については、夏でも毛皮の袖がついた重厚なガウンを身につけるようになるという。この逆行と思える決まり事の理由は、法廷ではエアコンが完備されていて衣替えの必要がないだろうから、そうであれば威厳のある姿がいいということになったからだという。ちなみに、こちらのほうの歴史は、一四世紀半ば、エドワード三世（在位一三二七〜一三七七）の時代からの伝統による。

他には、一四歳以上のすべてのイギリス人男子は長槍の訓練を一週間のうち二時間ほどおこなわなくてはならない。その際には地元のイングランド国教会の牧師の立ち会いが必要である、というものがある。しかし今、イギリスでこの決まりに従っている男の子はいない。

これは中世から続く法で、国家の軍隊がなかった時代からのものだ。かつては、戦争がはじまると各地の教会が中心になって騎士、射手、歩兵を集め、地方小隊の形で送り出さなくてはならなかったという。だから適任かどうかを判断するためにイングランド国教会の牧師が立ち会わなくてはならないのだという。このように死法となってしまったものの、排除しないで残されたままにしてあるものはまだまだあるそうだ。

すべての土地は長男に遺されなければならないなどというのも、日本の旧憲法のようだ。離婚は違法だというものもある。一三一三年以来、下院議員は議会で甲冑を身につけてはならない、というものもあるが、そんなことをする議員はもはやいない。

さて、ロンドン型の黒塗りタクシーは干し草の俵と燕麦《えんばく》の袋を常備していなくてはならない。

これも今はありえない。イギリスのタクシーの起源は七〇〇年ほど前の有料船にまでさかのぼる。車両としては、一六一〇年頃から登場したハクニーという品種のウマが引く馬車に起源がある。ハクニーはイギリス原産のウマで、頑健で持久力があり、馬車を引かせてもスピードが落ちない。軍馬としても重用され、騎馬戦でも威力を示したという。現在でも主に馬車競技で用いられている。

ハクニー馬車が走りはじめるとロンドンではやがて交通規制が定められ、政府から許可証の発行を受けなければならなくなった。二〇世紀には、ヨーロッパの主要都市にハクニー馬車が登場する。料金メーター（タクソメーター。一メートルごとの料金という意味）を装備して、公平かつ統一した料金を提示するようになり、ハクニー馬車がタクシー taxi とよばれるようになったのだ。やがて自動車も走りはじめ、一時は、自動車のタクシーとハクニー馬車のタクシーが混在して走っていた時代もあった。干し草の俵と燕麦の袋はこの時代の名残りというわけだ。タクシー会社では、タクシーに積み込むための小さめの干し草の束を作っていた時代もあり、タクシー駐車場にはウマの水飲み場も用意されていた。

ハクニー馬車のタクシーが全面的に廃止されたのは第二次世界大戦後のことで、ロンドンでは一九四七年にタクシーは自動車のみに統一された。

その他、イギリスでは、テレビを購入する時には、視聴免許も同時購入しなくてはならないということがある。これはＮＨＫの受信料の支払いと同じことなので珍しくはないが、イギリスのほうが徹底している。同様にノルウェーではビデオ・デッキを購入する際にも視聴免許を同時購入しなくてはならないことになっている。

最近は無差別テロが頻発するようになって、新たな法も生まれている。

無人の場所、および無人になったときに袋物を置いておくことは違法である。また、放置されている荷物を拾うことはテロ行為と見なす、というものだ。

テロリストの多くが時限爆弾などを袋物に入れて、実行犯が離れてから爆破するやり方を好むことから制定されたものだ。市中に監視カメラを設置し、犯罪を踏みとどまらせるためと、実行犯を起訴できるようにするために可決された。

【フランス】

午前八時から午後八時までの間、ラジオで流される曲の七〇パーセントはフランス人アーティストによるものでなくてはならない。日本のようにアメリカナイズされてしまった環境にあってはナンセンスかもしれないが、自国民の利益を守るためでもあるし、フランス人としてのプライドもあろう。フランスに旅行に行って、英語での注文や問いかけに応じてもらえなかったなどの体験をした人は少なくないだろう。

意地っ張りのフランス人の一面があらわれたへんな法律もある。

地中海に面したあるコミューン（市町村にあたる地方行政の最小区画）において決められたこと

で、共同墓地に自家の区画を持っていない者は、そのコミューン内で死亡することを禁止する、というものだ。

コミューン内の唯一の共同墓地が満杯になってしまい、コミューンとして新しく別の共同墓地を作るために海岸近くの区画を求めた。しかし、地方裁判所はそこに共同墓地を作ることが海岸構造規制法に抵触するとしてこの提案を拒否した。これに対して、コミューンはこのような法律を制定することで報復に打って出たのである。つまり、共同墓地は満杯だから、死ぬときは他のコミューンに行って欲しいということだ。ちなみに二〇〇〇年九月の時点で、一九名の遺体が「最終的な安らぎの場所」を得ることができず、一時的に友人の地下納骨所に寄宿させてもらっていた。

墓地の問題はどこでも同じで、『ロザンナのために』（一九九七年）という映画が思い起こされる。アメリカ映画だがイタリアの小さな村が舞台で、主演はフランス人のジャン・レノである。飲食店を営むマルチェロ（ジャン・レノ）の最愛の妻ロザンナ（マーセデス・ルール）は不治の病にかかり、余命いくばくもない。妻は常々、愛娘の眠る町外れの墓地に自分も埋葬して欲しいと言っていたが、その墓地はあと三個所で満杯になってしまう。妻の願いを叶えるにはこれ以上死人を出すことはできないのでマルチェロの涙ぐましい奮闘、努力がはじまった。交通事故が起きないように交通整理をしたり、重病人を見舞ったり、献血をしたり。ただしこの話では、かつて妻に恋していた大地主が、腹いせに共同墓地のために土地を提供しないという事情であった。

この映画の存在を知ってか知らずか、先ほどの墓地をめぐる騒動は二〇〇〇年のことだ。

話題は変わって、ギネス・ブックによると、歴史上の人物でもっとも多くの映画に登場しているのがナポレオンだという。ナポレオンに対する評価はさまざまだが、フランスを代表する英雄のひとりであることには違いない。ゆえに、ナポレオンが嫌いだからといってブタにナポレオンと名づけてはならないことになっている。


【ドイツ】

地球温暖化が、いわゆる先進諸国で問題になっている。ヨーロッパのなかでもドイツでは省エネルギー法のもと、さまざまな手法が実践されている。そんななかのひとつの条令によって、新築されるオフィスはどんなに小さくても空が見えるようになった。何だか明るいイメージがある。

外光をできるだけ利用して昼間の照明器具の使用を減らすため、オフィスなどの居室の奥行きが窓面から六メートル程に規制されることになったからだ。このため、建物は薄く細長い平面にするか中庭を設けるかだが、最近はガラス屋根をつけたアトリウムにして冬期には暖房効果を上げる構造が急増している。

その他ドイツでは、ストライキに参加するときはマスクをしてはならない、という規制がある。

ストライキからデモ行進に、さらに過激になって暴動に発展するとき、だいたいが顔を隠してからはじめるので、顔を隠した時点で逮捕し、未然に防ぐことにしたようだ。

また、ドイツといえばビールがある。ドイツでは「ビール純粋令」なるものがあり、水、大麦麦芽、ホップと酵母のみを原料とする飲料物しかビールとして表示してはいけないのである。ただこれは国産のビールについてだけの規制であり、輸入品については非関税障壁として非難されたこともあり、現在は廃止されている。ビールに対するドイツ人の思い入れの強さがあらわれている。

かつてはそんなドイツ人のビール好きを規制する法もあった。一六三六年のこと、「教会の、その日の最後の鐘が鳴ったら、ビールを出す居酒屋はドアを閉じるべし」という法律が制定されたという。最後の鐘は夜九時だったというが、酒好きにとっては「これから」だったに違いない。

ドイツには敬虔なキリスト教徒が多く、日曜日の労働、それによる騒音などは禁じられている。そのドイツで歌手のマドンナの公演が問題になった。彼女がパフォーマンスに十字架を使っていることが問題視され、ドイツの検察がステージを監視することになったほどだ。

またナチスの鉤《かぎ》十字を公の場で表すことも禁止されていて、二〇〇六年一一月、反ナチス運動の一環で鉤十字に赤い斜線をつけたＴシャツを販売することさえ一度は違法とされた（後に無罪になった）。

ところがハリウッド映画は例外のようだ。トム・クルーズ主演の映画『Valkyrie（原題）』の撮影がベルリンでおこなわれ、ベルリン近郊の村で、それも日曜日、ナチスの鈎十字をつけた第二次世界大戦当時の飛行機が上空を舞った。この映画で彼が演じるクラウス・フォン・シュタウフェンベルク大佐が、一九四四年にヒトラー暗殺に失敗し、処刑された人物だからだろうか。

【オランダ】

二〇〇〇年一〇月一日から、オランダでは売春が合法となった。つまり、売春業が職業として認められたわけだが、これによって他のビジネスと同様、公に法の規制を受けることになり、税金を支払わなくてはならなくなった。

最古の職業のひとつとまでいわれる売春は、法律の成立以前から広くおこなわれてきたが、あってもないものとして扱われてきたがために、未成年者や不法滞在する外国人問題があっても完全には取り締まりができなかった。当事者たちも、劣悪な環境で搾取を受けていても、それを訴えることができないでいた。訴えれば、違法行為をしている自分が逮捕されることになるからだ。

しかし、売春を合法とすることによって、売春斡旋業者を登録させて所在を明らかにし、不法就労を抑止する効果があるとしている。売春斡旋業の経営者であり、雇い主であるから、従業員に対しては最低賃金の保証、健康保険などの福利厚生が義務づけられ、当然のこととして納税も義務になる。そして従業員は不当な扱いを受ければ、斡旋業者である雇用主を訴えることができるようになった。事実、就労者の意に反して売春を斡旋した場合は、刑期が、それまでの一年から六年に重くされた。

ちなみに、オランダで売春を職業としている人口は約二万五〇〇〇人とされる。ただし公認されたからといって、社会的な立場、倫理面など、さまざまな解決しがたい問題は残ったままだ。

【スウェーデン】

政府の許可なしに王子または王女が結婚した場合、その子供および孫から王位継承権が剥奪される。こう示されると堅苦しい王室とのイメージをもってしまうが、スウェーデンでは王位継承者が外国人と結婚することにはこだわらない。日本の皇室を考えるとありえないことだが、ヨーロッパでは古くから、王国をまたいで婚姻が繰り返されてきたので抵抗がないようだ。

現スウェーデン王室のベルナドッテ朝は、一八一八年にフランス、ナポレオン時代の将軍ジャン＝バティスト・ジュール・ベルナドットがカール一四世として即位し、はじまっている。先王に後継者がなかったため、ナポレオン軍の優秀な人物を登用した形になっている。だからカール一四世は、就任挨拶以外、ほとんどスウェーデン語で話すことがなかったといわれている。

さて、そのスウェーデンではブタをつないで飼うことが禁止されている。ブタを他者と共同所有しているオーク林（またはブナ林）で放し飼いにする場合は、許可されている頭数を超えてはならない。違反した場合、林の他の所有者に超過しただけのブタの頭数に即した罰金を支払い、林のなかでそれらのブタが与えたダメージがあれば弁償しなくてはならない。

その他、法的にも同棲が認められているということがある。スウェーデン語で同棲はサンボ（「一緒に住む」の意味）とよばれており、サンボ法という。サンボ法は、パートナー解消の際、住居、家財道具は共同のものとして平等に分割されるなどの保証制度である。基本的には婚姻関係にある夫婦と同等な権利が与えられるが、財産や預金、有価証券などの分与はできないという。

もともと男女平等の意識が強い国であり、子育ても父母の双方が仕事と家庭を両立できるよう父親にも育児休業が与えられている。父親に与えられている育児休業期間の三〇日間を「パパの月」としている。これも社会政策の行き届いたスウェーデンならではの制度といえよう。

【スイス】

神が休日と定めた日曜日は休むこと。ゆえに、日曜日に洗濯物を干してはならない、洗車をしてはならない、芝刈りなど騒音をたてることをしてはならない。警察に通報されてしまう。日本では休日に洗車をする、庭いじりをするなどは、普通に見られることだが、スイスのほか、ドイツなどキリスト教への信仰が篤い国では、日曜日は穏やかに休むことが美徳とされている。

夜一〇時以降に水洗トイレの水を流してはいけない。さらに男性については立ったまま小便をしてはいけない。

冬季、スノー・タイヤを装着した車を運転する場合、バンパーにこれらのタイヤで時速一六〇キロ以上で走ってはならないことを示すシールを貼ることが要求されている。個人的なことのようだが、車の鍵を車中に忘れた上に、開けっ放しで車から離れた場合は罰せられる。

こうしたスイスの法に対する意識を風刺したジョークがある。

フランスでは、法律で禁止されていること以外は原則として許されていると考えていい。

ドイツでは、法律で許されていること以外は原則として禁じられていると考えたほうがいい。

イタリアでは、たとえ法律で禁じられていてもやっていいことがある。

旧ソ連では、たとえ法律で許されていても、実際にはすべてが禁じられていた。

そしてスイスでは、法律で禁じられていること以外、すべてのことをするよう義務づけられている。

つまりスイスでは、日常生活に関する事細かなことも法律や条例でそうするように書かれているということだ。

【ギリシア】

二〇〇二年、コンピュータや携帯電話などの電子機器で操作することができるゲーム機はすべて禁止する、という法が出された。公共の場所でも家庭でも同じで、違反すると高額な罰金、あるいは最長一年の禁固刑が科される。

日本でも、時間をもてあますような場所では携帯用ゲーム機や携帯電話でゲームをしている姿をよく目にする。ときには博物館や観光地など、何かを見に来ているのであろう場所でもゲームに夢中になっている人を見かけることがあり、さすがにそれは疑問に思う。

ギリシアでは、そうした道徳的なことからではなく、もとは大物政治家がスロットマシン賭博で逮捕されるというスキャンダラスな事件があり、ギャンブルを規制するために制定された。しかし、その法律には賭博に使われるか否かの区別はされず、家庭用ゲーム機を含むありとあらゆる電子ゲームが禁じられることになったようだ。

制定直後から国際的な非難が殺到したため、間もなく、利用者や第三者が何らかの金銭的な利益を得られる機器に限定するよう改定されたが、それでも実際はコンピュータ向けや家庭用ゲーム機までもが、まだ取り締まり対象となっており、早々にインターネットカフェが摘発された。

ちなみに、携帯用ゲーム機でも、最近では通信機能がついたものが人気である。無線で対戦したり、データのやり取りをしたりできるわけだが、これが航空機内では使用禁止になった。


【イスラエル】

ユダヤ教徒とイスラーム教徒が対立するイスラエルであるが、ブタについては互いの宗教で汚らわしいものとして食べることが禁じられていることで通じ合う。しかしときには、互いに嫌うブタを差し向けて挑発の道具に使うこともある。

そのブタをイスラエルでは飼うことも許さない。ブタは殺せということになっている。汚らわしいものを聖なる地で飼育する理由がないだろうということのようだが、二〇〇五年、テルアビブでユダヤ人の男二人が、預言者ムハンマドの名前を書いたカフィーヤというスカーフにブタの頭を包んでモスクに投げ込むという事件があった。ということは、ユダヤ人はどこかでブタを飼っているということだろうか。

安息日（土曜日）やユダヤ教の祭日に鼻をほじるのは違法である。これは安息日や祭日は休まなければならないという宗教上の決まり事、義務によるものだ。鼻をほじることは労働ではないが、鼻血が出るようなことになったり、鼻くそを片付けなくてはならないなど、余計なことをしなくてはならない可能性があるからということだ。ユダヤ教徒であるなら、あらゆる労働が禁じられ、マッチで火をつけることから、針に糸を通す、エレベータのボタンを押すなどのことも禁じられている。

かつては、戦時中であってもこれを守るほどだったという。一九七三年一〇月六日、ユダヤ人にとってもっとも神聖な祭日のひとつであるヨム・キップール（贖罪の日）の午後二時頃、エジプト軍とシリア軍が、油断していたイスラエルの不意を突いて攻撃した。皮肉なことに、この日が、それまで負け知らずだったイスラエルが初めて苦杯を飲んだ日となってしまったのだ。

これが第四次中東戦争である。最終的には、米国とソ連の仲裁によって一〇月二二日に、痛み分けのような形で停戦したが、エジプトでは、この一〇月六日を中東戦争における勝利の日として軍隊記念日（休日）にしている。

【カナダ】

ラジオ放送の内容の三五パーセントは「カナダ的な内容」でなくてはならない。「カナダ的」というのは、放送する曲の作曲、作詞がカナダ人によるものか、またはレコーディングがカナダでおこなわれたかなど、判断基準が細かく規定されていて、どれだけ守られたかで「カナダ的」の量を計算する。

細かく見ていくと、五〇セントの商品をペニー（一セント硬貨）だけで支払ってはいけない、というものもある。これは、日本でも硬貨は一度に二〇枚までしか使えないのと同じことだろう。漫画のなかで非合法的な行為を正当化する表現があるものは発行・発売を禁止する。なぜだか理由はわからないが、市民は公衆の面前で絆創膏《ばんそうこう》をはずしてはいけない、というものもある。

州法で特徴的なものとしては、ケベック州では、すべてのビジネス契約時のサインはフランス語でなくてはならないということがある。ほとんどの州が英語圏のカナダにあって、ケベック州だけはフランス語を主要言語としている。他の州では「ハロー」「サンキュー」ですむことが、ここだけは「ボンジュール」「メルシー」となる。

一六〇八年、ケベック植民地がつくられたときには北米フランス植民地（ニュー・フランス）の一部となっていたが、一八世紀半ばにヨーロッパではじまった七年戦争がきっかけで起こった英仏間のフレンチ・インディアン戦争でイギリス軍に占領され、イギリス領となった。このとき、英国議会が制定したケベック法により、フランス民法典やローマ・カトリックの信仰が認められ、フランス色が維持されることになった。

こうして国内でも異色の存在であるケベック州では、カナダからの分離、独立の気運が高い。独立についておこなわれた一九九五年の住民投票では、わずかに反対票が多いだけでほぼ二分していて、いつ独立賛成のほうが多数になっても不思議ではないほどだ。ケベック州において契約書などの重要な文書がフランス語でなくてはならないのはこうした事情によるものだ。

その他の州法では、次のようなものもある。

アルバータ州では、薪にペイントするのは違法である。薪は燃すものだから。

ノヴァスコシア州では、雨が降っているときは芝生に水を撒いてはいけない。

オンタリオ州では、前庭に水槽があれば、午前五時までに満タンにしておかなくてはならない。

また同州のオタワ市では、木に登るのは違法なのだそうだ。

【アメリカ合衆国】

アメリカでは徴兵制をめぐる話題が多い。ジョージ・W・ブッシュ大統領が兵役逃れしていたのではないかと疑われたり、次期大統領選への出馬が取りざたされているヒラリー・クリントン議員が女性だというだけでなく「兵役を経験していない大統領の誕生を許していいのか」などと言われたりしている。

徴兵制そのものはベトナムから米国が撤退した一九七三年に停止され、現在は志願制になっているが、その当時を経験している人たちにとっては、徴兵制に対するこだわりが強く、徴兵逃れをした者は許せないという風潮がいまだに残っている。エルビス・プレスリーは、ファンが徴兵の特例措置を求めたが、これを拒否して入隊し、人気を上げた。

さてここでは、州法や条例について見ていくことにしよう。

アーカンソー州では、いかなる投票者も投票用紙に印をつけるにあたって五分以上かけてはいけない。

また同州リトル・ロックでは、冷たい飲み物やサンドイッチを提供している場所で、夜九時以降、車のクラクションを鳴らしてはならない。

カリフォルニア州では、酔ってビンゴに参加することは許可されない。

同州サン・ルイス・オビスポでは、道路、駐車場、公園などの公共の場、あるいは私有地であっても、人の目につく場所で排尿、排便をすることは禁じられている。

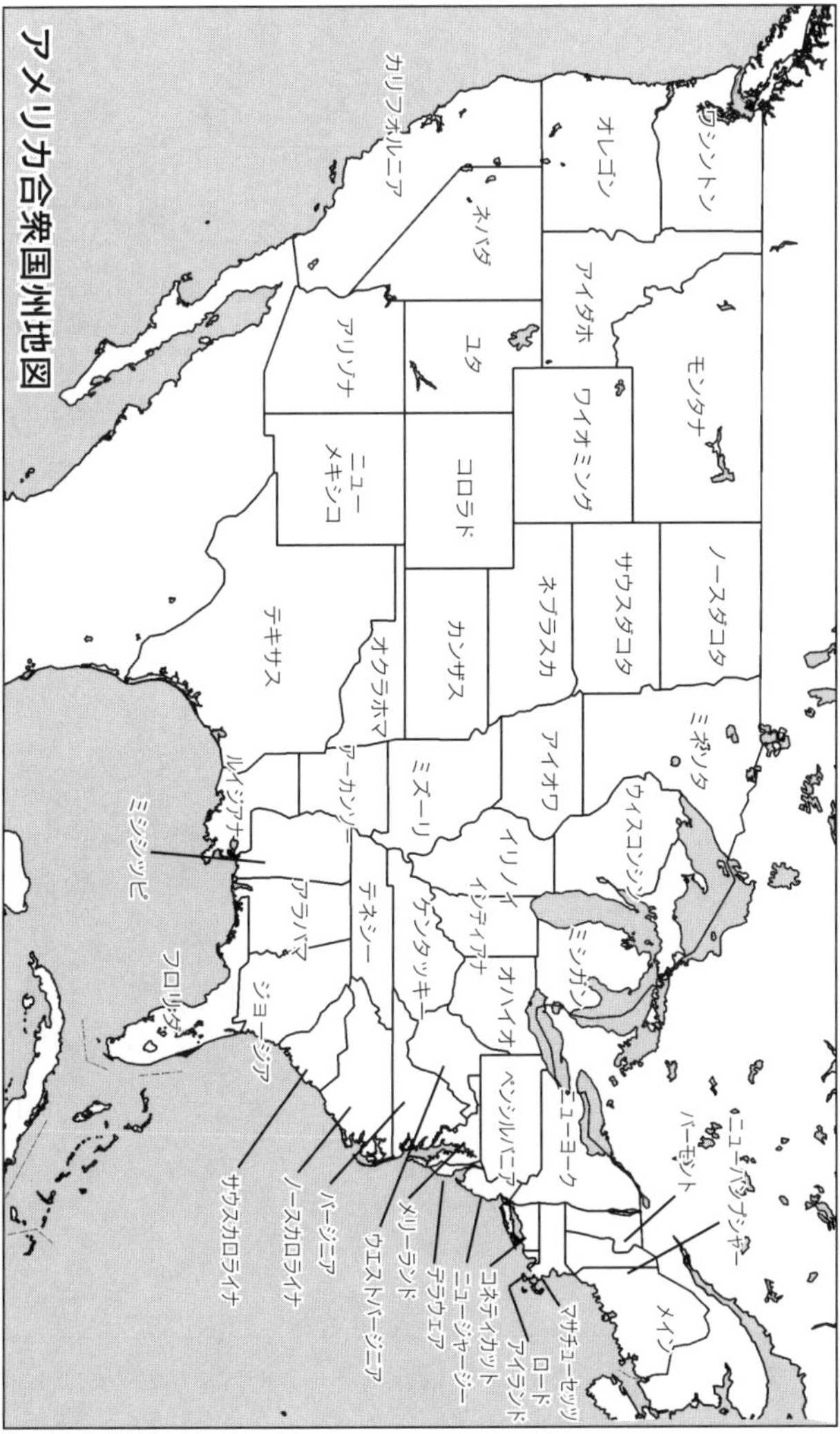
アメリカ合衆国州地図
カリフォルニア
オレゴン
ワシントン
ネバダ
アイダホ
モンタナ
アリゾナ
ユタ
ワイオミング
ニュー
メキシコ
コロラド
サウスダコタ
ノースダコタ
ネブラスカ
テキサス
オクラホマ
カンザス
ミネソタ
アイオワ
ミズーリ
アーカンソー
ルイジアナ
ミシシッピ
ウィスコンシン
イリノイ
インディアナ
ミシガン
ケンタッキー
テネシー
アラバマ
オハイオ
フロリダ
ジョージア
ペンシルバニア
ニューヨーク
バーモント
ニューハンプシャー
メイン
サウスカロライナ
ノースカロライナ
バージニア
ウエストバージニア
メリーランド
デラウェア
ニュージャージー
コネティカット
ロードアイランド
マサチューセッツ

同州サウザンド・オークスでは、公共の舗道、通り、縁石、自転車専用道路、歩道または騎馬用道路、建物の入口や玄関前で横になったり、座ったりすることは許されない。それは商業ゾーンでも同様である。

アラバマ州では、公共の場所で牧師、司祭、尼、神官、ラビ、仏教僧など、どんな聖職者の仮装をすることも軽犯罪にあたる。有罪の判決を受けた場合、五〇〇ドル以下の罰金か一年以内の服役、または罰金と収監の両方を科せられる。

肉体の耐久力を試すコンテスト、つまり歩く、走る、ダンス、乗る（自転車）などで中断なく八時間以上続ける、あるいは続くことが予想される競技へ参加することは、費用の有無、賞金や賞品の有無にかかわらず違法である。また、合法のものであっても、耐久力を試す競技や演舞に、四八時間以内に、二つ以上、参加することも違法である。

クマをレスリングさせるために売却、購入、所有、また訓練した場合、クマを不法に利己的利用した罪に問われる。そしてこの人物を逮捕した警官、保護官、動物管理官はこのクマを保護下におくことができる。かつてクマのレスリングが賭け事に利用されていたので制定された。

デラウェア州では、重罪を犯すにあたって、フード、仮面などで変装していた場合、通常の罪よりも重くなる。

ミズーリ州では、石、雪玉などどんなものでも、それらを発する飛び道具を車両、建物、樹木、人に対して用いてはならない。それは公共の場であれ、私有地であれ、そこが（塀などで）囲われている、いないにかかわらずどんな場所でも禁止である。

ハワイ州では、一二歳以下の児童がハイウェイで遊んだり道草を食うことは違法である。その場合、郡警察や警察官、補導員などによって、親、保護者または監督責任者など、管理、保護責任のある者がその児童を引き取りに来るまで監督下におかれる。

イリノイ州では、自分自身が誰かとしている会話さえも立ち聞きすることが罪（crime of "eavesdropping" on your own conversation）に問われる。重い判決の場合は、三年間、州刑務所へ収監される。こんな不可解なことがなぜ条例とされているのだろうか。

カメやウシガエルを捕獲するために魚網、罠、地引き網などの商業・漁業用器具、銃砲、空気銃やガス銃を使用してはならない。

ケンタッキー州では、水着だけで、警察の警護なしにハイウェイや町の通りに出ると五ドル以上、二五ドル以下の罰金に処される。

ノースダコタ州では、議員は、上院や下院の議会の会期中、あるいは議場や裁判所、法廷にいるとき、日曜日、または七月四日のアメリカ独立記念日に逮捕されることはない。

ロードアイランド州では、危険な武器をもって命に関わるような決闘へ挑戦する人、そのような挑戦を受けて決闘を受け入れた人は、実際にその決闘がおこなわれなかったとしても一年以上、七年以下の収監に処される。

インディアナ州のウェスト・ラフィエットでは、歩行者は横断歩道以外の場所で道を渡るとき、縁石から直角に道の反対側の縁石へ渡るか、反対側の縁石へ最短ルートで渡らなくてはならない。

その他の州にもあるが、鳥やウサギをその自然な色から違う色に染めたり脱色したりしてはならない。これはイースターの頃になると着色したヒヨコなどが売られていたからである。動物愛護の観点から、最近では問題にされることが多い。

オレゴン州ヒルスボローでは、自転車やスケート・ボードに乗りながら車両につかまって走ったり、それらに乗っている人を車両につないではいけない。

サウスカロライナ州では、毎年一〇月第四週の金曜日はフランシス・ウィラード記念日とし、公立学校の学童たちはアルコール依存症による悪行についての授業を受ける義務がある。フランシス・ウィラードは一八七〇年代後半からアルコール飲料の販売禁止を訴えて、婦人キリスト教禁酒同盟（WCTU）を設立した一人でもある。

マサチューセッツ州では、イエス・キリスト、聖霊などを罵倒する、非難することを言ってはならない。

同州ケンブリッジでは、通りでカーペットを振ったり舗道にオレンジの皮を放り投げるのは違法である。

ユタ州ソルト・レーク・シティでは、図書館の本を破損する、また返却しないことは禁止されている。図書館の司書より返却要求を受けてから五日以内に返却しないでいると一〇〇ドルの罰金、または一ヶ月を超えない郡拘置所での禁固刑、または罰金と禁固の両方が科せられる。

テネシー州では一九二五年に旧約聖書の天地創造説に反する理論を公立学校で教えることを禁止した。この時、デートンという小さな町の生物学教師ジョン・スコープスが進化論を教えたとして逮捕、裁判にかけられた。ところがこのことが「モンキー裁判」として新聞に載り、映画にまでなった。最終的には裁判の結果一〇〇ドルの罰金という有罪判決が下ったのであるが、この時の検察側の代表に立ったのが三度も大統領候補に指名され、国務長官も務めたウィリアム・ブライアンだったことも注目を浴びた理由の一つであったのだろう。この時争われた州法は一九六七年になってようやく廃止されたが、いまだに合衆国南部では進化論を教えるかどうかの議論が続いている。

キリスト教へのこだわりは強く、神の存在または来世での報いと罰を否定する者はこの州にオフィスを構えてはならない、というものもある。

【今や世界で】

二〇〇一年九月一一日のアメリカ同時多発テロ以降、スペイン、イギリスなどでも大人数が犠牲になる事件が多発した。カナダ、イギリスでは旅客機爆破テロの未遂事件も多発し、警戒が続いている。空港では化粧水、練り歯磨きなどの類まで持ち込み禁止になって不愉快な思いをした方は多いのではないだろうか。

手荷物チェックのあまりのしつこさに嫌気がさして、「これは何」「あれは何」「爆発物は持っていないか」との質問に、冗談半分に「これ爆弾だよ」などと応えたくなっても仕方がないかもしれない。しかしこの冗談、今や冗談として笑ってすまされなくなってきている。

アメリカでは牧師が手荷物検査の担当官に対して「私は爆弾を持っている」と申告し、聖書を取り出して「これが私の爆弾。ジョークだよ」と言ったが逮捕された。

日本に近いところではフィリピンでこの手の事件がよく起こる。マニラ空港でも執拗な手荷物検査に業を煮やす者が少なくない。そんなこともあってか、香港に向かうイタリア人男性が、出発便の手荷物検査を受けているときのこと、「私はビンラーディンの仲間だ。ポケットに爆弾がある」と言ったことで警察に拘束された。

フィリピンでは空港だけではない。市内のバスでも、「爆弾を持っている」と言った男たちがいたことで車内がパニックに陥るという事件が起こり、いわゆる公共の交通機関での爆弾ジョークについては処分を強化して対応することになった。冗談を言っただけで禁固刑五年、あるいは罰金四万ペソ（一ペソ＝約二・七円）を科される。

しかし一方で緩和の動きも見られる。飛行機内に液体が持ち込めないとされたなかに、赤ん坊のためのミルクまで規制の対象になっていたのだが、これは警戒の行き過ぎだろうということで各国で見直されることになった。

カナダ国内の航空旅客に対する「爆弾」や「銃」といった発言の取り締まりも緩和されることになった。空港の手荷物検査官は、これまで、問題となる言葉を耳にするたびに警察に通報していた。そのために、この数年で一〇〇人以上の旅客が逮捕される事態にまで至っている。そこで、危険度の判断は現場の裁量にまかせるということになったのである。通報、逮捕は明らかに深刻な脅威を与えると判断された場合のみ、ということにするという。

逮捕の対象となるのは「爆弾が中に入っているからスーツケースをよく調べたほうがいい」とか「ブロートーチ（火炎を噴射する工具）でこの飛行機に放火する」「〇〇の座席の客がマシンガンを持っている」といった発言。一方、これまで通報されていた「ハイ（呼びかけの語）、ジャック」とか「わたしは武器を持っていないから身体検査の必要はない」などの発言については、警告を受けるぐらいで済むようになるとか。

アメリカ向け製品に見られる神経質な警告文

■**「もしこれらの指示、注意、警告のすべてを理解できない、または読むことができない場合は、この製品を使わないこと」** 排水パイプ・クリーナー。「理解できない、または読むことができない」人は、この警告文さえも「理解できない、または読むことができない」のではないだろうか。

■**「たたむ前に子供を降ろすこと」** 米国センチュリー社の折りたたみ式ベビーカー。

■**「（フロントガラスに）サンシールドを置いたまま運転しないこと」** Solar Stop社のサンシールド。車の窓の内側に立てかけて陽を遮り、車の中の温度を上げないようにする大きな板状の断熱材なので置いたままでは前が見えない。

■**「就寝中にヘアドライヤーを使わないこと」** ほとんどすべてのヘアドライヤーに書いてある。使いながら寝してしまう人が多いから。同じような警告文はConair社の電気式カーラー、同社の家庭用床屋セット、Remington社の電気ひげそり、BaByliss社のプロ仕様ストレート・パーマ器具、BernzOmatic社のプロパン発炎灯などにも見られる。

■**「このタオルは強風に耐えることが試験されてわかっています。しかし、ハリケーンなど荒天時に身を守るために用いないで下さい」** windproof beach towels。

■**「注意　これは安全保護装置ではありません」** ディズニーの『トイ・ストーリー』をテーマにしたアイススケート・ショーで販売されたポップコーンの軍隊ヘルメット型容器。

■**「注意　目の中にスプレーしないでください」** Sure Spray社の脇の下用防臭スプレー。

■**「注意　コンタクト・レンズや目に直接用いないでください」** 眼鏡やスキーのゴーグル用クリーナー。似たようなものに**「目に炎症を起こすかもしれません」** 自衛用コショウ入りスプレー。

■**「火、炎または火の粉の近くで用いないこと」** Scripto社の暖炉用ライターの警告文。同じように火の近くで使わないようにとあるのは、プーマ社のTシャツ、カルバン・クライン社のシャツ、Duraflame社の丸太など。

■**「トナーは食べないでください」** リコー社のレーザー・プリンター用カートリッジ。

■**「服を着たままアイロン掛けをしないこと」** Rowenta

社の家庭用アイロン。これは実際にあったことだ。Honey Nut Cheeriosのシリアルのおまけにあったシャツ用アイロン・プリントにもある。また、カリフォルニア州のスーパー・ロト券には**「アイロンを掛けないでください」**とある。

■**「高速道路での使用には適していません」**Sears Craftsman社の一輪車の荷車。荷車のタイヤは一三インチで、これをスペア・タイヤにしようと思いつく人を阻むため。

■**「軟らかくなった蠟を耳栓にしたり、身体にある腔に入れるなどしないこと」**灯すと音楽が鳴る誕生日用キャンドル。

■**「注意　三歳以下の子供に与えないでください」**「僕は二歳」と書いてある『機関車トーマス』の誕生日用バッジ。

■**「この製品は歯を削ったり治療するためのものではありません」**ドレメル社の大工仕事用のハンディー・ドリル。虫歯の治療に保険のきかなかったテキサス州の男性が自分で歯を治療しようとして失敗し、訴えてきたことがあったから。

■**「カメラのファインダーをのぞき込みながらダイヤルを操作するとき、誤って目に指が入らないように気をつけてください」**ニコン35ミリカメラ。ここまでではなくても、ハイ・アマチュア以上用のカメラとされているものにも、**「撮影するときにレンズの前をふさがないように」**という当たり前の記述は珍しくない。カメラでは**「首にストラップをかけないでください」**というのもある。

■**「眠気を誘うことがあります」**グラクソ・スミスクライン社のナイトール（睡眠改善薬）の瓶。

■**「皿洗い機の中で子供を遊ばせないでください」**ボッシュ社の皿洗い機。似たものでは、**「この洗濯機に人を入れないこと」**ミシガン州ノースビルのコインランドリーの洗濯機。

■**「警報音停止機能を緊急事態時に使用しないでください。（そこを押しても）火を消すことはできません」**ファーストアラート社の一般的な煙探知機。

■**「梯子として用いないこと」**CDラック。ミニチュアの梯子のように見えるから。梯子を使用中にケガをしたなど、梯子メーカーへの訴えがあまりにも多いので、予防策として書かれた。

■**「飲み込むと危険」**釣りに使う三つ叉の引っかけ針。魚の気持ちになろうとする人がいるから？

■**「外傷だけに使用すること」**ジョンソン&ジョンソン社のバンドエイド。口内炎に貼る人がいるから？

同じ内容のものが足裏のタコに貼り付けて除去するSchering-Plough HealthCare Products社のOneStep Corn Removersにも。

■**「車内で使う前にビデオをはずすこと」**Cosco Juvenile社のチャイルド・シート。製品についてくる説明ビデオに。

■**「室内の床の上であまり速いスピードで滑ると、摩擦による火傷を負うことになることをご理解下さい」**アディダス社の上下組みのジャージ。

■**「この製品は使用するときには動きます」**Razor社のハンドル付き子供用スケボー。

■**「この製品をおもちゃ、枕または浮き袋として用いないでください」**Pactiv社の約二三センチ×八センチのエア・パッキング。

■**「身体の衛生用には使わないでください」**SCジョンソン社トイレ用ブラシ。風呂用にするのか、歯ブラシにするのか？　同じようなものは車のタイヤ用の洗剤Coralit社のTire Shineにもある。

■**「この製品が稼働しているときに食べ物やその他のものを刃から絶対にはずさないこと」**Kitchen Gourmet社の卓上ミキサー。至難の技である。

■**「直腸で検温したあと、口内での検温に使用しないでください」**BD社デジタル体温計。

■**「人が食べるようには作ってありません」**Nurserymen's Exchange社で販売しているクリスマス・ツリー。

口にしてはならないとの警告文はとても多い。風呂用洗剤、トイレ用洗剤などは日本の製品にもある。

動物が庭や生け垣に侵入するのを防ぐために撒くボブキャット（アカオオヤマネコ）の粉末状になった尿、Gourmet Bully Sticksという名前の犬用スナックは、食用去勢牛のペニスを原材料にしており、その宣伝文句もそそられる内容だ。

釣り用の生き餌、ワーム（疑似餌）にもある。

ウルバリン・ワールド・ワイド社のスリッパを入れる靴箱にあるのはスリッパについてなのか、箱そのもののことなのだろうか。

■**「決して落としたナイフを空中で受け止めようとしないでください」**ツヴィリング・J・A・ヘンケルス社の台所用ナイフ。刃物では**「決して口論中に包丁を持たないでください」**やTitanium IIプロフェッショナル台所用包丁の**「包丁の刃を人に向けて渡さないこと」**というものもある。気持ちはわからないでもない。

■**「オーブンで用いるとオーブン皿は熱くなります」**World kitchen社のRevereブランドの調理用ポット。調理器具にも警告文は多い。

似たようなものにはDippers社の冷凍モッツァレラ・チーズの**「調理すると製品は熱くなります」**もある。有名なところでは、**「熱い飲み物は熱い！」**がほとんどの簡易コーヒー・カップに記されている。マクドナルドのホット・コーヒーを乗車中にこぼして火傷し、コーヒーの温度が高すぎるとして訴訟問題になったからだ。

■**「酸素を供給しません」**３M社の一般的な使い捨て紙製防塵マスク。

■**「（飲料製品の）自動販売機は無料で製品を提供しません」**アメリカの多くの飲料用自販機にこの警告文があるという。日本であれば毒入りコーラ事件があったことを思い起こすが、アメリカの場合は、一九九八年、自販機を揺らして盗もうとした男性が下敷きになって死に、その遺族がコカ・コーラ社他、飲料メーカー二社にこのような危険があることを警告せず、予防を怠ったとして訴訟を起こしたから。

■**「キャップを開けるときは顔や人に向けないようにしてください。飛んで目などに重傷を負わせることになるかもしれません」**ダイエット・ドクターペッパーのペットボトル。

■**「マットは平らにすべきです。丸まったままだとつまずく人がいるかもしれません」**Team Sports America社の玄関ドアマット。

■**「子供を湯船に入れる前には必ず手で湯温をチェックすること」**お風呂の湯温計センサー。

■**「Dino-Chi's foodはおもちゃです。Dino-Chi's foodは生きている動物のためにはできていません」**Dino-Chiとは動いたり音を出す小さな恐竜型ロボットで、専用のプラスチック製の餌がついているので。

■**「この製品にぶら下がったり、引っ張ったりしないこと」**ポラロイド社の小型ポータブルＤＶＤプレーヤー。

■**「弾丸実包や実弾など、常識外の重さの用具は禁止」**Cub Scout Pinewood Derbyのキット。カブスカウトはアメリカでは小学一年の七歳からのクラブだが、子どもが乗るパインウッド・ダービー用の車に、持たせるはずもない銃弾を例にあげている変わった警告文。

■**「注意　道案内に使わないでください」**サウス・カリフォルニアの喫茶店などで使われているコースターの人気のデザインで、ヒルトン・ヘッド島の水路マップが描かれている。これを実用にして迷われては困るということ。

■**「安全のためにお子様が火や炎の近くへ行かないようにすることをお勧めします」**マークス&スペンサー社のシャツ。

■**「尖った角のある角帽を放り投げてはいけない」**イェール法律学校の卒業式用の帽子を入れたビニール袋に印刷されている。

■**「警告　ペンのキャップは窒息の危険があるので口に入れないこと」**Quill社のボールペン。

■**「警告　石を食べると歯を損なうことがある」**ユタ州の企業が科学の教材用に販売しているポップコーン・ストーン（酢をかけるとポップコーンのような形にふくれあがる天然石）。これはふざけてかじりそうな子どもがいるに違いない。

■**「ヘア・ドライヤーとして使用しないこと」**華氏一〇〇〇度（摂氏五三七度）の熱風が出るヒート・ガン。

ここに紹介した例はユーモアから表示されているのではない。自己責任と思えることであっても訴えられ、莫大な賠償金を支払わされることが続いたゆえの防衛策としてのものである。こうした事態を受けて、外国企業のなかにはアメリカ市場への商品の供給を躊躇するところも出てくる事態になっているという（第4章、一七八～一八四ページ参照）。

●参考文献・HP

『ブリタニカ国際大百科事典』　TBSブリタニカ　一九七五

『法学入門』（第五版補訂二版）　末川博編　有斐閣双書　二〇〇五

『現代法学入門』（第四版）　伊藤正己・加藤一郎編　有斐閣双書　二〇〇五

『概説　西洋法制史』　勝田有恒・山内進・森征一　ミネルヴァ書房　二〇〇四

"The Ancient Egyptian Book of the Dead" R.O.Faulkner, Univ of Texas, 1990

『ハンムラビ「法典」』（古代オリエント資料集成1）　中田一郎訳　リトン　一九九九

『歴史』上・下巻　ヘロドトス著　松平千秋訳　岩波文庫　一九七一、一九七二

『ローマ法の基礎知識』　柴田光蔵　有斐閣双書　一九七三

『法窓夜話』　穂積陳重　岩波文庫　一九八〇

『人間の心と法』　河合隼雄・加藤雅信編著　有斐閣　二〇〇三

『「大岡裁き」の法意識　西洋法と日本人』　青木人志　光文社新書　二〇〇五

『プルタルコス英雄伝』　プルタルコス　ちくま文庫　一九八七

『アテナイ人の国制』　アリストテレス　岩波文庫　一九八〇

『ソクラテスの弁明・クリトン』　プラトン　岩波文庫　一九六四

『キケロ　もうひとつのローマ史』　アントニー・エヴァリット　白水社　二〇〇六

『最後のローマ皇帝　大帝ユスティニアヌスと皇妃テオドラ』　野中恵子　作品社　二〇〇六

『人権宣言集』　高木八尺・末延三次・宮沢俊義編　岩波文庫　一九五七

『マグナ・カルタの世紀　中世イギリスの政治と国制1199—1307』　城戸毅　東京大学出版会　一九八〇

『新版　世界憲法集』　高橋和之編　岩波文庫　二〇〇七

『解説　世界憲法集』（第四版）　樋口陽一・吉田善明編　三省堂　二〇〇一

『マリア・テレジアとその時代』　江村洋　東京書籍　一九九二

『女帝マリア・テレジア』　アン・ティツィア・ライティヒ　谷沢書房　一九八四

『エカテリーナ二世　十八世紀、近代ロシアの大成者』　エレーヌ・カレール＝ダンコース　藤原書店　二〇〇四

『ナポレオンを創った女たち』　安達正勝　集英社新書　二〇〇一

『禁酒法「酒のない社会」の実験』　岡本勝　講談社新書　一九九六

『アメリカ禁酒運動の軌跡　植民地時代から全国禁酒法まで』　岡本勝　ミネルヴァ書房　一九九四

『アンタッチャブル』　エリオット・ネス　ハヤカワNV文庫　一九七三

『コーラン』上・中・下巻　井筒俊彦訳　岩波文庫　一九五七、一九五八

『ハディース　イスラーム伝承集成』全六巻　牧野信也訳　中公文庫　二〇〇一

『新イスラム事典』　日本イスラム協会他監修　平凡社　二〇〇二

"Remove Child Before Folding:The 101 Stupidest, Silliest, and Wackiest Warning Labels Ever" Bob Dorigo Jones, Warner Books, 2007

"You May Not Tie an Alligator to a Fire Hydrant：101 REAL DUMB LAWS" Jeff Koon・Andy Powell, The Free Press, 2002

首相官邸　司法制度改革推進本部
http://www.kantei.go.jp/jp/singi/sihou/index.html
法務省　http://www.moj.go.jp/
外務省　各国・地域情勢
http://www.mofa.go.jp/mofaj/area/index.html
在日米国大使館　法律と条約 - 主要な条約
http://aboutusa.japan.usembassy.gov/j/jusaj-laws-selectedlaws.html
在シンガポール日本国大使館
http://www.sg.emb-japan.go.jp/index-j.html
Wikipedia, the free encyclopedia、フリー百科事典『ウィキペディア（Wikipedia）』
http://en.wikipedia.org/wiki, http://ja.wikipedia.org/wiki
Central Intelligence Agency
https://www.cia.gov/
Michigan Lawsuit Abuse Watch
http://www.mlaw.org/index.html
財団法人　日本禁酒同盟
http://nippon_kinshu_doumei.at.infoseek.co.jp/
World Health Organization Updated status of the WHO Framework Convention on Tobacco Control
http://www.who.int/tobacco/framework/countrylist/en/
Amnesty International
http://www.amnesty.org/
日本UNHCR協会　UNHCRの援助活動　アジア地域／ネパールのブータン難民
http://www.japanforunhcr.org/act/a_asia_nepal_01.html
Bringing Bhutan Closer To The World
http://www.bhootan.org/index.htm

21世紀研究会(にじゅういっせいきけんきゅうかい)

歴史学、文化人類学、考古学、宗教学、生活文化史学の研究者9人によって設立された国際文化研究の会。「戦争と革命の世紀」といわれた20世紀が終わり、通信技術の発達による国際化、ボーダーレスの時代が到来した。日本人が、地球規模の視野をもってこの21世紀を生きることを目的として、「世界地図」シリーズを刊行している。文春新書に『人名の世界地図』『常識の世界地図』『イスラームの世界地図』『色彩の世界地図』『食の世界地図』『新・民族の世界地図』などがある。

文春新書

589

ほうりつ　せかいちず
法律の世界地図

2007年(平成19)年9月20日　第1刷発行

編著者　　21世紀研究会
発行者　　細　井　秀　雄
発行所　　株式会社　文　藝　春　秋

〒102-8008　東京都千代田区紀尾井町3-23
電話（03）3265-1211（代表）

印刷所　　大　日　本　印　刷
製本所　　大　口　製　本

定価はカバーに表示してあります。
万一、落丁・乱丁の場合は小社製作部宛お送り下さい。
送料小社負担でお取替え致します。

©21c. Kenkyukai 2007　　　　Printed in Japan
ISBN978-4-16-660589-7

文春新書好評既刊

人名の世界地図
21世紀研究会編
カラヤンはアルメニア人、バーンシュタインはユダヤ人となぜ分かるのか。それぞれの文化、民族を背負った名前の不思議をご紹介！
154

常識の世界地図
21世紀研究会編
タイでは頭に触ってはいけない、韓国では親の前でメガネをかけられなかった――説明されて初めて分かった世界の常識、非常識！
196

色彩の世界地図
21世紀研究会編
エジプトでは黒は生命、赤は死の色。相撲の赤房、青房、白房、黒房はどこからきたのかなど、民族によって異なる色の不思議を探る
311

食の世界地図
21世紀研究会編
クイズ番組の正解をめぐり訴訟にまで発展したマヨネーズの語源をはじめ、料理・食材にまつわる様々な知識を通じて各国の文化を見る
378

新・民族の世界地図
21世紀研究会編
米の同時多発テロ、イラクとの戦争によって世界はどのように変わったか。民族・宗教の地図から見れば、物事の本質が見えてくる！
530

文藝春秋刊